松江六史（全六册）

主 编 陆 军
副主编 欧 粤 吴纪盛

松江简史

SONGJIANG JIANSHI

何惠明 著

上海辞书出版社

图书在版编目(CIP)数据

松江简史 / 何惠明著. —上海：上海辞书出版社，
2022

（人文松江创作研究院文库 / 陆军主编）
ISBN 978-7-5326-5874-9

Ⅰ.①松… Ⅱ.①何… Ⅲ.①松江区-地方史 Ⅳ.
①K295.13

中国版本图书馆 CIP 数据核字（2022）第 040705 号

SONGJIANG JIANSHI

松江简史

陆　军　主编　何惠明　著

责任编辑	陆琦杨
装帧设计	梁业礼
责任校对	左钟亮
责任印制	王亭亭

出版发行	上海世纪出版集团 上海辞书出版社(www.cishu.com.cn)
地　址	上海市闵行区号景路 159 弄 B 座(邮政编码：201101)
印　刷	上海盛通时代印刷有限公司
开　本	890×1240 毫米　1/32
印　张	12
字　数	290 000
版　次	2022 年 8 月第 1 版　2022 年 8 月第 1 次印刷
书　号	ISBN 978-7-5326-5874-9/K·1199
定　价	78.00 元

本书如有质量问题,请与承印厂联系。电话：021-37910000

图 片 主 编　俞月娥

图片主要作者　俞月娥　吴四一　陈永根

图片作者及提供者(按作品多少为序)
何惠明　金家康　唐西林　宋　辉　陆航程
姜辉辉　徐正魁　岳　诚　陈　巳　张哲伦
孙连德　唐亚生　周雨薇
松江区档案局　松江区史志办　松江区融媒体中心
松江区新桥镇人民政府　松江区佘山镇人民政府
中共松江区委宣传部

总序

　　自 2019 年初启动编撰"一典六史",2020 年 12 月八卷本《松江人文大辞典》首卷问世以后,作为大辞典的姐妹篇,"松江六史"的出版就成为我与编辑部同仁心心念念的一件大事了。如今,经过编撰人员三年多的艰辛努力,"松江六史"终于要陆续出版了。回首三年来,一千多个难忘的日日夜夜,焚膏油以继晷,恒兀兀以穷年,种瓜得瓜,乃有所获,思前想后,感慨良多。

　　习近平总书记指出,历史文化是城市的灵魂,要像爱惜自己的生命一样保护好城市历史文化遗产。近年来,松江人民按照区委提出的建设"科创、人文、生态"现代化新松江的目标,团结一致、唯实唯干、成果卓著。在这样的氛围感召下,2018 年我从上海戏剧学院第二次回乡兼任松江区文联主席,创意策划了倡办"一院一馆"、倡编"一典六史"、倡推"一乡一厂"、倡行"一招一品"等工作思路与具体项目,得到了区委、区政府的大力支持。特别是"一典六史"编撰工程,更是在区委领导的直接指导下得以实施。

　　"一典六史"中的"一典",即八卷本《松江人文大辞典》,包括总类·民俗卷、文学卷、书法·美术·摄影卷、戏剧·影视·曲艺·音乐舞蹈·非物质文化遗产卷、方言·宗教卷、学术卷、文物博物馆·建筑·旅游卷、公共文化卷;"六史",即《松江简史》《松江文学史》《松江诗歌史》《松江戏剧史》《松江书法史》《松江绘画史》。我希望以《松江人文大辞典》为主干，以"六史"为分支，经过努力，对松江的人文资源作全面梳理与系统归纳，整合成一套全方位记录松江人文历史和现状的大部头丛书。

有关"一典"的编纂思路与目标愿景，我已在《松江人文大辞典》总序中作了详细介绍（见《文汇报》2021 年 1 月 1 日整版刊载的《辑录华亭古今　注解"上海之根"》），就不再重复了，这里重点说说编撰"六史"的一些想法与做法。

第一，"六史"的编纂理由

与八卷本《松江人文大辞典》一样，编纂"六史"，首先是为松江"上海之根"这一称谓再作学术注解。松江有优厚的历史文化底蕴，相关的描述可谓汗牛充栋，今天我想从一个很个人化的角度再读松江。

如果要了解松江在上海、在江南、在中国的历史地位与贡献，可以用"上海""江南""中国"这三个地域词语中的"字中字"来作一番比喻。

第一个字，是上海的"海"右下方的"母"字。松江，是上海之"母"。

早在六七千年前古冈身时期，整个上海地区大部分还处在由西向东冲积成陆的过程中，上海先民就在以松江佘山为标志的九峰这一大片高地栖息。松江三国时设华亭，唐代置县，元代升府。至上海开埠以前，松江府辖华亭、娄、上海、青浦、金山、奉贤、南汇七县和川沙厅。可以说，松江是孕育上海版图的"娘老子"。

第二个字，是江南的"南"底部的"羊"（yuán）字。松江，是江南之"元"。

唐宋时期，华亭县青龙港是上海最早的对外贸易港口。明代，松江府成为全国棉纺织业的中心，连小说《金瓶梅》中都有商户到松江贩卖棉布的情节。松江赢得"苏松税赋甲天下""衣被天下"之美誉，成为江南最富庶的地区之一。可以说，松江是彰显江南经济实力的"钱袋子"。

第三个字，是中国的"国"中间的"玉"字。松江，是中国之"玉"。

玉，从古至今就是宝。松江历来有"玉出昆冈之美誉"。晋代陆机的《文赋》是中国古代文学批评史上第一部系统而完整的文学理论作品，他的《平复帖》是中国书法的"祖帖"，也是故宫博物院的镇馆之宝。董其昌是中国书画史上的一代宗师，2017年中美元首在故宫共同模拟文物修复的一个环节"托画心"，选择的就是董其昌的两幅作品。而松江的云间书派、云间画派、云间诗派、云间词派等，更是对中国明清两代文学艺术的发展产生了重要影响，至今还有积极意义。可以说，松江是传承中国文化的"笔杆子"。

"娘老子""钱袋子""笔杆子"，这样的比喻也许过于牵强，但我希望，通过"六史"的出版，能让更多的人从"母"字中熟悉上海松江的历史；从"羊"字中领略江南松江的经济贡献；从"玉"字中体悟中国松江的文化价值。以此来了解"上海之根"松江的张力、实力与魅力。

还有一个理由是，翻阅史籍，松江自南宋以来修志，其后代有志传，松江地方文献纂著延绵相继，保存了丰富的史料。但令人遗憾的是，松江历经千余年，却未能有专门的松江历史和松江艺术史专题著作。近年来，在弘扬松江地方文化方面，松江地方有关部门和相关人士，也编撰了不少反映和介绍松江地方文化史的著述、文章，在推介松江文化艺术研究方面起到了重要的普及和引领作用。但客观地说，这些著作多为一些通论性、知识性为主的普及介绍，其学术深度和历史意识还有待进一步开掘。基于此，我希望通过卷帙浩繁、包罗万象的"六史"，在八卷本《松江人文大辞典》的基础上，辨章学术，考镜源流，由点成线，以达到以史鉴今、指导未来的作用和效果。

第二，"六史"的框架设计

"六史"中，最先想到的是《松江简史》。我一直认为，我的家乡上海松江是一本大书。27年前我读她时，读出了三个字：上海根。后来见之于媒体时改为"上海之根"，这也很好。如今，"上海之根"已是松江的"第一名片"，散见于现代化新松江的大街小巷，咀嚼于每个松江人的茶余饭后。然而，如何来准确阐述"上海之根"的内涵与外延，就成了一个常议常新的问题。这么多年，无论是我给客人介绍上海之根松江，或听别人给客人介绍上海之根松江，或别人给我介绍上海之根松江，常常会产生这样的遗憾：要么不得要领，要么挂一漏万，要么舍本求末，要么张冠李戴。要改变这种情况，在我看来，必须要撰写一本贴心的小册子，细述松江人文，简明扼要，通俗易懂，阐释云间古今，娓娓道来，如数家珍。她应该是松江的乡土教材，中小学生人手一册；她也应该是松江的"网红"产品，松江人、新松江人以及松江的客人都争相阅读。这本小册子，就是《松江简史》。

其次列入计划的，毋庸置疑，一定是《松江文学史》了！

松江历来人文荟萃、文脉昌盛。由于深厚的历史积淀，松江文学的发端即是高峰。西晋"二陆"的文学创作，领一时风气，时有"二陆入洛，三张减价"之说，陆机更是赢得了"太康之英"的美誉。唐、宋、金、元之时，三泖九峰，云间盛景，引得四方名流"一时文士毕至"，造成了"倾动三吴"的轰动效应，留下了无数动人的诗篇。

特别是有元之后,以松江建立府治为标志,伴随着松江地区经济的繁荣,文教的兴盛,一时间名贤汇聚,赵孟頫、杨维桢、陶宗仪等人在此著书立说,影者云从。入明之后,陈子龙、陈继儒、夏完淳等文学大家以及侧翼在他们身后的"云间派"后学连同数量众多的闺阁佳丽,更是极大地推进了"云间派文学"的产生和发展,将松江文学推向了又一高峰,以致有"天下文章在云间"之说。

在松江辉煌灿烂的文学成就之中,诗歌和戏剧两个艺术门类尤为突出。因此,一本《松江文学史》,言犹未尽,应该还需要有《松江戏剧史》《松江诗歌史》来补充。而戏剧是我的老本行,关注的程度就更多一些。

中国戏曲成熟于宋代,其时松江的戏曲活动虽无记载,但流行于本地的说话、鼓子词、诸宫调、唱道情等形式,已有了以说唱、歌舞演故事的戏曲艺术要素。而华亭县所属的青龙镇其时已有勾栏,周迪功郎在《青龙赋》中以"讴歌嘹亮,开颜而莫尽欢欣;阛阓繁华,触目而无穷春色"与"杏脸舒霞,柳腰舞翠"等文字来描绘勾栏艺伎的歌舞表演形态,也从一个侧面反映了宋代松江勾栏的真实情形。

到了元代,随着水运的兴起和文化的繁荣,松江演出兴盛、名伶辈出,更出现了以陶宗仪、夏庭芝为代表的戏剧理论家。在舞台上,翠荷秀、顾山山、童童等一众名伶作为行业翘楚,技艺精湛、风姿卓绝,给当时的观众留下了深刻的印象;在书斋中,《青楼集》以文字为女伶留影,记录了元代戏曲艺人的生存状态,反映了表演艺术的最高成就,而完成于泗泾古镇的《南村辍耕录》更是记录院本名目六百九十种,留存了重要剧目的原型史料,成为戏剧史上的珍贵文献。

明代,松江戏剧在江南文化的影响之下,不论是传奇创作、戏曲评点还是蓄养家班、园林演剧都呈现出前所未有的热闹景象。

《绣襦记》《焚香记》和"博山堂三种曲"等由松江剧作家创作的传奇流传久远,享誉剧坛;何良俊在《四友斋丛说》中提出的"本色""当行"之说至今仍为学界所重;陈继儒的《六合同春》则于戏曲评点中提倡"至情"与"奇巧",在创作观念和编剧技巧上应合了晚明人文思潮;热衷收藏元剧的董其昌促成了元明戏曲最重要的文献《也是园古今杂剧》的刊梓,而他与汤显祖书信往来、惺惺相惜的故事更是被后人传为美谈。除此以外,明代松江造园之风蔚起,不少昆剧家班都在园林中搬演剧目,以细致讲究的演剧方式提高昆剧的演艺水平,深化昆剧的典雅品格,书写了江南戏曲演出史中的重要一页。

进入清代之后,松江戏剧一方面延续着传奇创作的余韵,《雷峰塔》一枝独秀,《劝善金科》与《昇平宝筏》开宫廷连台本戏之先河;更有《长生殿》盛大排演,洪昇亲临松江指导,历三昼夜始毕。另一方面,因为城市生活的发展和文化交流的深入,在地方剧种愈发兴盛的同时,外地班社也来到松江演出。激荡与交会之下,以"十锦细锣鼓"为代表的戏曲音乐作为独立的艺术体裁开始流行。在戏曲理论的著录上,则有"江南曲圣"俞粟庐的《度曲刍言》面世。俞氏得松江人韩华卿真传,全面总结昆曲歌唱要领,对后代昆曲演员的研习与昆曲的传承具有重要的指导意义。

民国的松江剧坛热闹纷呈,京剧和文明戏在东施庙戏馆轮番上演,本土花鼓戏也开始从农村进入县城的舞台。以"中山社"为代表的众多戏曲班社也在松江频繁活动,涌现出一批深受欢迎的演员,使松江成为远近闻名的"滩簧码头",为1941年本地滩簧"申曲"发展为沪剧奠定了坚实的基础。而以姚鹓雏为代表的剧作家则在创作中表达出自己对家国命运和民族兴衰的忧患与思考。

中华人民共和国成立以来,松江戏剧持续发展,人才辈出,作品丰硕。著名剧作家有文牧、徐林祥等;优秀剧作有沈孝慈的《开河之前》、丁峥与周天华的《女清洁工》、欧粤的《掏浆糊》、俞月娥的《公鸡下蛋》等;优秀编剧有范奕中、张堃、沈玉亮、章均权等;著名表演艺术家有赵世祥、华雯等;优秀演员有刘春芳、华石峰、吴雅英、何伯林、戎素芳、敖玲娣、钮秋珍、杨峰、张菊华、周春丽、吴玉萍、陆春彪、谢德君等;优秀导演有雷磊、倪惊鸣等;优秀作曲有张宝福、杨建国等,优秀舞美设计有叶维坦等。进入新时期以来,中国第一部反映农村承包责任制的戏曲《定心丸》、中国第一部反映拨乱反正举措的打唱《一张电影票》、中国第一部反映抗疫主题的话剧《护士日记》也是出自于松江人的手笔。2021 年,松江新浜镇被命名为"上海民间文化艺术之乡"(戏剧)。

松江地区的诗歌艺术,更是有着悠远的传统和深厚的底蕴,甚至在某些特定时期,对整个中国诗歌艺术的发展都起到了重要的推动作用。西晋时期,陆机、陆云兄弟二人的诗歌创作和诗学理论掀起了第一个松江诗歌创作的高峰。到了元朝末年,被称为"元末江南诗坛泰斗"的杨维桢等人移居松江,并在此主盟诗坛。与他同时的袁凯,亦因"白燕体"享誉后世,被称为明朝"国初诗人之冠"。松江诗歌发展的第三个高潮是明末清初,当时以"明诗殿军""明代第一词人"陈子龙为首的"云间派"文学厚积薄发,不仅形成了与虞山诗派、娄东诗派鼎足而三的辉煌局面,而且涌现出了夏完淳、李雯、宋徵舆、蒋平阶、施绍莘等一大批杰出的诗家、词家、散曲家,在诗、词、曲等领域的创作和理论研究上都取得了相当高的成就,引领了当时全国的诗歌文学创作和审美的风潮与时尚。

比《松江戏剧史》《松江诗歌史》更不能错过的,一定是《松江书法史》《松江绘画史》。

松江是书画之城。"诗窠棋囿字仓场"的浓厚文化氛围,为松江书画取得巨大艺术成就提供了丰厚的文化土壤。三国两晋南北朝时期,松江即以书法驰名天下。张翰、陆机、陆云、陆玩等皆入书史。三国著名书家皇象章草名刻《急就章》，现亦仅存于松江。陆机《平复帖》更有"墨皇""祖帖"之谓。此后，宋元著名书家，如杨维桢、赵孟頫或在云间流连客游，或于茸城隐居峰泖，都留下了传世墨迹。到了明清两朝，沈度、沈粲、张弼、陆深、莫是龙、董其昌、陈继儒等承前启后，谱写了松江书法的显赫历史，开创了盛极一时的松江书派。清代沈荃、张照承其光环，书名也独擅一时。现代松江，书法传承不衰，蔚然成风，陆维钊、白蕉、程十发等具有影响力的书家辈出，在全国书坛占有重要地位。

　　书法之外，松江画派同样绵延千年，影响深远。松江画派萌发于元，鼎盛于明，延绵至清，是继"浙派""吴门画派"之后，又一个在全国产生重要影响的主流画派。其画家主要包括董其昌、顾正谊、孙克弘、宋旭、李流芳、赵左、沈士充等人，其中又以董其昌影响最著。他们饱受松江丰厚的人文熏染，以松江优美的九峰三泖为天然粉本，不仅为后世留下了蔚为大观的胸中丘壑、笔底烟云，更承古创新，用"南北宗论"等震古烁今的艺术观念，为绘画创作提供了极为深厚的文化养分和精神能量，将中国绘画推进到了新的境地和范畴，使文人画的精神能量获得巨大的提升，对后世及"海上画派"的形成产生了巨大的影响。

　　按照上述构想，"松江六史"中，《松江简史》应是简化版的"松江通史"，读之可以很快了解松江各方面历史概况。其余各卷均为专注于某一学科的"分类史"，兼采"通史"脉络清晰之长，以人物为经，以作品为纬，整体梳理出各类文学艺术整体发展、流变的脉络。作为各自独立、又密切相关的多卷本地域文化专门史学术专著，洋洋二百万字左右，虽然不能完整全面地概括纷繁复杂、波澜壮阔的松江经济、政治、社会、文化发展历史，但是，若从松江历史发展的轨迹及其特有的贡献来看，希望这六部专史能有其无可取代的代表性。

第三，"六史"的作者选择

为了使"六史"这套丛书作为一个整体，真正成为资政育人的"信史"，得到广大读者的喜爱和欢迎，在策划过程中，我们在充分尊重各位学者学术习惯和研究对象实际特点的基础之上，努力使这套丛书的体例结构基本统一，行文风格大体一致，并力求做到图文并茂，兼具史料性、学术性和可读性。为此，在作者的选择上也颇费了一番脑筋。"松江人写松江历史"是我最初设定的一个标准，由此，精心筛选出来，参与"六史"撰写的主力大多是长期致力于松江文化研究的松江学人或新松江学人。他们分别是：硕果累累、著作等身的地方史研究专家何惠明（《简史》），在艺术创作与学术研究方面均有丰厚成果的青年领军人物常勇（《文学史》），致力于书画史论研究、有良好学术素养的美术学博士陈浩（《美术史》），擅长诗词创作与研究的青年学者乔进礼（《诗歌史》），在书法、绘画及诗词创作与研究方面均有所获的复合型人才宋远平（《书法史》），以及国家社科基金项目获得者、文学博士，我的学生吴韩娴（《戏剧史》）。从年龄上看，覆盖老中青三代人，年长者已七十岁上下，中年人五十岁左右，年轻者不过三四十岁。从职业上来说，既有退休领导、在职教授、青年学者，也有企事业单位的干部与职工，体现了"不拘一格降人才"的用人环境，以及"海阔凭鱼跃"的研究空间。希望能给有才识的著者提供展现才华的舞台，也给有鉴赏力的读者提供各具特色的研究成果。

撰写过程中，他们排除干扰，殚精竭虑，倾情投入，辛勤付出。为了突出"六史"的学术性和可读性，一方面遍览史籍，充分借鉴吸收前人的研究成果；另一方面，特别重视近年来新的学术发现和学术成果，以松江丰富的文化遗存、历史遗迹、艺术珍品，图文并重地传递出松江历史、文化、艺术源远流长的信息和发展脉络,并以点带面地把艺术史从具体的人物、作品引申到它赖以生存的自然环境与人文空间,有助于读者从大文化的视角理解松江历史,把握松江艺术的发展规律与历程。

令人欣慰的是,六部专史的作者和编辑部全体同仁,本着对历史、对后人高度负责的态度和科学、严谨、求是的精神,面对浩繁的史料,广征博采,用宏取精,辩证扬弃,反复打磨,逐级审定,严格把关,终于使得丛书得以陆续出版。

第四,"六史"的价值追求

从总体上说,"六史"还应该呈现出一些共性的意义与价值:

首先,突出松江文学艺术在整个中国传统文化史上的地位与影响。松江的文学艺术与中国古代整体的文学艺术史的发展,呈现出"和而不同"的风貌,两者互相印证、参照,既有大中华的"整体性",又有"这一个"的独特性。以《松江诗歌史》为例,诗歌是松江历史人文的一大宗,不仅名家多、作品丰、影响大,而且形成了以"云间派"为代表的诗词流派,每个作家作品之间,既有共性又有个性,既有传承又有创新。松江诗人对域外诗人既有交流又有碰撞,既有借鉴又有传播。作者在书中对此作了成因分析,在对作家、作品评价的同时,经常与全国诗歌的主流格局、变迁发展联系起来,互相印证、参照,视野格局开阔。

其次,既重视本土文学艺术家的地位,又不忽视流寓文学艺术家的作用。自唐宋以来,松江为文人流寓之地,常有诗人、作家、书法家、画家来此地游历或寓居。如至元末,杨维桢的长期寓居,更是让松江成为中国东南地区的文化艺术圣地。另外,钱惟善、倪瓒、王逢、陶宗仪等著名流寓文人,都在文学艺术上取得了很高的成就。松江本土诗人如袁凯、陆居仁、邵亨贞等人也是文坛名家。此时,本土文人与流寓文人互相结交,切磋技艺,如同松江文学艺术腾飞之双翼,前行之双轮。其中,最有代表性的是杨维桢、钱惟善、陆居仁三人,他们不但生前结交,而且死后同葬,被誉为"元末三高士"。其中,陆居仁为本土人士,而杨维桢、钱惟善则为流寓作家。

再次,许多人物都兼具多种才能,同时入列"六史"中的多部。如陆机有书法名帖《平复帖》、文学名篇《文赋》,及许多诗歌传世,所以《松江书法史》《松江文学史》《松江诗歌史》都将其列为重要人物。再如赵孟𬱓、管道昇、杨维桢、陆居仁、倪瓒、陶宗仪、董其昌、陈继儒等人,既在书法、绘画、文学等方面均有极高的成就,也是名动一时的诗人,均为同时列入多种"分类史"的人物。"六史"撰著者在综合评价这些人物的地位和作品的价值时,都做到了兼容并蓄、客观公正。

从次,注重文学艺术高峰与低谷的发展流变,与政治、经济、社会整体发展的重叠。松江各类文学艺术的发展,大体都有这样一个脉络:三国两晋陆氏家族之前,鲜有具体人物和作品的记载,以二陆兄弟为开端形成了一个小高峰;南北朝时期,经历长期的低谷;唐朝华亭建县至元初松江建府,长达数百年的时间里,文学艺术与经济发展都处于平淡期;至元末,文学艺术形成了一个高峰,涌现了大量代表人物和名家名作;从明代中开始,迎来了集大成时期,书派、画派、诗派、词派乃至有些争议的曲派、琴派、印派等陆续登上舞台,成为全国文坛、艺坛上耀眼的明星;之后,清代中后期至民国,松江的政治、经济地位为上海所取代,松江的文化艺术也逐渐衰落下来。

最后,在人物及作品选上,既突出名士,也不遗一般人物或者方外闺阁。既有陆机、陆云、陆龟蒙、杨维桢、袁凯、董其昌、陈继儒、陈子龙、夏完淳、姚鹓雏、高燮等耳熟能详的名家大家，也有徐阶、陆树声、张祥河、陆锡熊、王鸿绪等不以文学艺术传世的名宦，还有适度篇幅的方外船子和尚、盲诗人唐汝询，以及闺阁才女柳如是、王微、王凤娴、夏淑吉等，许多都是在多种文学艺术领域取得了相当的成就。纵观整套书籍，可见松江隽士如云、俊才星驰。

当然，限于我们的学养、水平，加之"六史"编纂工作时间紧、任务重，心有余而力不足，错漏难免，能否达到预想的价值追求，还需要读者与时间来检验。

说了这么多的想法和做法，接下来我还要说一点感慨。在这个内心世界容易浮躁、价值观时有错乱、精致的利己主义者充斥于周遭的年代，想做一件事不容易，做成一件事更不容易，做好一件事更更不容易。所以，当"六史"即将陆续面世的时候，我的内心充满了感激之情。

首先，要感谢松江区委、区政府和有关领导的担当作为以及持续的关心关注。感谢有关专家、学者的辛勤付出。感谢方家、同仁和社会各界人士的助力奉献和无私帮助。

在书稿撰写、出版过程中，"六史"的高级顾问、上海辞书出版社历史地理编辑中心主任王圣良编审的倾情力助，熊月之、孙琴安、叶长海、朱恒夫、曹辛华、王孝俭、张忠民、张青云、谢海光、山兆辉、任向阳、沈冬林等专家学者以及老领导、老朋友赐予的真知灼见，徐界生、陆忠新、曹金华、李涛、周样波、张国强、陆联群、梁宝山、刘通、杨雨清、王灵辉、王艳、张冬梅、牛立超、陆琦杨、陈诚、金叶、奚建治、陈军军、俞宝琴等以各种方式给予的支持与帮助，编委会一班同仁践行"云间风度"，恪尽职守，团结协作，齐心攻关的种种努力，俞月娥作为"一典六史"编辑部办公室"管家"精到细致的事务管理，众多媒体朋友们的长期关注与鼓励，以及我供职的上海戏剧学院的领导，他们始终谨记现代大学的崇高使命，坚持以人才培养、科学研究、社会服务、文化传承创新为己任，对我这样一个在职的教师回家乡兼职给予的理解与支持，都令我感动不已。而每当我因精力、体力、能力，特别是时间等多方面因素制约而产生倦怠时，我的眼前就会出现一个画面：每天清晨，当一幢幢办公楼刚从睡梦中醒来，还没有来得及呼吸新的一天的空气，区图书馆二楼"一典六史"编辑部办公室的窗口，就已刻下了年逾七旬的著名民俗学家、地方史专家欧粤编审，年近古稀的华东师范大学江南文化特聘专家、原《松江报》总编吴纪盛先生这两位夫子伏案工作的剪影。除了中间抽几支烟，简单的午餐以及三点半以后的一杯清咖，几乎分分秒秒都在故纸堆里觅苍黄，屏幕纸面著华章。欧老先生不久前动了个小手术，术后第三天就坐到了电脑前；吴先生做学问依旧保持着手写的习惯，光看他为编辑"六史"留下的几十张刚劲有力、神采飞扬的手迹，就足以让人肃然起敬。看到这两位学者的辛勤付出，不知道为什么，我的眼前老是晃动着一个个先贤的形象，筚路蓝缕，穷经皓首，青灯黄卷，孜孜以求，"子在齐闻《韶》，三月不知肉味"。一代又一代，人类的真善美，松江历史文化的精粹，不正是由这样一些不计名利、默默耕耘、无私奉献、以苦为乐的夫子们传承下来的吗？每次想起他们，我的眼眶就会不由自主地红起来。在两位贤达面前，除了深深的致敬，我们难道不应该再让自己更完美些吗？

我始终认为，文化建设是一个潜移默化的过程，对先贤邦彦的言行举止、丰赡业绩，需要我们沉下心来，鉴古观今，读史悟道。尤其在经济发展快速推进、社会深刻转型的当下，摒弃喧嚣与浮躁，在充满温情与敬意之中追根溯源，将会让我们不忘本来、吸收外来、面向未来。美国著名城市史学家刘易斯·芒福德曾说，"古往今来多少座城市无一不是时间的产儿"。从这个意义上说，"六史"既是我们此时此刻向松江人民交出的一份回应时代需求的答卷，也是我们在松江历史发展的时间长河中，做出的一个关于松江历史和当代文化的生动注脚。

最后，诚挚希望和祝愿"六史"的出版，能够达到以古鉴今、指导未来的作用，能够为家乡持续打响"上海之根"文化品牌，提升城市文化软实力，赋能助力"五大新城"建设，奋力打造人民向往的"科创、人文、生态"的现代化新松江作出应有的贡献。

陆军

2021 年 12 月 10 日

作者为"松江六史"、《松江人文大辞典》主编，上海市文史研究馆馆员，上海戏剧学院学术委员会主任，二级教授，博士生导师。兼任《中国大百科全书（第三版）》戏剧文学分支主编、中国戏剧文学学会副会长、上海戏曲学会会长、松江区文学艺术界联合会主席、上海人文松江创作研究院院长。

目
录

导论

松江历史悠久,在上海地区最早成陆、最早开发、最早设县,自古为东南重镇,是上海历史文化的发源地。境内山川灵秀,土地膏腴,特产丰饶,人文鼎盛。松江自宋以来修志,其后代有志传,松江地方文献纂著延绵相继,保存了丰富的史料。但遗憾的是,松江历经数千年,未能有一部专门的松江史著作。近年成立的人文松江创作研究院,以研究松江为己任,不畏艰难,向历史著述的空白点挑战,在成立伊始,就着手组织编写统合古今的《松江简史》。一部简史包罗万象,写作中诸多问题需告知,有关特色特点需揭示,许多个案需阐明。故在本书写作前特对有关问题作出如下解读与论析。

一、记述范围、重点及有关问题

作为一部《松江简史》,旨在以简要的文字较完整地叙述本地区古往今来的历史。虽说简史,其实并不简单,牵涉地域间的变化、历史发展中的交错。简史也必须贯通历史,对历史难题要解读,对繁杂的事物要厘清。在叙述中鉴于松江历史上建置区划变化较多,对记述的范围、重心的定位、详略的处置,特做如下设计。

编著松江简史不像编地方志那样，完全按照现在松江区行政区域范围为限，而是既以今日松江区为主，也要注意反映有关历史阶段中的华亭县、松江府、松江县行政区域内的基本格局和基本情况。如为了反映唐代华亭县政治、经济、文化总体面貌，适当地记述当时华亭县的东西长160里、南北宽173里偌大区域内情况，当时华亭县东南(今属浦东新区、奉贤区)海塘的兴筑和海岸线的情况，华亭县青龙镇(今属青浦区)港口和商贸繁荣情况等。这些事物发生地虽很多不在今松江区域内，但唐时属于华亭县，对当时华亭县的设立和政治、经济、社会的发展至关重要，故简史中都作了一定的叙述。又如写到元、明、清松江府时，有关"七县一厅"建置，有关棉纺织业、盐业、航运业、上海港兴起等情况，有些发生地虽不属今松江区范围内，但当时地属松江府范围，对勾勒历史上松江府的整体面貌至关重要，故书中也都作了一定的记述。另外在记述原始社会文化时，为较完整地反映松江九峰区域原始社会古文化面貌和发展序列，对有些九峰边缘的如今属青浦区的古文化遗址，一并作了记述。总之在记述中尽量考虑到历史的境地、事物的关联和记述的完整性，不因为这一地区后来的建置变化而将本为完整相关的事物人为割裂开来。当然在写作上重点还是记述发生在今松江区区域内的历史，对于今松江区行政管辖、经济发展关系紧密情况作为记述重点。对历史上发生于华亭县、松江府范围内，不属于今松江区范围内的事物，但又必须交代清楚的内容，原则上予以略记。另外在详略安排上，对松江历史上具有地方特色的棉纺织业、畸重的赋役、松江文学书画派特色、繁华的松江府城、改革开放以来城市和经济发展中重大举措等特色内容，都作了较详的叙述。

其次关于考古资料的运用。鉴于宋以前文献资料较少，故松江简史中充分运用考古发现的实物资料予以佐证。除新石器时代历史基本完全运用考古资料说明问题外，在汉晋、唐宋文献叙述中也穿插了一些考古发现,以弥补文字史料的欠缺。再有对历史上有争议的问题,如吴王寿楚来松江狩猎、建筑华亭作停留宿会之所故得名,关于春秋时期孟姜女为华亭人等问题,史载说法不一,叙述中不简单排斥不同观点,而是以相传之说作了保留;对唐初建立青龙镇,史学界有不同看法,一时较难断论,本书搁置争议,暂予载录。

二、松江名称与别称由来初考

松江作为上海历史文化的发源地,历史长河中先后出现了有意义、有趣味、有特点、有故事的一些名称与别称,经初步考证得名由来如下。

松江之名,源于古代境内一条主河道名。《尚书·禹贡》中记载夏禹治水:"三江既入,震泽底定"。"三江"指"松江(吴淞江)、娄江、东江"。"震泽"指的是太湖。其意是:三江将太湖之水导入大海,太湖也就稳定了。当时的"松江"是太湖东向入海的一条重要泄水道,其下游流经今松江、青浦、闵行等区境。据历史记载,原松江为淞江。关于"淞""松"两字之递变,清初叶梦珠《阅世编》记:松江"元以前为华亭县,属嘉兴府。元始建淞江府,而分府北一带立上海县。明初,以郡多水灾,因于'淞'字去水而从'松',称'松江府'。"

图1 华亭碑

图 2　华亭

"华亭"别称，据《三国志·陆逊传》记载，东汉末建安二十四年（219 年），东吴陆逊从吕蒙克蜀公安、南郡有功，领宜都太守，封华亭侯。未几又连破蜀兵，斩获万计，进封娄侯。这是正史上第一次正式记录"华亭"两字。此时所谓华亭，实是乡亭之亭，故孙权初封陆逊为华亭侯，后进封娄侯。南宋绍熙四年（1193 年）杨潜等修《云间志》记载："至于县之得名，《通典》《太平寰宇记》云：地有华亭谷，因以为名。"前段记："顺帝永建四年，分浙江以东为会稽郡，西为吴郡，华亭虽吴郡地，犹未见之史传；孙氏霸吴，尽有其地。建安二十四年，封陆逊为华亭侯，始见于《吴志》矣。"又按云："则华亭故汉亭，留宿会之所也。"

"云间"别称，为松江古代的一个雅称。"云间"之名，始见于南朝宋刘义庆《世说新语》："荀鸣鹤、陆士龙二人未相识，俱会张华先生。张令共语，以其并有大才，可勿作常语。陆举手曰：'云间陆士龙'，荀答曰：'日下荀鸣鹤'。"又同书《赏誉》记：张华"语陆平原曰：'君兄弟龙跃云间，顾彦先凤鸣朝阳'，谓东南之宝已尽，不意复见褚生。"据此记述，"云间"两字当含"龙跃于云间"之意。唐王勃作《秋月登洪府滕王阁饯别序》中有"望长安于日下，目吴会于云间"句，系借用荀、陆两人对语之词。

"谷水"别称，据唐陆广微《吴地记》"华亭县"条记载："地名云间，水名谷水。"元季陶宗仪《南村辍耕录》中记："'潮逢谷水难兴浪，月到云间便不明'，松江古有此语；谷水、云间，皆松江别名也。"
"谷水"一词，初见于晋陆机《赠从兄车骑》诗中"仿佛谷水阳，婉娈
昆山阴"句。南朝齐陆道瞻《吴地记》佚文有"海盐东北二百里有长
谷，昔陆逊、陆凯居此。谷水东二里有昆山，父祖葬焉。"乐史《太平
寰宇记》"二陆宅在长谷……谷周围百余里……谷水下通松江，昔
陆凯居此谷。"这些史料，均可为云间陆氏居地是在"谷水之阳，昆
山之阴"作辅证。

"五茸""茸城"别称，"茸"，意如《说文》中所记"草茸茸貌"。松
江西境，古时在诸山之间，草木繁密，飞禽走兽栖息其间，可为游猎
之所。唐陆龟蒙《吴中书事寄汉南裴尚书》诗："风清地古带前朝，
遗事纷纷未寂寥。三泖凉波鱼蘱动，五茸春草雉媒娇。云藏野寺
分金刹，月在江楼倚玉箫。不用归去忘此景，吴王看即奉弓招。"诗
后注：五茸，吴王猎所，茸各有名。后该地建县城、府城，故又有茸
城之称。

三、全书总体布局与写作构想

根据本书写作的范围、要求等基本定位，按照历史发展的基本
走向，《松江简史》分七大部分。第一部分史前述略，从地理位置的
角度，以具有特征性的古冈身、九峰三泖等自然地貌，记述上海地
区最早成陆的松江的有关自然形态情况；从九峰文化高地区域内
的马家浜、崧泽、良渚、广富林等原始社会文化勾勒出当时原始人
类生产生活情况。第二部分东汉至唐及五代时期，主要记述从东
汉建安二十四年（219年），东吴名将陆逊以功受封华亭侯，华亭始
见于史志；到唐初海塘的修筑后，使吴淞江以南地区自然条件迅速
改变，使松江地区疆域从此基本稳定，为发展农业生产提供了条

件,人口也明显增加,由此使建县、建城具备了条件,继而华亭县经济社会发展向前迈出了一大步。第三部分宋元时期,主要记述两宋时期社会经济,特别是农业经济进入较快发展期,成为吴越区域中先进地区;元华亭县由于经济社会较快发展,人口快速增加,地位不断提升,故华亭县直接升为府;华亭县成为海上贸易要地,设置有市舶司、市舶务、市舶场等,县境内设有 7 个酒务;宋元时盐业、棉纺织业、航运业等都有较大发展。第四部分明代,主要记述松江棉纺织业一跃成为全国中心,史称"衣被天下";府城商贸繁华、城市巨变,成为东南一大都会;以董其昌、陈子龙为首的明代文学艺术攀向全国的顶峰;科举考出进士数松江为全国第一。第五部分清代,主要记述清初的抗清斗争;清初统治中的"奏销案"等三大案、"文字狱"及赋役制度变革;清前中期经济的发展;清中后期松江政治经济中心地位的东移。第六部分民国时期,主要记述辛亥革命爆发后,松江光复、北伐军攻克松江、抗战全面爆发等情况;中国共产党领导下早期建党、土地革命、抗日战争、解放战争等情况;新文化新思想与代表人物和兴新学情况。第七部分当代松江,主要记述松江迎来解放和社会主义三大改造;工农商业的大发展,特别是改革开放以来农村经济体制改革促进了农业全面发展,以及松江工业、商旅业等经济腾飞;松江以建设新城区、工业区、度假区、G60 科创走廊为突破口,把松江经济社会发展推上快速道;文化、教育、卫生、科技等社会事业全面快速发展。

四、关于特色与特点

本书写作中,在顾及了古往今来完整历史、勾画发展轨迹的基础上,力求努力反映出松江历史发展的特色特点,让读者看清松江的特质,看明松江在上海地区、在全国层面上的特殊地位。写作中努力抓住松江是上海历史文化的发源地的关键点;注重松江在全国历史中的重要地位与角色的闪光点;突出松江数千年发展中农业经济为主体的基本点。紧紧围绕松江变化不断的建置区划线、优质的农业经济发展线、特殊的港口经济发展线、高素质的人才发展线、高水平的文化发展线等展开。还特别注重当代松江,在党的领导下,人民当家作主,奋发建设社会主义经济、政治、文化,取得了举世瞩目成就的一条线。归纳松江发展中的特色特点,主要有以下八个方面:

其一,地理位置的重要。早在古冈身时期,整个上海地区大部分尚处在由西向东冲积成陆过程中时,今松江地区是位于最早形成的冈身西部,是上海地区最早成陆的区域,也是地处长江三角洲前缘较早形成的河口滨海平原。自然环境极优的九峰三泖地区自古是一处生态环境极佳的宝地,在当时的整个上海地区,原始人类最早聚居在冈身西部、九峰这块高地上。

其二,广富林文化的重大发现。其特点,证明了上海第一代北方移民与当地居民共创形成的广富林文化,从一个侧面证实了上海海派文化中移民史之悠久。其次广富林遗址中出土了从崧泽、良渚、广富林、马桥以及汉晋、唐宋各时期的古文物,几乎勾画出了中国古代文明发展史,广富林遗址堪称华夏文明一大宝库。

其三,唐代设置上海地区最早的华亭县,随后这一地区政治、军事、经济地位日显重要。这是上海地区最早设置的县,其辖区大体上包括今上海地区吴淞江以南全部地区,对东海之滨、长江三角洲地区的发展、对上海大都市的形成意义极其深远。

其四,元代特殊的县升府。两宋时期随着大规模兴修水利,农业发展出现了第一个高潮,一度成为全国粮食亩产最高的地区。

随着华亭县青龙港对外贸易的迅速发展,内河航运、远海等商业发达。在商贸经济较大发展中,华亭县先后设立7个酒务,还设立市舶司、市舶务、市舶场等,松江一度成为国内最富庶的地区之一。当时土地日益垦辟,赋税不断增加,时称"税粮百万",加之华亭县北、东崛起的青龙港、上海港经济发展地位显赫,由此华亭县地位快速上升,而一跃被升为府。县升府后,首先在建置发展上展开了拳脚,不久在华亭县分辟出上海县、青浦县,再后是金山县、奉贤县等,形成了七县一厅的格局。其次随着行政机构级别的提高,管辖范围不断扩大,管理功能快速提升,对地区社会经济发展产生了重大影响。

其五,贯穿古今的松江农业经济发展早、发展快,特色鲜明。首先从考古中发现5 000年前松江农业最早从锄耕进入犁耕。其次早在东汉时期,中原人口避乱南迁,为松江地区带来较先进的农业生产技术;唐初松江东部修筑了海塘,为发展农业生产提供了重要条件,一时华亭县大量稻米作为贡粮运入京城长安。唐末吴越国时期加强水利建设,使农业生产"岁多丰稔"。宋元至清,松江农业一直处在较快发展阶段,南宋绍熙时华亭县亩产稻谷达2~3石,成为江南粮食亩产最高的地区。民国时期动乱不断,但农业仍有发展。特别是解放后,农业稳步发展,粮食平均亩产一直在全国领先,松江一直是全国重要产粮基地,向国家交粮最多地区。直至近年在农村改革中,松江推行粮食家庭农场,使新时代农业发展中基本解决粮食稳定增产、种植农民增收等难题。松江推行的家庭农场被国务院列为新时代农业发展的重要举措。

其六,明代松江成为国内经济中心地区。明代松江卓有建树并对外产生极大辐射力的一件大事,就是松江古代的棉纺织业。自宋末元初杰出的棉纺织家黄道婆,从海南岛黎族人民那里学到的先进棉纺织技术带回家乡松江,向人们传授"做造捍、弹、纺、织之具"并力行四大革新创造之举,有力地促进松江的植棉和纺织,一时成为松江地区经济发展的主流,时称"衣被天下"。特别是由棉纺织而引发的商品生产和商品市场,松江地区较早出现了操纵市场经济运行的中枢机构——牙行(也称布号),一时数百家布号皆在松江乐业,松江这一时期的经济在全国处于领先地位,其发展现象成为后世研究中国资本主义萌芽的典型案例。

其七,明清文化超常发展。以明代董其昌为代表的云间画派引领一代画风,松江府一时成为书画艺术中心,取代了苏州在中国绘画史上的地位。云间画派纵横数百年,对后世特别是海上画派的形成影响深远,堪称中国画坛重要引领者。明末以陈子龙为首的云间文学派引领了时代文学发展潮流,一时人称"天下文章在云间"。这一文学流派,既代表了当时复古文学,又表现出较强的时代精神,将师古与写真有机融合,对后世文学产生了深远的影响,成为明清易代之际文学演进之一大转捩点。

其八,改革开放以来松江发生了奇迹般巨变。农村改革有力促进松江传统农业向现代化农业发展。建立了上海规模最大的首个市级工业区,其后又升格为国家经济技术开发区,松江还在全国首批建立两个国家级出口加工区,外向型经济发展迅速,始终走在全国前列,在上海市郊最早开展"新城"建设,建起了百万人口的新城,建立上海唯一的国家旅游度假区。特别是近年来,松江把握长三角一体化和上海全球科创中心建设两大国家战略的重大机遇,率先提出 G60 科创走廊建设。带动整个区域由"制造"向"创造"的突破性发展,涵盖高端装备、新一代信息技术、人工智能、生物医药、新能源、新材料等战略性新兴产业。G60 科创走廊建设成效卓越,2019 年纳入《长三角洲区域一体化发展规划纲要》,2020 年列入国家"十四五"规划,已真正上升为国家战略的重要组成部分。

图3 长三角 G60 科创走廊亮相"伟大历程 辉煌成就——庆祝中华人民共和国成立 70 周年大型成就展"

国家"十四五"规划纲要中明确提出"要瞄准国际先进科创能力和产业体系,加快建设长三角 G60 科创走廊。""提高长三角地区配置全球资源能力和辐射带动全国发展能力。"这标志着长三角 G60 科创走廊"十四五"发展历史方位和战略空间有了新的拓展,迈入了引领阶段。

五、几点思考

一、历史上由北而南的移民和流寓人才对松江发展起到极其重要的作用。首先值得注意的是早在 4000 年前的北方王油坊文化类型的移民南移松江,由此产生为后世瞩目的广富林文化。接着是东汉农民大起义中,中原人口避乱南迁,较多栖息在地广人稀的松江地区,是他们带来了比较先进的农业生产技术。其后中国历史上三次由北而南的更大规模的移民,致使北方的文化世族较多迁居江南,为松江发展储备了众多人才。松江历史文化的包容性,首先表现在对外来移民文化的深度接纳和相融发展上。晋永嘉之乱后帝室东迁、中唐安史之乱后大规模南下移民、北宋靖康之难后随宋室南渡南徙者更是较多具有相当经济实力的世族大家,三次大规模移民高潮中,松江本土文化与外来文化融合,外来文化对松江文化的渗透和带动十分突出。据文献显示,松江明清几乎所有具有较高地位的官宦和文化名流,大多为南渡人士后裔,其祖上均为汴京人。由此也可以说，元明松江"都城"的崛起深深得益于这批"流寓"的移民。其次元朝江浙文人群体流寓松江。当时被称为"素无草动之虞"的松江九峰三泖地区，吸引了杨维桢、赵孟頫、陶宗仪、钱惟善等大批文人士大夫，为松江文化发展积聚了强大的内力，为明代松江的文学艺术走上时代高峰奠定了极重要的基础。

二、深厚的文化根基培育了代代建设人才。传统的耕读文化，与此相应，儒、道、佛互补的中国传统文化在松江人士的心理结构中有较深影响。无疑，地区人民的群体素养和杰出人才是创造历史的根本。比如明代松江府棉纺织业"衣被天下"，一跃成为全国的经济中心，实际上就是有文化有见识的松江人民登上了最能显示自己才能的经济舞台。又如元明清松江文学艺术繁荣昌盛，名人辈出，一度引领全国，这些引人注目的成就，实际上都得益于教育的快速发展。正如明正德《松江府志》所述："今文物衣冠为东南之望，经学辞章下至书翰，咸有师法；田野小民生理咸足，皆以教子孙读书为事。"可见松江自古忠臣勇士、经文才俊代有其人，这绝非历史偶然，而是松江进步的文化洪流和淳厚民风中的必然产物。再如新时代松江在改革开放中，大变革中大发展，大思考中大举措，大手笔下大成就，都是具备了很高文化素养的松江人民自觉执行党的方针政策，想干事、能干事、干成事的真实写照。

三、文化方面松江两大重要建树的意义不可估量。一是陆机创作的《文赋》是中国文学史上第一部以探讨文学创作问题为主的系统性理论著作，提出"艺术构思与生活的关系""灵感问题""缘情说"等观点，在中国文学发展史上具有划时代的意义。二是明代董其昌在松江绘画理论方面创造了"南北宗论"，这一学说意在撷取和合成各画派技法形式之长，定义了文人画荟萃众美的特征。他所倡国画分南、北宗之说。既貌似划分画派，又含有审美思辨；既是对于传统的一种集大成式的评判总结，又是对于新画派和新画风的一种启悟和开拓。这不是一般的划分画派，而是画史上一直存在的两种不同艺术风格的审美观的区分。这种区分从总的倾向看，如董其昌的同乡陈继儒所说，是"文则南，硬则北"。董其昌倡导"南北宗论"，除了绘画及至整个文化领域受他的潜移默化的影响外，还起到了对当时他所身处的社会环境、文艺思潮以及参禅风气的催化作用，对绘画发展意义极其深远。

四、明清松江府赋役畸重是一个令人深思的课题。这是一个元代松江府建府前已遗留的，其后数百年一直未能解决的问题。历史载录深刻地揭示了松江府赋役畸重下各阶层和朝廷的不同面貌：一是百姓苦难，二是"粮长"重负，三是地方官避税避役，四是有识志士大声疾呼，五是朝廷官员主张改革，六是朝廷被动减税。发生在松江的这些现象，说明明代松江"田赋甲天下"的背后，是当地百姓的血泪和地方官员的无奈。其实当时就有不少有识之士对此畸重不公的赋役制度指出了弊端和危害。一时间，朝廷、地方官员、租田阶层、种田人各方力量以各种形式展开了较量，由此演绎了复杂多变、耐人寻味的一段特殊的历史。其实当时国家政权与人民大众的矛盾和斗争的焦点是对赋役数额，即再分配中各自分割量的确定与认可。这种过于沉重，超过生产能力负荷程度的再分配模式逼使赋役负担者所能采取的唯一可行消极反抗办法，就是逋欠与逃亡，它们最终使得封建政府徒有重赋之名，而无重税之实，并未能如愿以偿地实现他们自身期望的分割量。因为从朝廷、官衙到社会各阶层都心存不惑和不满，因此赋役畸重的矛盾也就始终未能得到较好解决。

五、明清松江府政治经济基础对上海大都市形成的重要影响。一是清代中叶大量棉纺织业染踹坊东移上海县城，康雍乾时期上海港的海运，重要出港货物就是松江的棉布。嘉庆年间沙船聚于上海数千号,其主要是要把收购到的松江棉布从上海港运往北方,再从北方运回其他物资,所谓"沙船集于上海,实缘布市"。可见是松江棉纺织的兴盛促进了上海沙船航运业的兴盛,推动了海上贸易的发展,提高了上海港的地位,从而加速了上海城市的繁华。另外,清后期上海民族资本的很大一部分力量,是来自松江地区长期从事棉纺织业而发家致富的手工作坊主和众多富商,这些为上海城市民族资本发展打下一定的基础。

六、解放初期,松江县各界人民代表会议的召开意义深远。当时是中华人民共和国成立前夕,党中央正在谋划新解放区怎样开好县一级"人民代表会",怎样更好地团结广大人民群众齐心协力开展新中国建设之时召开的。这是解放初共产党领导下实行民主建政的重大举措。毛泽东主席获悉后批示全国照办,在全国产生重大影响。

综上所述,可见数千年历史发展中,松江始终走在全国的前列,始终能跨出创造性的步伐,始终能取得令人瞩目的成就。这也就是笔者著述松江古往今来发展历史的基调和定位。

概述

东海之滨有座美丽的城市叫松江,古称华亭,别称云间、茸城、谷水。松江地处长江三角洲前沿,南临杭州湾,位于上海市西南部,黄浦江上游。西与富庶的江苏、浙江毗邻。区域东西宽约 25 千米,南北长约 24 千米,总面积 604.67 平方千米,其中陆地面积 573.50 平方千米,水域面积 31.17 平方千米。境内溪涧纵横,河网密布,素称"水乡泽国"。自古以来受江河湖海之惠,得据江瞰海之胜,行舟楫航行之便,兴泽国农桑之利。

松江历史悠久,首先从地理位置上看,松江位于上海西南部,从整个上海地区大部分是由西向东冲积成陆的这一特征中,可见位于今上海西南部的松江最早形成于冈身西部,是上海地区最早成陆的区域,也是长江三角洲前缘较早形成的河口滨海平原。6 000 多年前,今上海大部分地区尚处在滔滔东海之中时,松江九峰已形成了一个风景优美、树影环绕、草丛宽阔的峰林地带。松江最早的先民们来到九峰三泖之间,在茫茫沼泽地上打猎捕鱼,在高亢的荒地上开垦播种。他们用火和石开拓荒原,用血和汗建造家园,创造出马家浜文化、崧泽文化、良渚文化、广富林文化等灿烂的原始社会古文化。

春秋时代,松江为吴国东境。相传因吴王寿梦常来此狩猎,为停留宿会而建馆舍,名为"华亭"。1962 年从凤凰山出土了一件代表王族身份的春秋时期青铜尊,证明当时在松江九峰一带有过王室贵族的活动。至东汉建安二十四年(219年),东吴名将陆逊因破荆州关羽有功,领宜都太守,拜抚边将军,被孙权封为华亭侯,"华亭"之名始见于史志。西晋时期,居住于小昆山的陆逊后代陆机、陆云兄弟俩,少时分领其父陆抗兵权,吴亡后退居故乡九峰三泖一带攻读诗文,后名重文坛,陆机所作《文赋》为中国文学史和美术学史极具创见的文章,所作诗文开六朝文学的先声,人们以"玉出昆冈"誉之。陆机所书《平复帖》传至今日,人称"天下第一帖"。从陆逊之后,陆氏家族代有名人,对本地区发展影响深远。

进入唐朝后相当一段时期,松江地区主要分辖于今浙江、江苏的嘉兴、海盐、昆山等市县,未能作为中心区域开发,经济发展仍比较迟缓。特别是长期以来海塘未筑,这一地区经常受到海潮的威胁,农业经济等没法进行较大规模的有效开发,海潮还时时威胁沿海人民的生命安全。唐初捍海塘修筑成功后,挡住了海潮的侵袭,使吴淞江以南地区自然条件迅速改变,使本地区的疆域从此基本稳定,随着农业经济发展,以及青龙港由军港转变为贸易港,在经济形势向好的情况下,唐天宝十载(751年)设立了华亭县,使松江地区开始有了属于自己的独立的县治。建县后即建起了县城,县城规模虽不大,但考古发现,当时华亭县治"前临官衙,后枕流水",东西一条通衢大道。建县后随着松江政治、军事地位日显重要,经济、文化加快发展。据史籍记载,当时华亭县大量的稻米作为贡米运入京城长安。农业经济的繁荣导致了商业兴旺和文化兴盛。县城内马路纵横交错,市河纵横贯通,房屋栉比,商市繁华。根据当代考古发现大量唐代著名的官窑、越窑、钧窑等瓷器和鎏金铜器等,充分证明当时华亭县城市民的生活水平是很高的。这一时期华亭县治西北60里处的青龙镇迅速从军事据点转变为贸易港口,海内外贸易已经十分繁华。另外,唐代华亭县城中建起了规模很大的佛教建筑普照寺、超果寺等,佛教文化的盛况从另一个侧面反映了当时城市的繁华景象,遗留至今的唐陀罗尼经石幢充分展示了精美的石雕艺术文化,现已成为上海地区最古老的地面建筑。

到了北宋时期,华亭县随着大规模兴修水利,加快了圩田整修步伐,将江湖河海边淤积出露的土地,改造成良田。加上东海岸修筑了更为完善的里护塘,农业生产环境不断向好,农田开垦加快,同时以籽粒饱满著称的新罗"黄粒稻"在松江地区得到推广,小麦种植的普及,使松江地区部分农田一年两熟,粮食产量大幅度提高,促使农业步入较快发展的轨道。松江的经济和社会发展逐步赶上并超越中原地区,成为全国的重要产粮区。当时的青龙镇和东面的上海镇得江海之利,经济繁荣,对外贸易特别兴盛。当时华亭县城除县衙与市舶司外,还设有盐监、酒监、税监、造船场等官署,以及各类官仓。宋人孙觌写道:"富室大家,蛮商舶贾,交错于水陆之道,为东南第一大县。"松江一跃成为国内最富庶的地区之一。

元代松江经济进一步发展。当时粮食产量较高,加上渔业、盐业发达,促进了内外贸易发展,内河航运、远海等商业航运也迅速发展起来。先是华亭县北面的青龙港,后是东面的上海港先后崛起,华亭县地位快速上升。另外,当时朝廷更注重华亭县土地日益垦辟,赋税不断增加,时称"税粮百万",加上人口迅速增加,上述诸多因素使华亭县于至元十四年(1277年)一跃被升为华亭府,所辖范围大致相当于今上海市吴淞江以南全部地区。建府后,府衙各部逐步建立,到至贞元年(1295年)新的府署焕然一新,旁有华亭县署,附近还新建高大的五楹谯楼,后称"云间第一楼"。其后,府城各方面发展明显加快。城中府县并存,原来的城垣无法容纳众多官署,工商市肆、绅民宅第便沿河向西发展。至元末已基本形成后世所称的"十里长街"。当时较多店舍傍水而建,形成了较长的一条商市。因穆斯林居民较多,在城西二里外还建起了规模较大的清真寺,为东南沿海最著名的清真寺。另外,元代建府后流寓来松人员较多。据史称,元末动乱时,"素无草动之虞"的松江九峰三泖一带较安宁,幽雅的环境吸引了江浙等地一些著名的文人士大夫来此居住。如黄岩的陶宗仪、会稽的杨维桢等,他们与当地的陆居仁、袁凯等交往甚密,吟诗作文,著书绘画,切磋文学艺术,为松江文化发展积聚了很强的内力,从而推动了松江文化的发展。

从元末到明清,松江为中华史册所谱写的最光辉一页,那就是史称"衣被天下"的松江棉纺织业。著名的纺织技术革新家黄道婆从海南岛学会了植棉纺织技能,在家乡松江传播和发展,随着纺织技术提高,生产效率大为提升,特别是精细化的纺织使原本粗糙的棉纺织业品提升了档次与质量,由此使植棉和纺纱织布在松江迅速推广普及。由于棉纺织业勃兴,植棉开始成为松江府主要的农作物之一。当时松江城内外"棉布寸土皆有","织机十室必有",一时"纺织不止村落,虽城中亦然"。松江经济出现了奇迹般的巨变。松江人民登上了最能显示自己聪明才智的经济舞台。纺织业成了松江的经济支柱,贸易使松江商人财运亨通。松江棉纺织业的兴盛,商品经济的迅速发展,使松江府城及周边市镇的经济景况发生了极大的变化。松江府城"隆万以来,生齿浩繁,居民稠密"。这一时期松江府很多城镇出现了许多棉纺织手工作场,还有染坊、踹坊等,不断吸引贫困农民脱离农业生产劳动,促进农村人口大量向城镇流动,从而使松江府城镇的工商业人口急剧增加,府城出现了人丁兴旺的景象。同时也促进了府城四周大量市镇的涌现。宋时松江仅有 10 个镇,至明代增至 62 个镇,松江府城也成为全国 33 个工商业重要城市之一。明代中叶,松江府城内外万商云集,店铺林立,楼堂连片,一派繁荣的景象。在经济的发展过程中,随着地方财富不断积聚,本地出现大兴土木,建宅造园。明代数十所园林,数百座深宅大院，几乎同时期在松江城内矗立起来，使府城的面貌大为改观。

随着经济繁盛，明代松江社会整体文化水平得到普遍提高。教育领先、科甲兴盛，历任知府知县对府学、县学或修葺扩建或重修建阁，致使府学、县学"规制大备""宏敞壮丽，甲于他邑矣"。华亭县进士人数名列全国第一，是松江科举历史上最为辉煌的时期。学术研究方面，嘉靖年间有松江最著名的学者、官至首辅的徐阶。在他的提倡和主持下，"王学"弟子们曾两次聚会京师，宣讲阳明心学。后来"王学"终于取代程朱理学成为官方承认的显学。徐阶还撰有《世经堂集》26卷，被称为"宰相集"。徐光启是明代万历年间松江府出现的著名科学家。他大力提倡经世致用之学，对农业、军事、天文、数学等都有精深独到的研究，创作了著名的《农政全书》，还编著有《几何原本》等重要著作和译作。明后期以陈子龙、徐孚远、宋徵璧、李雯等人为首的幾社社员们，合力编纂了一部504卷的巨著《皇明经世文编》，都是中国历史上有关治国的方针政策的极有价值的实用之书。

明清松江在诗词、书画等领域创造了巨大的成就，产生了推动中国文化向前发展的动力。"明诗殿军"陈子龙借鉴唐诗宋词，推崇"后七子"，但并不拘泥于传统，而是由继承走向升华，大胆背离儒家诗学"温柔敦厚"的传统，在内忧外患的时代，追求"英雄并美"的诗学境界，再次勃兴了儒家诗学，开三百年来词学中兴之盛。既集明代复古文学之大成，又具有强烈的时代精神，达到了师古尚厚与写真尚实的有机融合，不但成为当时中国文学的亮点，对后代文学也产生了深远的影响。明代以董其昌为领袖人物的云间书派和画派崛起。董其昌书画风格清润，讲究笔致墨韵。对山水画造诣很深，集宋元诸家之长，引以己意。论者称其气韵秀润，潇洒生动，"非人力所及"。他所倡国画分南、北宗之说。既貌似划分画派，又含有审美思辨；既是对于传统的一种集大成式的评判总结，又是对于新画派和新画风的一种启悟和开拓。云间书派、画派地位显赫，一举成为中国书画艺术之旗帜，对后世中国画坛的创新与发展产生了深远的影响。

　　入清改朝换代之际，以陈子龙、夏允彝为首的仁人志士掀起了一场反清浪潮，不久虽被镇压，但影响不小。其后松江地区一度似成为"准军事化"社会，人民如在"樊笼"中，生活艰难困苦。当时清朝统治者为巩固统治，重建常态化的社会秩序，在与旧有的利益集团产生矛盾时，陆续掀起"奏销案""哭庙案""清查亏空钱粮案"和"文字狱"，以此打压江南地方士绅，松江都首先遭到打压。此后松江地方士绅地位一落千丈。很多士绅自保心理滋生，颇知自我约束，尽量不涉官家事。直到清康熙二十二年（1683年）清廷平定台湾之后，清政府开始将精力转向关注经济社会的发展。此间康熙帝对经济文化重地松江府似格外关注，1705年、1707年康熙曾两次南巡来到松江视察。这一时期清政府采取了鼓励人口增长与开垦土地的政策，推进改革赋役制度，松江府经济呈现恢复与发展的态势。粮棉生产与棉纺织业、沙船业等均有一定的发展。府城重现繁华景象，这一时期特别是府城周边特别是西部发展较快，商业兴旺，新建的豪宅名园不在少数。但是好景不长。清中期后，上海"通海口岸"日趋繁华，苏松道移驻上海，改为苏松太道管辖苏州、松江、太仓三府州，政治地位明显上升。特别是清后期鸦片战争以后，随着外国列强的入侵，上海成为列强对华资本输出的主要城市，随着洋纱厂、洋布局的进入，加上民族资本在上海建立了棉纺织业、粮油业、制烟业等多种类型的工厂企业，松江棉布业渐被冲垮，经济中心向上海转移，战争破坏等各种原因，松江开始衰落。此间还发生了太平天国战争，战火使松江城又遭到了很大的破坏。

　　进入民国以后，军阀连年混战，民不聊生。抗日战争全面爆发后，日本侵略军对松江城狂轰滥炸，大肆烧掠，松江城很多成为废墟。松江经济遭受了致命的打击，人民生活处于困境之中。

在近代社会大动荡和大变革中，松江人民也开始迈步踏上革命的征程。1919年，五四运动爆发，松江各界响应北京行动，工人罢工、商人罢市、学生罢课，积极投入到反帝爱国运动中。1921年中国共产党诞生后，很快影响到松江。1923年，侯绍裘加入中国共产党，成为松江第一位共产党员。1926年，中共松江支部在松江城厢建立，同年松江青年团和妇女、农民组织迅速发展起来，成为领导松江革命运动的坚强力量。从第一次国内革命战争起，松江侯绍裘、姜辉麟、吴光田等爱国先驱、革命志士在党的领导下，为了民族的独立、人民的解放和新中国的诞生，英勇顽强，抛头颅洒热血，为革命事业建功立勋，谱写了一首首可歌可泣的壮丽史篇。

1949年5月，松江迎来解放，建立了新生的人民政权。人民当家作主，积极参加与保护新生政权、打击反动势力的各项斗争。1949年9月30日至10月4日，松江县召开第一届各界人民代表会议，会议通过了减租减息、合理负担、处理劳资纠纷等实施办法。此会召开是解放初共产党领导下实行民主建政的重大举措。毛泽东主席获悉后批示全国照办，新华社发表了《学习松江的榜样，普遍召开市县人民代表会议》的社论，在全国产生重大影响。解放初期，松江人民在党和政府的领导下，艰苦努力，奋发有为，迅速恢复遭到严重破坏的松江经济。1951年胜利完成土地改革，实现了"耕者有其田"。1956年1月，对私营商业社会主义改造基本完成。1957年春，对农业生产资料所有制的社会主义改造基本完成。1958年全县各农业社组建为17个政社合一的人民公社。集体力量从无到有，逐步壮大。县委、县政府把发展农业、兴修水利放在首要地位。在推动农业发展中，抓住种田能手陈永康这一典型，大力推广他的水稻高产栽培经验。1951年，他培育的晚稻良种"老来青"平均亩产500多千克,其中最高亩产达716.5千克,由此被评为全国丰产模范、全国劳动模范。党和政府大力推广陈永康经验,从松江到江苏全省,从太湖流域到长江中下游各主要稻区建立试验基地和高产示范样板,层层推广他的水稻栽培技术,对提高大面积水稻生产的耕作水平和实现高产稳产起了很大作用,对我国农业的发展作出了卓越贡献。松江农村在水利建设和农田基本建设中,对多年失修的海塘及有关河道进行大修和治理,并逐年疏浚水害严重的河道。从1956年起,组织起来的五库农民,依靠集体力量,开始有计划地对泖田进行治理。"推翻老水系,重建新水系",开挖新河、建圩围田、建设配套排涝工程、建设配套灌溉系统。万亩泖田换新颜的事迹在《人民日报》等媒体报道,泖田改造经验在国内外广为传播。同时大力发展农业机械,50年代末,全县三分之一的农田实现机电排灌,同时,耕耙和植保机械有所发展。到60年代中期,脱粒、植保、耕作机械已有了很大的进展。到70年代末,全县基本实现农田耕翻、植保、脱粒、灌溉机械化,使农业生产力快速提高。另外从1965年农业全面推行"三熟制"使全县粮食总产有较大幅度上升。松江工业从解放初期十分薄弱逐渐发展起来。1956年1月,松江全县工业实现全行业公私合营,个体手工业实现全行业合作化,共建立合营工厂22家,手工合作社(小组)80个,工业、手工业出现较快发展的态势。1965年工业总产值达到7216万元。

20世纪70年代后期,松江人民在中共十一届三中全会路线、方针、政策指引下,解放思想、不断创新,在改革开放中不断前进。从80年代初,农村改革中全面推行家庭联产承包责任制,逐步形成了以调整产业结构为中心的农村经济改革新思路,农林牧副渔全面发展,经济效益大幅提高。同时期,工业经济改革先从加快发展乡镇工业展开。90年代,工业迈上大发展步伐,特别是外向型经济异军突起,几年间,数以千计的外向型企业落户松江工业区,形成了投资主体多元化、生产发展园区化、企业经营市场化的开放型经济格局。在大工业基础逐步形成的同时,大力开拓第三产业,调整提高第一产业。松江还率先提出发展"大工业、大旅游、大农业"发展战略,较早形成工业向园区集中,农民居住向城镇集中,土地向适度规模经营集中,先后建立上海市级工业园区、松江新城区、上海佘山国家旅游度假区、浦南五库农业园区。特别是近几年展开的 G60 科创走廊建设,松江把握长三角一体化和上海全球科创中心建设两大国家战略的重大机遇,结合地区实际,对标国际类似区域成功案例,率先提出沿 G60 高速公路构建产城融合的科创走廊。努力打造区域合作发展新动力源,提升先进制造业引领功能,强化科技创新能力,建成长江三角洲地区具有独特品牌优势的协同融合发展平台,建成了区域内中国制造迈向中国创造的主阵地。G60 科创走廊创新驱动发展强劲,先进制造业增幅位居上海市第一,专利申请和专利授权量均居全市前列,先进制造业投资强劲,战略性新兴产业龙头企业相继落户,先进制造业总投资和工业固定资产投资高速增长。2019 年, G60 科创走廊纳入《长江三角洲区域一体化发展规划纲要》,2021 年列入国家"十四五"规划。

在改革开放不断深化过程中,松江的经济和社会发展走上了快速、持续、全面发展的轨道。逐步发展成为工业产业以先进制造业等支柱;加快实施高科技、高产量、高效益的"三高"粮田建设,农业基础得到进一步巩固;信息化技术得到广泛应用,并支撑松江经济社会快速发展;城乡建设以绿色环境为基调,成为全国绿化模范城市。在全区经济健康发展,城乡面貌发生深刻变化的同时,全面建设新农村、新社区,社会保障体系逐步健全,社会事业全面协调发展,精神文明建设取得丰硕成果,人民的生活质量不断得到提升。党的建设、社会主义民主政治和精神文明建设得到进一步加强。今日松江已成为沪杭苏经济高度发展轴线上交通极为便捷、人流物流集聚、生态环境极佳、经济超常发展，文化生活一流、社会秩序良好，人民安居乐业，处处彰显繁荣稳定、和谐魅力的重要的现代化城市。松江改革开放40多年来取得的重大成就，谱写的一幅幅绚丽多彩的历史画卷，更从一个侧面展示了中国共产党领导新中国成长壮大的光辉历程。

第
一
章

史前述略：
文明的曙光

　　松江区地处太湖流域碟形洼地底部，境内地势低平，属长江三角洲平原。整个地平面由东南向西北倾斜，东、南部稍高，西、北部低洼。松江历史悠久，首先从地理位置上看，松江位于上海西南部，整个上海地区大部分是由西向东冲积成陆的，从这一特征中，可见今处于上海西部的松江古时位于最早形成的冈身以西，处在上海地区最早成陆的区域中心位置。今松江区位于东经121°01′45″～121°21′10″，北纬30°54′20″～31°09′18″。是地处长江三角洲前缘较早形成的河口滨海平原。东部"冈身"一带，海拔3.5～4.5米（吴淞口水准，下同），最高5米，西、北部最低，是低洼腹地，海拔2.2～3.2米。6 000多年前，今上海大部分尚处在滔滔东海之中时，以松江的九峰为屏障，形成了一个风景优美、树影环绕、草丛宽阔的山峰丛林地带。松江古代三泖即后来形成的黄浦江上游水系。黄浦江三大源流——斜塘、圆泄泾、大泖港均在松江西南部，上受淀山湖、浙北等处来水，经黄浦江下泄江海。九峰是上海市陆地上唯一的山林旅游资源，自古以来就是风光秀丽的旅游胜地，这里也是松江史前史的发源地和主要区域。

　　所谓史前史，是指文字产生以前的历史。从开始时考古定义即石器时代，后来随着考古学的发展，又将石器时代分为旧石器时代和新石器时代,其中新石器时代又分为早中期和晚期两个时代。松江地区至今尚没有发现属于新石器时代早中期的文化遗存。从地理位置而言,松江地处长江三角洲平原的南部,松江新石器时代晚期的文化遗存都受到了长江三角洲这一独特地理单元的影响。据地质考古发现,距今 10 000 年左右,全球发生了巨大转变。从地质年代而言,它是更新世与全新世的分界点。从人类文化的发展而言,它也是旧石器时代和新石器时代的分界点。在更新世的最后一段时间,地球经历了漫长的冰期,许多哺乳动物冻死、灭绝。此后,进入全新世的初期,全球气候转暖,人类进入新石器时代,活动范围逐渐扩大。地理学家的研究表明,距今 7 000 年左右,是全新世海平面上升速率由快变慢的一个转折点。此时,河口区沉积速度远远超过了海平面上升的速度,长江携带而来的大量泥沙在河口有规律的堆积,从而开始了全新世长江三角洲的发育。①松江境内 10 余座山丘,它们主要由中生代燕山期火山岩组成。这里应该是长三角洲最早成陆的地区。属于太湖平原一部分,河湖密布、芦苇丛生,是上海地区地势最低的部分,海拔一般在 2.2～3.5 米之间,总的来说,发育的是湖沼平原。古冈身以西(今松江等地)区域成陆较早,同时又是全新世早期地势较为高爽之地,因此,当早期先民移居这里时选择了今"九峰"区域作为主要聚落点,从而开始了松江远古文化的发展进程。

据考古发现松江史前文化有马家浜文化、崧泽文化、良渚文化、广富林文化等,距今 6 000～4 000 年。从古遗址出土大量生活与生产的遗物中,可见器物丰富多样,制作精细精美。松江这些原始社会古文化具有很多特点与特色:一是上海第一代北方移民与当地居民共创形成的广富林文化,从一个侧面证实了海派文化中移民文化史之悠久。二是从松江出土的 5 000 年前的石犁,说明上海先民在新石器时代率先从锄耕农业进入了犁耕农业,这在农业经济发展史上具有里程碑式的创举,证明了上海的祖先善于钻研、敢为人先的精神风貌,这些可以说都是海派文化的重要特征。三是在松江地区原始社会文化中的移民文化形成,石犁、猪塑、水井等创造性的发明、技术的领先程度等,证明较早时东南沿海原始社会文化已处在全国的前列。四是九峰边缘的福泉山等古遗址出土了大量精美绝伦的玉器,始已表现出其非同寻常的探索精神、善于钻研的超常智慧、精致细心的做事品质。

第一节　沧海桑田

一、冈身

松江历史悠久,首先从地理位置上看,松江位于上海西部;从整个上海地区大部分是由西向东冲积成陆的这一特征中,可见位于今上海西部的松江最早形成的冈身西部,是上海地区最早成陆的区域,也是地处长江三角洲前缘较早形成的河口滨海平原。

沧海桑田,几经变迁,距今7 000年左右,海面上升逐渐减慢,泥沙堆积的速度超过海面上升的速度,于是开始了新三角洲的发育,整个长江三角洲和古松江地区这块大陆平原便随着时间的推移逐渐形成。在冲积成陆过程中,古海岸线曾长时期稳定在偏西北走向东南的一线。海浪在那里冲积大量泥沙和贝壳残骸,形成了一条条高出原来地面的海岸遗迹。当时今上海地区大部分被内侵海水淹覆,仅余西部今松江等局部地区沦为滨海湖沼低地。而长江三角洲南翼在沿岸流、潮流和波浪的共同作用下,长江口南岸由江水挟带的大量泥沙进入河口,同沿岸细沙、中沙和黄蚬、文蛤、青蛤等贝壳残骸碎屑在大风和海浪作用下不断向岸边运移，形成了数条近于平行的密集贝壳沙带。吴淞江北的浅冈与吴淞江南的沙冈相对应，形成于距今 6 800～6 000 年，是上海地区迄今发现的最早的贝壳沙带海岸。因其地势高爽，俗称冈身，又名贝壳沙堤、沙冈。对照历史地图查看，这一条最早形成的冈身，地理位置中心正处于今松江九峰东面，也就是今松江区的佘山镇、小昆山镇、泗泾镇、新桥镇一带，向北是青浦区重固、白鹤，嘉定区方泰、外冈，一直到江苏省太仓市。向南是今闵行区的马桥镇，奉贤区邬桥、柘林、胡桥的东面，一直到南部海边，形成了一条略显弧形的海岸线。这是一条古海岸遗迹，是志书记载中竹冈的所在地，考古发现地下断续有成堆的贝壳沙堆积，即如南宋绍熙《云间志》冈身条所记："古冈身，在县东七十里。凡三所，南属于海，北抵松江，长一百里，入土数尺，皆螺蚌壳。世传海中涌三浪而成。其地高阜，宜种菽麦。朱伯原《吴郡图经》所谓濒海之地。冈阜相属，俗谓之'冈身'。此天所以限沧溟，而全吴人也。"诗人秦荣光《上海竹枝词》："古冈三处有身横，紫竹沙冈各异名。数尺土深螺蚌壳，浪高三涌海潮成。"这是形象的描述。当时冈身东西宽 2～8 千米，南北长约 130 千米。吴淞江南有沙冈、紫冈、竹冈 3 条，吴淞江北有浅冈、沙冈、外冈、青冈、东冈 5 条。根据上海陆地发育历史和水动力条件差异，冈身成为上海现今地形的区分所在，其西为低洼地区，称淀泖低地，包括青浦、松江大部，金山北部和嘉定、闵行、奉贤等地的西缘地区。其东为碟缘高地，包括宝山、川沙、南汇等地全部，嘉定、闵行、奉贤等地大部，即广大滨海平原地区。当这一条西部浅冈—沙冈一线海岸形成之时，上海西部的今松江、青浦地区已摆脱海侵影响，普遍发育成滨海湖沼低地，高墩或低丘间已有人类活动。其遗迹形成了上海地区最早的原始社会文化遗址。这就是以隆起的九峰为标志的上海远古人类生存的区域。[②]

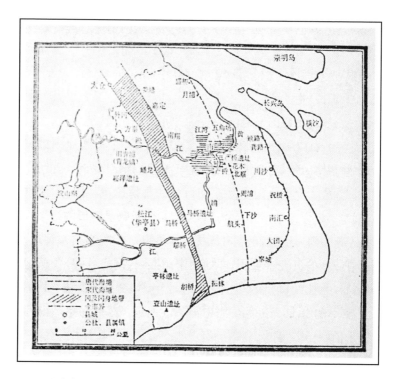

图4　上海成陆过程示意图(引自吴贵芳《古代上海述略》,上海教育出版社1980年版)

二、九峰

松江九峰属浙江天目山余脉,位于松江北部,由东北向西南蜿蜒数里。据清嘉庆《松江府志》记载:"府境诸山自杭天目而来,累累然隐起平畴间。长谷以东,通波以西,望之如列宿,排障东南,涵浸沧海,烟涛空翠,亦各极其趣焉,而九峰之名特著。"③据旧志史料称,九峰一般指余山、天马山、横山、小昆山、凤凰山、库公山、辰山、薛山、机山9座山峰,实际上还有钟贾山、北竿山、卢山等。元杨维桢《干山志》云:"华亭地岸海,多平原大川;其山联络于三泖阴者十有三，名于海内者九。"昔人名之为"云间九峰"，或"松郡九峰"。九峰点缀于平畴绿野间，东西连绵十余里，风景秀美。正如诗歌所咏的"月浸半江水，莲开九朵峰"（元倪瓒），"西望苍茫浴远天，芙蓉九朵秀娟娟"（元钱惟善），"五茸西来横九峰"（明钱福）。元陶宗仪曰："九山离立，若幽人冠带拱揖状，此九峰所以称也。"④

文献上最早记及山名者，为晋陆机《赠从兄车骑》诗中"婉娈昆山阴"之"昆山"（今称"小昆山"）；南宋许尚《华亭百咏》中只提及昆山、凤凰山、陆宝山、佘山四峰。今见汇题云间九峰者，以元人凌岩（字山英，号石泉，南宋华亭人。宋亡隐居九峰间不出）所著《古木风瓢集》，其中有《九峰咏》，是为最早。他所拟"九峰次第"为凤凰、陆宝、佘、细林（辰、神）、薛、机、横云、干（天马）、昆山等，人称山史之初志。九峰排列自然罗列成一个"S"形状，山头大多浑圆脊状形，多数山麓不对称，因形状各异而颇具特色。九峰各山得名由来，据清嘉庆《松江府志》记："明董其昌曰：吾松之山：机、云以古贤名；钟、贾、卢、佘以姓名；干山以干将名；北干山以竹箭名；凤凰、天马以鸟兽名；神山原名辰山，在诸山之东南，次于辰位。"九峰各山高度均在海拔 100 米以下，山虽不高，但秀丽多姿，九峰因长期以来封山育林，林木茂盛，绿化覆盖率达 90％左右，植物种类近千种，数百株百年古树；区域虽不大，但历史悠久，名胜众多，景点相连，风光无限。

九峰是上海地区唯一的山丘地带，山间林木深秀，峰泖之间自然景观丰富多彩，有很多著名的泉、溪、洞、壁等，加上较长时期被称为"素无草动之虞"，历代很多名人有的避兵避祸，有的退身隐居而来到九峰三泖，留下了众多的遗迹，由此形成了很多人文景点。据旧志所载每座山峰均有著名的"八景""十景"。有自然仙境山崖、名泉；有文物胜迹古寺院、古建筑、名人古墓等。现存的名胜古迹有天马山斜塔（护珠塔）、佘山秀道者塔、小昆山九峰寺、眉公钓鱼矶、骑龙堰、木鱼石、二陆读书台、二陆祠,还有著名的三高士墓、夏允彝夏完淳父子墓等。

三、三泖

松江三泖与九峰齐名。据清嘉庆《松江府志》记载:三泖,在府西三十五里。其源出华亭谷(《方舆纪要》)。《广韵》记:"泖水,名华亭水也。"《春渚纪闻》:"江左人目水之渟滀不湍者为泖。"所谓泖是指既有湖泊又有河流的不规则水系,或者说是有些河段的水面宽阔如湖的河流。也可以认为在河、湖发育还不完善的阶段,河湖相连、彼此依存的一种水系形态,就是"泖"或者叫泖湖。《祥符图经》记:"谷泖,县西三十五里,周回一顷三十九亩半。古泖,县西四十里,周回四顷三十九亩。今泖西北抵山泾南自泖桥出,东南至广陈;又东到当湖;又东至瀚海塘而止。"大致意思为南宋之前,古松江地区的谷泖,被视为古泖,河面较宽;南宋时期之谷泖,作为今泖,河面较窄。谷泖由山泾(今青浦区拦路港)起,穿越松江,从泖桥(在今金山区)南至广陈,又东到当湖(今平湖市)。又东至瀚海塘而止。北宋朱伯原《续吴郡图经》曰:"泖在华亭境。泖有上、中、下之名。泖之狭者犹且八十丈。又案海盐之卢沥浦,海盐即武原也,行二百余里,南至于浙江。疑此即谷水故道。《水经》以为入海,而此浦入江,盖支派之异也。今俗传近山泾为下泖,近泖桥为上泖,或者其与陆士衡、朱伯原之言合。案县图又以近山泾泖益圆,曰圆泖;近泖桥泖益阔,曰大泖;自泖而上萦绕百余里,曰长泖。此三泖之异也。"⑤可见,古时谷泖,其河段名上泖、中泖、下泖。由此推论,谷泖有三个主要的"泖"形河段,所以用"三泖"代之,"三泖"即谷泖。号称"三泖",实为一河。古代,松江一带的水系是太湖流域排水入海的主要渠道。太湖东流70里至三江口分流,北有娄江，东北流入海；中有淞江（后称吴淞江），东流入海；南有东江，东南流入杭州湾。此三流在古代都是浩瀚大河，以淞江为最，而东江次之。古时三泖，是指今松江、青浦、金山至浙江平湖间相连的大湖荡，一是据水道位置称为上泖、中泖、下泖，二是据湖的大小、形状把上、中、下三泖依次又称为长泖、大泖、圆泖。泖湖源自太湖。秦时为谷水的一部分。唐陆广微《吴地记》载："海盐县东北二百里有长谷，陆逊、陆凯居此。"据清嘉庆《松江府志》载："圆泖在今娄、青之间，周不过二十里，即旧志所谓近山泾（今青浦区拦路港）之泖也。"故圆泖位处古东江上游，流经今松江、青浦之间，其形若圆，故称圆泖。谷泖中游流经今松江、金山之间，水面浩阔，当为中泖，又称大泖；谷泖下游流经今金山、平湖之间的，当为下泖，因形如长带，故名长泖。唐开元初年重修捍海塘以御咸潮，古东江即谷泖许多出海支流被截断，下游逐渐淤积。又因明永乐元年（1403年）夏元吉兴修黄浦水道，引泖淀湖水入黄浦江，导致东江中下游缺水，逐渐湮塞。所以，中泖或大泖大约在今松江石湖荡镇、泖港镇一带，河道因淤塞被围垦为荡田，亦称泖田。古下泖或长泖在金山、平湖一带，萦绕百余里，也逐渐淤成农田。

古时在九峰上向西北望去，可见烟波浩瀚的三泖景色，银浪泛动，白帆点点，湖中泖塔清晰可见。泖河南接黄浦，北通淀山湖，和九峰交融成优美的景色。在佘山顶放眼四野，大地如茵、林海如涛、河渠似带，村庄簇簇，令人心旷神怡。自古以来，三泖一直是著名的旅游胜地。唐宋以来，历代很多官员、诗人、文学家、书画家都到过三泖。如唐代陆龟蒙，宋代宗庠，元代杨维桢、倪瓒，明代顾清、董其昌、陈继儒等都慕名来游，吟咏不绝。"三泖"之词，初见于陆机对晋武帝语："三泖冬温夏凉。"唐陆龟蒙诗云"三泖凉波鱼蘱动"之句。著名文学家王安石在《泖湖》诗中记"巨川非一源，源亦在众流。此谷乃清浅，松江能覆舟。虫鱼何所知，上下相沉浮。徒嗟大盈浦、浩浩无春秋。"著名旅行家徐霞客曾到此并作《渡泖》诗：
"秋老江萍漾夕空,萧萧枫叶挂疏红。那知三泖清秋思,偏寄芦花
一寺中。……"

三泖风景最佳处在今泖河中一小洲处,洲三面环湖,水清如
镜,风景如画,古时曾有很多人文和自然景观：唐代泖塔(这是古
泖河中留存下的唯一一处古迹)、福田寺、元代名士沈铉所筑的野
亭；元杨维桢所筑的光禄亭；元末别驾谢礼居所春草轩；明徐献忠
所筑的太元亨和泖泾别业；还有明施绍莘筑的"泖上新居"和王昶
筑的"三泖渔庄"等。

第二节　史前文化

九峰高地及周边区域,沿海靠山、树阴相连、水草丰润、环境幽
静,是上海原始社会文化的发源地,先民们最初就生活在这一区
域。6 000年前,松江先民开始在这块高地点燃熊熊篝火,拉开了
上海古文明的序幕。从20世纪60年代初开始,上海博物馆考古
工作者先后对松江九峰周边十多处古文化遗址多次进行考古发
掘。根据九峰地区汤庙村(又名汤村庙)、广富林、姚家圈、平原村、
佘山等古文化遗址,包括九峰边缘地区的崧泽、福泉山古遗址的考
古发掘,从中发现虽然这些遗址同处在新石器时代晚期,但从考古
发掘的发现和陶器等遗物的特征来看,这些新石器时代文化遗址
记录了马家浜文化、崧泽文化、良渚文化、广富林文化等古文化时
期松江发展历史。从发现的大批墓葬,出土的鼎、罐、釜、盆、纺轮、
网坠等陶器,刀、斧、犁、矛、锥等石器,竹、骨、玉、象牙制品,还有稻
谷、动物遗骸等,充分证明上海先民在从事农业、畜牧业及手工业
生产劳动中,逐步具备了水稻种植、猪等家畜饲养及动植物纤维捻

线纺织的能力。在这一时期,石器磨制趋于精致,人们能制作用来收割的石镰,掌握了比较进步的水稻种植技术。本节为完整地反映松江原始社会时期的文化谱系,特收录了九峰边缘地区今属青浦区境内的崧泽、福泉山古遗址情况,实际上这两处古文化遗址也是与松江九峰这一地区远古文化一脉相承的,从古代区划来看当时也在松江境内、九峰山林区域之内。

一、马家浜文化时期

上海地区发现的马家浜文化距今 6 000 年左右。发现的区域也在松江九峰山林区域内北部,位置在今青浦区内。马家浜文化最初发现于浙江嘉兴,20 世纪 60 年代初与 80 年代后期先后在青浦境内的崧泽、福泉山两处遗址下层发现了马家浜文化时期的遗存。

在崧泽遗址 1961 年至 2004 年的多次考古发掘中,发现马家浜文化房址 3 处、水井 2 座、墓葬 17 座,发现人工培植的稻谷,出土石斧、玉玦、陶斧、炉箅、盆、豆。发掘崧泽文化一处比较完整的墓地、墓葬共 148 座,随葬器物有石斧、石锛、石凿、玉璜、玉珏、玉镯、陶鼎、陶豆、陶罐、陶壶、陶杯。东周文化物有硬陶豆,陶罐和原始瓷碗。其中关于马家浜文化的二大极为重要的发现:一是水稻,二是水井。1961 年在崧泽遗址下层发掘出土的马家浜文化稻谷颗粒,经浙江农业大学游修龄教授鉴定为籼、粳两个不同品种,是人工培植的稻谷,这在当时是中国出土的年代最古老的重要标本之一,为研究水稻起源、开展农业考古提供了珍贵的实物资料。

1987 年与 1989 年先后在崧泽遗址假山墩的两侧发现两口马家浜文化水井,距今 6 000 多年,与先前浙江河姆渡遗址第二层文化中发现的一口6 000年前的水井,被誉为中国最早的三口水井。1987年发现的一口水井中出土了具有马家浜文化特点的夹砂深腹红陶盆及夹砂宽檐釜等残陶器,还有古人食用后遗弃的麋鹿等动物骨骸。井中水源丰富。此后的1989年,为配合油墩港水利工程,又在崧泽遗址西侧发现了一口直筒形水井,口径65厘米,因使用推土机作业,井口已经遭到破坏,井残深约100厘米,井内填满了黑灰色的淤泥。经过清理出土了夹砂腰檐红陶釜、灰陶弹丸形渔网坠、残木构件以及鹿角、鱼骨骼等。而夹砂腰红陶釜是马家浜文化典型的陶器,依此断定此井和上述水井一样也是最早的上海居民开凿的水井。经考证,崧泽遗址下层出土的水井和遗物均系马家浜文化晚期遗物,距今6 000多年。其中遗物木炭经碳-14测定和树轮校正年代为距今6 130年±130年。虽然崧泽遗址发现的这两口水井只是没有运用其他材料构建井壁的土井,但是与先前浙江河姆渡遗址发现的浅塘形水井相比较,崧泽遗址马家浜文化水井的形制更具水井体质。因此崧泽遗址马家浜文化的两口水井是中国迄今发现的时代最早、更具典型性的水井实例。

除了崧泽遗址的发现,1979年上海市文管会考古人员在对福泉山遗址近一个月的考古试掘中又一次发现了马家浜文化遗物。当时在山周围开探沟15条,揭露面积130平方米,探明福泉山下农田内,两侧有距今6 000年的马家浜文化层。据当时的考古报告,遗址T8坑第七层出土的陶器,具有马家浜文化的特征,带弦纹的黑衣灰陶豆,形制与崧泽墓地早期墓葬出土的相似,制陶方法上已较多使用轮修,说明这是一个处于马家浜文化向崧泽文化过渡阶段的遗存。它迟于钱塘江南岸的河姆渡文化,而同中原地区比较清楚地反映了母系氏族繁荣面貌的早期仰韶文化相当。结合相近各地同期遗存来看,上海的先民们这时已学会了磨制石器;有了陶器;开始了谷物种植和动物(如家猪)饲养,有了比较稳定的食物来源;渔猎经济还占有相当比重。由于生产力低,产品贫乏,工具和产品不能用于随葬;婚姻制度处于族外群婚的阶段;生产关系只能是母系氏族公社的原始共产制。但在出土物中有着"玦"一类玉器,说明人们已有相当的余力创造精神文化。玉器产地在杭州附近的良渚,而在其他地方屡有发现,这又说明了当时已有物物交换的存在。

二、崧泽文化时期

崧泽文化是距今5 900~5 300年的新石器时代文化。上承马家浜文化,下接良渚文化,是太湖流域新石器时代文化的重要一环。

崧泽遗址以原假山墩为中心,分布面积约15万平方米,文化层厚1~2米。1957年发现,1962年被公布为上海市文物保护单位。2013年被公布为全国重点文物保护单位。2001年崧泽遗址发掘入选"中国百大考古重大发现"。

崧泽文化,是因最初发现在今青浦区崧泽村而得名。自崧泽村发现崧泽文化后,上海地区先后在青浦重固福泉山古文化遗址、大盈寺前村古文化遗址、蒸淀金山坟古文化遗址和松江小昆山镇汤村庙遗址、佘山镇小机山遗址、广富林街道广富林遗址等都发现有崧泽文化时期的文物。

崧泽文化的特征是改进了陶器制作工艺,在手制的基础上使用旋转的陶轮修整,器形比较规整。首先夹砂陶器胎土改变了马家浜文化使用粗砂细石的方法,使用蚌壳屑和稻谷壳为羼和料。崧泽文化陶器的器形非常丰富。崧泽文化时期的炊器鼎已经代替了釜成为主要的器形。崧泽文化的陶罐一般为圆腹,腹部常有一道附加堆纹。崧泽文化的石器以斧、锛、凿、纺轮为主,但制作相比马家浜文化时期更加精细了。崧泽文化的玉器比马家浜时期有明显发展,除了玉玦外,主要玉器还有璜、镯、环、坠等。在这一时期,人们从事农业、畜牧业及手工业生产劳动,已形成饮酒的习俗、水稻种植、猪狗等畜牧及动植物纤维捻线纺织的能力。

崧泽文化时期随葬品的数量比马家浜文化有所增多,有家猪下颌骨随葬。考古界认为这是私有财产的象征,说明当时贫富分化已经悬殊,喻示着文明史的启迪。母子合葬、三人合葬、男女合葬的出现,反映出有可能已有家庭出现。崧泽文化可能已经处于母系氏族向父系氏族过渡阶段。崧泽文化时期的墓葬中绝大多数都有随葬品,随葬的器物基本上都是人们生前使用的日常用品,种类很多,有石质的生产工具、陶质的生活器皿以及象牙、玉质的装饰品等,而且形成了鼎、豆、罐、壶的基本陪葬组合。玉器随葬物有琀和璜。玉琀是人骨口中发现的一种玉器,反映出崧泽文化墓地有在死者口中放置玉琀的埋葬习俗。玉琀置于死者口中,寓意玉能使尸体不腐,此习俗在5 000多年前的上海先民就已形成。璜则是一种半璧形的玉饰,两端各有一孔,用以系挂,是上海地区出现得最早的颈饰。

崧泽遗址出土的家猪陶塑——崧泽猪形匜,它为我们提供了一件5 000多年前的家猪的塑像,是中国典型的、不可多得的家猪最早塑像之一。许多资料说明,带流的匜形器是新石器时代崧泽文化开始出现的一种新的器形,因此,这件猪形匜是中国最早期的匜形器之一。同期墓葬曾经碳-14科学测定并树轮校正为距今5 160年±140年。1982年全国考古学家在杭州举行的中国考古学年会上,正式认定了崧泽文化是介于嘉兴马家浜文化和余杭良渚文化之间约900年,是具上海地区文化特点的新石器时代文化。先民们在此时期,发展生产,推动了母系氏族组织向更高的社会阶段父系氏族组织过渡。石器制作技术更进了一步,已能使用管状器钻孔；制陶用慢轮修整器口；陶器器形类别增加，变化多样，纹饰生动。出于贮藏粮食的需要，鼎、豆之外，罐成为主要器物；壶、瓶形制精美，应是酒器，这说明人们可能已掌握了酿酒方法；慢轮既已产生，陶器生产专业化日益明显；随葬器物增多。埋葬序列中，可以看到氏族中又划分出各个家族；这是族外群婚和人口不断增殖、氏族不断分解的结果。家族之间，随葬品件数有差别，陶器容量显著缩小，这反映各个家族具有自己的经济生活，独立性正在日益增大。婚姻制度也开始进入较巩固的对偶同居阶段。⑥

在今松江区范围内发现的崧泽文化遗存的古遗址有如下4处。

汤庙村遗址 位于松江区小昆山镇汤村，走马塘和华田泾在此处交汇，向西约1千米是黄浦江上游潮河。1962年，考古学家进行考古调查时发现该遗址，在走马塘两岸曾发现新石器时代至晋代的陶片、瓷片、残石器和砖瓦等。⑦1980—1982年，为了配合基建工程曾经进行过三次小规模的发掘，发掘面积159平方米，发掘区主要位于华田泾东、走马塘南北两岸，发现了崧泽文化、良渚文化及商周、春秋各个时期的遗迹和遗物，其中崧泽文化的主要遗迹有1口水井和4座墓葬。⑧特别是在第一号墓葬人骨架的脚部清理到了一把破土耕田用的农具三角形石犁。它是中国至今发现的、最早的两把石犁之一。石犁的器型扁薄，平面成等腰三角形，两

图5 汤庙村古文化遗址

腰即为刃部,单面斜刃,上下两面打磨比较平整,犁身上琢出圆孔。此件石犁系磨制,有使用痕迹,底角略残,顶角约75度,中穿一孔,单面刃。底宽10.4厘米,高13.9厘米。石犁不能单独使用,必须用犁床、犁架安装在一起,估计木质犁床因腐朽无存。石犁的出现,突破了以往锄耕缓慢的方式,形成了快速前行的深耕技术。这件距今5 000年石犁的发现,说明松江先民在新石器时代率先从锄耕农业进入了犁耕农业。这在农业经济发展史上具有里程碑式的重大意义。

图6 崧泽文化陶鼎(汤庙村遗址出土)

图7 距今5 000年的崧泽文化石犁
(汤庙村遗址出土)

姚家圈遗址 位于松江区小昆山镇山前村姚家圈东北,北距小昆山镇约1.4千米,西靠昆港(昆冈—大港)公路,南临昆南河,遗址地势平坦,一条南北向的小河从遗址的中部穿过,将遗址分为东西两部分。1979年兴修水利工程时被发现,次年进行了地面调查,采集的文化遗物有两类:一类是崧泽文化的各类夹砂陶鼎足,如刻画直条纹的扁方足,有指捺纹的凹弧足和扁凿足,以及灰陶罐的器底等,另一类是早期印纹陶马桥类型的文化遗存,发现有段石锛和拍印叶脉纹、回字纹的印纹陶片等。2019 年夏,为了更确切地了解姚家圈遗址的文化内涵和分布范围,考古学者对该遗址进行了再次发掘。由于受地面植被的影响,发掘仅限于遗址的西部,发掘面积 145 平方米,发掘出土了一批崧泽文化遗物。⑨

平原村遗址 亦称"机山遗址"。位于松江区天马山西北的机山东侧山脚下。1960 年考古调查时发现,在南北穿过山脚下平原村的新开河道两岸,暴露出古代遗址,当时采集的遗物主要是西周至吴越文化时期的陶器。1979 年,村内原天马公社农机厂进行基建挖坑时,出土了崧泽文化的长方形穿孔石斧、镂孔粗把灰陶豆、四系鸡冠耳灰陶罐和压划网纹灰陶坛等遗物。

广富林遗址 位于松江区广富林街道。发现于 1959 年。1999—2005 年,上海考古工作重心逐渐转移至广富林遗址,考古学者对该遗址进行了历时多年的主动性发掘,确认有崧泽文化的遗存。⑩2008 年以后,为了配合松江新城开发和广富林遗址公园的建设,考古学者又对该遗址进行了大规模的抢救性考古发掘工作,发现了大量崧泽文化遗存,主要遗迹有墓葬、房址、灰坑、水井等。⑪

三、良渚文化时期

良渚文化距今 5 500～4 400 年前,良渚文化中心遗址在浙江杭州的余杭。松江的良渚文化遗址文物主要出土于广富林村的施家浜与辰山塘间的河道及机山平原村、汤庙村古文化遗址等处。良渚文化时期是松江地区乃至长江三角洲地区新石器时代最为辉煌的阶段,良渚文化的成就也是中国乃至世界早期文明发展的重要成果。1961 年 9 月对广富林遗址第一次试探性发掘时发现了良渚文化,这是上海地区首次发现。考古专家在试掘中发现墓葬

图8 良渚文化陶盉(广富林遗址出土)

2座、灰坑1个,出土较完整的石犁、石斧、石刀、陶罐、陶盆、陶豆等遗物30余件。此次发掘中在第9号探洞中发现灰坑1个。坑口直径约0.80米,深0.92米。坑内堆积灰土,并有零星红烧土块、龟腹甲和兽骨等。此外,还出土比较完整的石锛、砺石和夹砂陶鼎各1件。发掘出来的两座墓葬都有较多石铲、石镞、陶罐、陶壶、陶鼎、陶盘及猪骨架、狗骨架等随葬品。

从松江地区出土的良渚文化陶器观察,本地区良渚先民在继承前人技艺的同时,又有所创新,这一时期的陶器以夹砂红褐陶、泥质灰陶、泥质黑陶为主,泥质橙红陶也颇具特色。黑陶,又称黑皮陶,是在泥质灰陶的器表施黑色陶衣,打磨光亮,呈现漆黑色或铅黑色的光泽,但陶质一般比较松软,陶衣容易爬色和剥落。陶器的制作已能熟练地运用轮制成型再加整修的方法,这种制陶法是将泥料放在转动的陶车上,利用陶轮的旋转,用双手将泥料拉成陶器坯体,拉坯成型速度快、成型好,可以拉成各种形状的坯体,且规整匀薄,陶轮旋转快慢的节奏对陶器的造型也产生了巨大影响,轮制的流行使得良渚文化的陶器器形变得更加端正规整,圆弧度准确,线条和谐流畅,有少量薄胎黑陶,其胎壁厚度仅1.3～2毫米,显示了高超的制陶技巧。

陶器器表以素面为主,纹饰有弦纹、竹节纹、刻划纹、锥刺纹和钱孔,个别纹饰有着崧泽文化遗风。圈足上的镂孔,除偶见弧边三角形与圆形组合图案外,常见小圆孔与椭圆形小孔,在一些器物如双鼻壶、豆圈足上,常可以看见精美的细刻纹图案,有涡纹、勾连纹、编织纹、曲折纹和鸟纹等。良渚文化时期的陶器形制繁多,圈足器、三足器更比崧泽文化类型的发达,贯耳、小鼻、阔把比较多见。

与崧泽文化相比,良渚文化的稻作农业进一步发展,水稻种植成为当时经济的重要组成部分。首先是崧泽文化晚期发明的一系列新的生产工具——石犁、石镰等得到了更加普遍地应用,相比于崧泽文化的石器,良渚文化的石犁刃

图9　良渚文化石犁(机山遗址出土)

部的夹角变小,形体更大,并且出现多件套的组合,如松江区机山遗址出土的石犁,器体呈锐角等腰三角形,高约 24 厘米。

多件套组合的石犁在上海地区还没有发现,这类器物以浙江省平湖市庄桥坟遗址出土的组合式分体石型最为典型。它通长51 厘米,由三角形犁头和两个近长方形型翼组成,出土时石犁下还附着有木质犁床,器身的钻孔是把石犁固定在犁床上的梢孔,在尾端有装置犁辕的榫口,由于器形较大,发掘者推测只有用牛等大型的牲畜才能牵引。石犁的广泛应用使大面积开发耕地成为可能,从而把农业生产水平提到了一个新的高度。其次,良渚文化生产工具的种类增加了,一些新的器形被广泛利用。如耘田器,是良渚文化特有的器形,器身扁平,略呈左右两翼后掠的"V"字形,有的学者认为耘田器是中耕除草的工具,有的学者直接称之为"推割器",其用法近似于东周时期流行的铜耨。[12]斜柄石刀器身略呈三角形,斜背,顶端凸出短柄,圆弧形刀刃,对于这类器物的命名有"耨刀""砍刀""厨刀"等多种说法。那时的人们使用石斧和三角形

带柄大石刀砍树锄草,并掌握了比较进步的水稻种植技术和制作了用来收割的石镰。

关于良渚先民的精神世界一面在遗址中也有所反映。为了使每一个社会成员能够融入群体中,良渚先民创造出特有的信仰体系,并在较长时间跨度、较大的空间范围内使之成为良渚社会共同的精神信仰。良渚文化丰富的出土文物,为我们探索当时的精神世界提供了具体的线索。良渚文化最具代表性的信仰对象,无疑就是常被装饰于各类玉器表面的神人兽面纹。除了与神人兽面纹共存,鸟的形象还频繁地出现于陶器、玉器等不同材质的器物上。良渚文化还发现可能用于专门祭祀的场所"祭坛"。除了确定的祭坛外,良渚文化中还发现了多处祭祀遗迹,它主要以燎祭为主。

上述可见在良渚文化时期,石器磨制趋于精致;从广富林出土的犁形器是良渚文化特有的生产工具,说明农业已发展到犁耕阶段;大量石镰的出现,说明由于农业产量提高,需要有专用工具来从事收获;陶器已经使用快轮制作,器形规整,厚薄均匀,黑衣陶光泽可观,薄壁黑陶与龙山文化制作极精的"蛋壳黑陶"相近似。广富林遗址的两座墓葬,男子随葬除生活用陶器外,还有石铲、石箭头和狗,妇女随葬用纺轮和猪骸骨。这说明两性间已有了新的分工:妇女主要从事纺织等家内劳动和饲养家畜;男子不仅狩猎,而且在农业和手工业方面已成为主要生产者,父权制应已确立。

四、广富林文化时期

广富林文化的发现 松江从中华人民共和国成立之后几十年考古中逐渐明确的本地远古文化谱系,最早为崧泽文化,随后是良渚文化,其后是马桥文化。实际上,早在1992年,栾丰实曾经对这一文化发展序列产生了怀疑,认为良渚文化应该与山东的大汶口文化中晚期相当,结束时间在距今4 600年左右。⑬这种观点带出了一个非常重要的问题,长江三角洲地区良渚文化与马桥文化之间是否存在着500余年的时间差距,这一时期的考古学文化面貌是怎样的?这个

图10 广富林古文化遗址

问题因为受限于当时的考古发现,在20世纪之前一直处于混沌的状态。

新的转机出现在1999年。当时,上海考古学者开始把工作重心放到了松江广富林遗址,展开了有计划的发掘。这次发掘中先是发现了一些表面刻画有花纹或装饰有绳纹、篮纹等的陶器残片。据考证,它们显然不是长江三角洲地区本地传统原始文化的遗物。它们来自哪里?是什么部族先民所创造的呢?这些问题成为考古发掘亟需解答的问题。在接下去的发掘中,在松江广富林遗址的一个灰坑中出土的器物,为考古学者找到了解开谜底的钥匙。灰坑中出土的两件器物特别引起了大家的注意。一件是夹砂灰陶的鼎,它是当时先民炊煮的用具,其形制为折沿,沿面内凹似盘口状,垂腹、圜底,器身下接侧装的三角足,足尖有按捺成钩状,出土时器表还粘满着厚厚的烟灰。

另一件为当时的盛水器——夹砂灰陶鬶的一小片流口残片,上有三道凸弦纹。当时主持发掘的考古领队宋建敏锐地感觉到这些明显是北方新石器时代晚期龙山文化系统的遗物。一个重要的发现就这样在这个灰坑中露出了冰山一角。

随着考古发掘的逐渐进行,这类遗存的特征越来越清晰。为此,宋建提出广富林遗址发现的这种以侧三角足鼎为代表的遗存,是长江三角洲地区新石器时代晚期一类新的文化遗存。为便于研

图 11　广富林文化夹砂陶鼎
（广富林遗址出土）

究,他将这类新的文化遗存暂称为"广富林遗存"。⑭这一遗存代表了良渚文化之后、马桥文化之前的一个新的文化类型。实际上,重新审阅1961年的发掘资料,当时的发掘已经发现了我们今天所确认的这类新文化遗存——广富林文化,只是囿于当时的认识水平,发掘者还不能看到此类遗存的重要性,使得这一重要发现推迟到1999年末才初显真容。为了进一步了解新发现文化类型的内涵,2000—2005年上海考古学者又对广富林遗址进行了多次主动性考古发掘。2008年以后,为了配合松江新城建设规划,又对该遗址进行了大规模的抢救性考古发掘。广富林遗址是目前上海地区发掘面积最大的一处遗址。发掘显示,广富林遗址历史悠久,内涵丰富,该遗址最早从崧泽文化晚期就开始有人类居住。进入历史时期,广富林遗址出土了西周至战国时期的大量遗迹和遗物,青铜礼器、青铜农具、卜甲等都喻示着广富林遗址的重要性。汉代,广富林遗址依然保持着重要地位,子母式地砖、瓦当等建筑构件是寻找上海地区早期城镇起源的重要线索。宋元明清时期也是广富林遗址重要的发展阶段,历年的考古发掘中,发现了水井、灰坑等重要遗迹。考古发现揭示了远比文献记载更加丰富而生动的关于广富林的历史。

广富林文化的命名　随着考古的更多发现,考古学者对于广富林遗存的文化面貌、分布范围和相对年代有了更加清晰的认识。2006年参照《中国大百科全书·考古卷》对于考古学文化的定义,

图12　2008年广富林遗址考古现场

上海考古专家陈杰认为已经具备了将"广富林遗存"命名为"广富林文化"的条件。当年6月，上海博物馆在松江召开了大型专题学术研讨会。会议达成了一个共识，中国考古学会副理事长、故宫博物院原院长张忠培听了大家的意见后说："广富林遗存可以作为独立的考古学文化来看待，广富林遗存命名为广富林文化有它的合理性。"据专家考证，广富林文化分布今广富林遗址内约2万平方米的范围，从遗存的陶器具类型、色彩、纹饰、外形等来考证，具有其鲜明的文化特征。会上正式提出了"广富林文化"的考古学文化命名，使上海地区又增加了一个考古学文化的命名地。[15]当时命名的理由：一是广富林文化的遗物或遗迹具有显著特点。比如夹砂陶明显占有优势，纹饰的制作技法主要有压印、刻画和附加堆纹等。在陶器器类和形制特征方面，鼎多为垂腹釜形，鼎足多为三角形侧扁足；豆多为浅盘细高柄形，也有粗柄喇叭形圈足的陶豆。瓮为直颈或短颈，有的颈部内壁内凹。[16]二是在一定区域内，这一文化遗址不止发现一处。自从2000年上海考古学者公布了对广富林文化的初步认识后，相邻的江苏、浙江等地的考古工作者在宜兴骆驼墩、昆山绰墩等多处遗址发掘中也分出了这一文化面貌特征的遗存。[17]三是广富林文化代表了一个特定时期的文化特色。根据广富林文化直接叠在良渚文化晚期遗存之上,提供了良渚文化与广富林文化的相对年代关系。而在钱山漾和大往遗址中,广富林文化层上都叠压有马桥文化堆积。因此,从田野考古发现而言,广富林文化是晚于良渚文化而早于马桥文化之间的一支考古学文化。对于广富林文化绝对年代,经对有关出土遗物碳-14年代测定,"大致在距今4 200~3 900年"。[18]四是广富林遗址是广富林文化典型性遗址。经过调查和取样分析,初步认定该遗址的面积约15万平方米。至2006年广富林文化命名之际,当时广富林遗址既是最早确认广富林文化遗存的地点,也是当时内涵最为丰富的一个遗址。出土的遗物遗迹都体现了一个新的考古学文化特征。

由于证据充分,广富林文化命名提出后,迅速得到学术界的认可。广富林文化的提出,完善了太湖地区史前文化谱系,为研究太湖地区文明化进程提供了新的材料。广富林文化是一个内涵异彩纷呈的崭新区域性文化,在空间上,它是连接了长江和黄河早期文明的重要桥梁,在时间上连接了新石器时代晚期的良渚文化和夏商之际的马桥文化,它填补了长江三角洲地区考古学文化谱系的空白,是长江三角洲地区考古研究的一个新突破。

广富林文化的基本内涵

从文化特征上看,广富林文化的出土遗物主要有陶器和少量的石器和骨角器。陶器是主要生活用具,有夹砂陶、泥质陶和硬纹硬陶三大类。器形包括鼎、釜、罐、瓮、豆、鬶、钵、盆、杯和圈足盘等。石器、骨器是广富林文化主要生产工具。石器器形有斧、镞、刀、犁、锛凿等。

图13　广富林文化石犁

骨器中也有镞，另有锥、簪、针、鱼钩等。同时发现广富林文化墓葬11座。发现地面式建筑和干栏式建筑形式的房址10余处。还发现该文化时期的稻壳、稻米等遗物，数量较多、形态完整，甚至微露出一些稻田的特征。由此可判断当时的人们已经开始人工种植水稻。同时还发现了鹿角和猪骨，这表明当时人们已把猪和鹿当作主要的肉食来源。

虽然考古发现明确广富林文化遗存与北方的龙山文化有着千丝万缕的联系，但是它到底是哪一支文化迁徙而来的呢？经过细致的对比研究发现，宋建最先提出了"广富林文化与黄河流域的王油坊类型有着密切关系"。[19]王油坊类型分布于淮河以北的河南东部、山东西南部和安徽北部地区，因河南商丘地区永城王油坊遗址而得名。[20]大约距今4 000年时王油坊类型的先民在豫鲁皖地区消失。后在苏北高邮、兴化地区曾经出现过他们的足迹，但时间不长，又像雾一样蒸发了，下落依然不明。人们推测，历史上当地黄河、淮河间的洪灾很可能是王油坊类型的先民远走他乡的主要原因。从已经掌握的资料看，王油坊类型先民的迁移方向似以东南方向为主。此次广富林考古发现后闻讯赶来的江苏考古专家们经考证惊喜地确认：根据出土的夹砂陶和泥质陶等典型器物比对，同分布在江苏高邮、兴化一带里下河地区的"南荡遗存"有相似之处。而"南荡遗存"在里下河地区是外来文化，其来源可以追溯到豫东、鲁西南地区的龙山文化王油坊类型。这支北方的移民（豫东王油坊地区的中原人），曾在江苏高邮、兴化作短暂停留后，其最终南迁到了松江广富林。至于被称为王油坊类型的这批从安徽北部、河南东南部以及山东地区而来的上海移民迁入广富林后，并没有融入当地的良渚文化中，而是创造了独特的文化类型"广富林文化"。专家对王油坊和广富林两处遗址出土物曾作认真比对，一是广富林文化的陶器与王油坊类型的陶器在装饰手法上有很多共同点,而广富林文化的陶器种类和形制同王油坊类型相同的也有不少。比如王油坊遗址的侈口瓮,侈口,肩部饰有绳纹和附加堆纹组合线饰的特征与广富林文化基本相同。广富林文化的杯、钵和覆碗形器盖等,更是与王油坊类型的器物没有区别,如夹砂陶器盖盖顶处都常见有切坯后留下的同心箕纹。[20]二是除了完全相同的器形外,有的器形是受王油坊类型影响的产物。如广富林平底盆,浅腹、大平底的盆与王油坊类型的盆大致相同。广富林文化的豆,分细柄与粗柄两类,细柄豆与王油坊遗址出土物其弧度浅盘和豆柄底部外鼓的特征都极为相似。[22]三是广富林文化除了主要受到来自黄河流域新石器时代文化的影响外,还呈现出多元文化的特征。首先是本地传统的影响。这类器物主要有三角形大石犁、鼎和玉琮等。其次是来源于浙南、闽北地区新石器时代文化的影响,主要以印纹陶为特色。最后,广富林文化陶器中还有一些器物是广富林文化所特有的,这组器物主要有泥质陶罐、夹砂钵形釜等。这些特有的器形,是广富林文化形成过程中,外来的文化与自身的土著文化因素杂糅、结合而创造出来的。由此可见,广富林文化的来源非常丰富,以王油坊为主的中原龙山文化因素对其形成和发展起到了主导作用,本地传统文化和浙南、闽北印纹陶文化因素也对其发展起到了重要影响。在吸收外来文化影响的同时,广富林文化时期的先民还有许多具有自身特点的创造发明,这多方面的文化因素共同构成了一个内涵异彩纷呈的崭新的地方性文化。[23]

注 释

① 严钦尚、黄山:《杭嘉湖平原全新世沉积环境的演变》,严钦尚等:《长

江三角洲现代沉积研究》,华东师范大学出版社1987年版。

② 本目详参王荣华主编：《上海大辞典》,上海辞书出版社2007年版。

③④⑤ (清)孙星衍：嘉庆《松江府志》,《上海府县旧志丛书·松江府卷》,上海古籍出版社2011年版。

⑥⑱ 上海博物馆编：《广富林：考古发掘与学术研究论集》,上海古籍出版社2014年版。

⑦ 黄宣佩、孙维昌：《上海市松江县汤庙村古遗址调查》,《考古》1963年第1期。

⑧ 张明华、孙维昌：《上海松江县汤庙村遗址》,《考古》1985年第7期。

⑨ 宋建、陈杰、何民华：《上海市松江县姚家圈遗址发掘简报》,《考古》2001年第9期。

⑩ 宋建、周丽娟、陈杰：《上海松江区广富林遗址1999—2000年发掘简报》,《考古》2002年第10期。

⑪ 陈杰：《探索长江下游文明化进程的关键——上海松江广富林遗址发掘成果丰富》,《中国文物报》2016年3月25日。

⑫ 任式楠：《关于良渚文化双翼形石器的讨论》,《江汉考古》2000年第1期。

⑬ 栾丰实：《良渚文化的分期与年代》,《中原文物》1992年第3期。

⑭⑯ 广富林考古队：《广富林遗存的发现与思考》,《中国文物报》2000年9月13日。

⑮ 陈杰：《广富林文化初论》,《南方文物》2006年第4期。

⑰ 林留根、田名利、徐建清、周恒明、张浩林、胡颖芳、周润垦、朱晓汀、黄建秋：《江苏宜兴骆驼墩遗址发掘报告》,《东南文化》2009年第5期。

⑲ 宋建：《王油坊类型与广富林遗存》,河南省文物考古研究所编：《华夏文明的形成与发展——河南省文物考古研究所建所五十周年庆祝会暨华夏文明的形成与发展学术研讨会论文集》,大象出版社2003年版。

⑳ 中国社会科学院考古研究所河南二队等：《河南永城王油坊遗址发掘报告》,《考古》编辑部编辑：《考古学集刊》第5集,中国社会科学出版社1987年版。

㉑ 北京大学考古学系、商丘地区文管会：《河南夏邑清凉山遗址发掘报

告》，北京大学考古学系编：《考古学研究（四）》，科学出版社 2000年版。

㉒ 曹桂岑、马全：《河南淮阳平粮台龙山文化城址试掘简报》，《文物》1983年第 3 期。

㉓ 本节详参熊月之主编，陈杰著：《上海通史·第 2 卷·史前时期至华亭建县以前》，上海辞书出版社 2017 年版。

第二章　东汉至唐及五代时期：艰难的开发

　　关于松江从原始社会后的夏至秦朝时期，因本地区尚无建置，也无较全面的史载，只能从零星的史籍中见到一些区域归属方面的情况，特作简要的勾勒。夏时，夏人南来，同有着很古老文化的越人相结合，"居楚而楚，居越而越"①。古籍传述夏的六世王少康封其庶子于会稽，称无余国，其后拓域于松江西南境。关于夏、商和西周的中原文化早已同松江地区有着联系，这可以从广富林遗址、钟贾山遗址等其中的印纹陶，以及饰以云雷纹的簋、豆、瓿、鬶、尊等器形的灰陶、黑陶，与河南偃师二里头、郑州二里岗的商代早期文化有着紧密联系，但在南方，应看作是夏到商代早期的遗存。总之，这一时期的松江地区，越族土著文化明显，它持续了相当长的时期，才同中原文化有了融合。②西周建国之前，周族的太伯、仲雍一支，从陕南、湖北、长江沿岸东下，终于能顺利地到达荆蛮，"自号勾吴"。所谓荆蛮，《史记·吴太伯世家》索隐释为"地在楚越之界"，亦即今常州、无锡、苏州一带。古松江从那时起，成了吴国的东境。武王克殷，吴已经五传至周章，正式受封为吴国。到了春秋时期，姬姓吴国的奴隶主已经过十九传而至寿梦（前585—前561年在位）。当寿梦二年时，楚国大夫申公巫臣被迫奔晋，自晋使吴，教吴乘车战阵并唆吴与楚为敌。吴由是强大，僭号称王。古松江地区当时应属吴国之地。③那时松江境内如《史记·夏本纪》记载，是"竹箭既布，其草惟夭，其木惟乔"的状态，冈身以东，自海中新涨起的土地，不断出现。可以渔捞、耕种以及游猎的场所估计是颇多的。相传为了奴隶主贵族娱乐的需要，寿梦曾"筑华亭于其国之东，松江（按，即今吴淞江）之南，以为停留宿会之处"④。其地在今松江区西部。多年前，九峰之一凤凰山南麓曾出土过一件青铜尊，春秋形制，南方纹饰，很可能是当年奴隶主贵族在那一带活动频繁的物证孑遗。战国时期，周元王三年（越王勾践二十四年，前 473年），越国灭吴，松江地区属越。战国中期楚威王（一说楚怀王）时，"伐越，杀无疆，尽取吴故地"，其时松江地区属楚。楚考烈王十五

图 14　春秋时期青铜尊（凤凰山出土）

年(前248年),春申君因故封淮北地近齐国,改封于吴(今江苏苏州),松江地区属吴,在春申君封地范围内。

秦王政二十五年(前222年),秦平定楚江南地,置会稽郡,所辖娄县,今松江北境属之;长水县(秦始皇三十七年改名由拳县)东境,今松江西境属之;海盐县,今松江南境属之。松江地区在春秋时期,地属吴国。阖闾后属长水县东境。战国初吴国亡后属越国,中期后属楚国。东汉永建四年(129年),分浙西为吴郡,由拳、海盐、娄县皆属吴郡。东汉建安二十四年(219年),东吴名将陆逊以功受封华亭侯,华亭始见于史志。西晋时华亭出了陆机、陆云两位文学大家,陆机写出了传世之作《文赋》《辨亡论》,其中《文赋》是中国最早的、最有影响的文学理论著作之一。二陆的书法艺术也对中国书坛产生重要影响,陆机的草书《平复帖》,是全国今存年代最早的名人手迹。

从地理上看,这一时期松江地区的地域在不断地向东推进,有了较大扩展。魏晋南北朝时期,上海地区海岸线离开冈身,向东推进,同时,一批中原人口避乱南迁,栖息在地广人稀的江南地区。松江地区人口增多,经济社会有了一定的发展。特别是唐前期捍海塘修筑后,挡住了海潮的侵袭,使吴淞江以南地区自然条件迅速改变,松江地区的疆域从此基本稳定,为进一步发展农业生产提供了条件。考古发掘和文献记载都证明,唐初以来本地的人口日益增加,海塘内的土地也不断得到开发。唐天宝十载(751年)设置华亭县后,上海地区开始有了属于自己的独立的县治。建县后即建了县城。⑤唐至五代的华亭县城,规模虽然不大,但从考古中可发现,当时华亭县治,"前临'官衙',后枕流水",县署衙门官邸挨屋陈开。华亭建县后,随着行政地位的巩固和加强,经济发展有了明显加快,较为稳定的农业成为经济发展的主导。这一时期华亭县治西北60里处的青龙镇迅速从军事据点转变成贸易港口,海内外贸易已经十分繁荣。另外,进入五代十国时期,华亭县属吴越国开元府(即今浙江嘉兴)。当时北方军阀割据,战争频繁,经济凋敝。吴越国在钱镠统治时期,极少发生对外战争或社会动乱,而北方大量人口的南迁,使华亭县的经济发展更加迅速。另外,唐代华亭县城中建起了规模很大的佛教建筑普照寺、超果寺等,佛教文化的盛况从另一侧面反映了当时城市的繁华景象。

第一节　东汉至唐初社会经济缓慢发展

一、农业经济的发展

东汉末年农民大起义中,中原人口避乱南迁,较多栖息在地广人稀的江南地区,松江也是南迁人口的主要流入地。孙吴在江南建立政权,主要就是依靠他们。中原人口不但为江南增加了劳动力,而且带来了比较先进的农业生产技术,促进了当地的经济发展。当时的农业生产主要是使用农奴的大庄园经营,肥沃土地多为豪强世族以及南渡来的王公达贵所占,从北方迁来的穷人和当地无以聊生的贫民充当农奴性质的"奴客""佃客""部曲"。"流民多庇大姓以为客","豪侠多挟藏户口以为私属"成为普遍的社会现象。当时顾、陆两姓等在华亭特别显贵,在九峰三泖的沃野间拥有庄园、猎场和鱼池。陆氏、顾氏等望门大族"僮仆成军,闭门为市,牛羊掩原隰,田池布千里"⑥。僮仆之中有很大一部分是封建依附者,为国家管不着的户口,出现了江南人口虽增而户籍册上反而减少的矛盾现象。农业生产的发展,促进了家庭副业、手工业的发展。当时已出现专门的手工工匠,农民在农耕之余也从事麻苎、桑蚕等家庭副业。但是,商品交换还十分落后,封建庄园内吃的食品,穿的衣服,用的器具,住的房屋都是自给自足,偶尔发生的一些交换,也多采用物物交换,或者以谷、帛等实物货币作为等价物进行交换。东晋和南朝生产力有了提高,这表现在农业手工业的冶炼、造纸、制瓷以及商业通畅各方面。然而劳动人民生活是悲惨的,一切赋役主要由保持小块土地的农民来负担。他们要缴田租,输绢、棉、布匹,还有额外的附加税目如禄绢、禄棉、禄米以及十分沉重的徭役。隆安三年(399年),在国家赋役剥削最严重、封建大土地所有制最发达的会稽,爆发了大规模的农民起义。农民起义打击了封建统治,对社会生产力的发展似有推动。沈约在《宋书》卷五十四"史臣曰"中就发出了这样的议论:"自晋氏迁流,迄于太元之世,百许年中,无风尘之警,区域之内,晏如也。及孙恩寇乱,歼亡事极,自此以至大明之季(按,刘宋大明八年,即464年),年逾六纪,民户繁育,将暨时一矣。地广野丰,民勤本业,一岁或稔,则数郡忘饥。会土(按,指吴会之地)带海傍湖,良畴亦数十万顷,膏腴上地,亩值一金,鄠、杜(按,指今陕西一带)之间不能比也。……扬部有全吴之沃,鱼盐杞梓之利,充仞八方;丝绵布帛之饶,覆衣天下。"⑦

　　进入唐朝后相当一段时期,松江地区主要分辖于今浙江、江苏的嘉兴、海盐、昆山等市县,未能作为中心区域开发,经济发展仍比较迟缓。特别是长期以来海塘未筑,这一地区经常受到海潮的威胁,农业经济等没法进行较大规模的有效开发,海潮还时时威胁沿海人民的生命安全。上海现存最早的地方志南宋绍熙《云间志》记载:"旧瀚海塘,西南抵海盐界,东北抵松江,长一百五十里。"这应该是唐初地方官员主持修筑一条沿杭州湾,西起海盐、东至吴淞江南岸的海塘。捍海塘修筑成功后,挡住了海潮的侵袭,使吴淞江以南地区自然条件迅速改变,塘内的大片土地免于海水渍蚀之灾,使本地区的疆域从此基本稳定。为进一步发展农业生产提供了条件,同时加快了沿海滩涂的扩展,为经济发展提供了物质保障。近年地质调查发现,西南起浦东新区的航头,向东北经过下沙、周浦,过川沙县的北蔡、杨浦区境的江湾、月浦,迄于盛桥的地下,有条断断续续的沙带,沙带西侧曾陆续出土许多唐代器物。早在 20 世纪 70 年代,上海考古学者就根据考古发现推测这条沙带就可能是唐初所筑海塘岸线的遗迹。⑧

二、青龙镇贸易港的初步形成

历史上记三国之一孙吴政权划江自守,倚重水师。位于冈身内侧吴淞江南岸的青龙镇,相传以孙权造青龙舰,置船于此而得名,吴有船 5 000 余艘。青龙镇位于太湖的出海口,成为重要的水师基地。孙吴的船队曾北到辽东,南下台湾,可见当时的经济、军事力量已具有相当规模。关于军事要地一说,可佐证的有南宋绍熙《云间志·镇戍》所记:“华亭襟带江海,上而吴晋,近而吴越,尝筑城垒,置部防戍,所以控守海道者,至矣”;“青龙镇去县五十四里,居松江之阴,海商辐辏之所。镇之得名,莫详所自,惟朱伯原《续吴郡图经》云:昔孙权造青龙战舰,置之此地,因以名之。”据乾隆《青浦县志·兵防》记载,唐朝在此派驻军队,由镇将、副将统率,“所职捍防守御之事”⑨。

关于青龙港最初形成,应该是在唐初,比华亭建县还早。据《吴郡图经续记》记载:“吴郡东至于海,傍青龙、福山,皆海道也。”至五代时,沿海地方广置博易务,开展海口贸易,沪渎自然是一个重要的港口。天宝五载(746 年),由于地理位置重要,青龙港迅速从军事据点转变成贸易港口,其时建立青龙镇,逐渐成为南来北往的要冲。“青龙镇瞰松江上,据沪渎之口”⑩,向南有顾会浦通往县城,沿江西北行可直达郡城苏州,西南行经大盈浦可到嘉兴,南北商贾辐辏于此。关于青龙镇最初建于何年,学术界观点是不一致的。明嘉靖《上海县志》卷六《古迹》记:"青龙镇,唐天宝五载建。"这是目前见到明确记载青龙镇设立年份最早的记录。明正德《松江府志》修纂时直接参考和引用梅尧臣《青龙杂志》中的史料,唐天宝五载建青龙镇的观点是能够成立的。顾清治学十分严谨,不太可能冒杜撰的嫌疑和风险。不过当代一些学者有不认可的。邹逸麟认为:"青龙镇地方在唐代非军事要地,按理推论,青龙镇的设置年代也不可能在盛唐时期的天宝年间。"⑪关于对唐天宝五载建青龙镇的疑义,本书特此存疑。

但不管何年建镇,当时位于华亭县治西北 60 里处的青龙镇贸易港已形成。该镇位于吴淞江南岸,东下可入海,西上达苏州,东南由顾会浦通华亭县,西南经大盈浦可至秀州,这种十分优越的地理位置,自然使之成为"海商辐辏之所"⑫。到唐长庆年间(821—824),青龙镇已十分繁盛,苏州一带贡物也经吴淞江从沪渎口青龙港北运。由此可见,在华亭设置市舶务之前约半个世纪,青龙港的海内外贸易就已经十分繁忙。

关于唐青龙镇的繁盛还有多次重要考古发现可以作为佐证:1988 年在青龙镇旧址发现了黑釉茶盏瓷器,当地农民还在青龙镇区域内通波塘西岸开挖窑河时发现一批唐代遗迹遗物,1 处范围与规模较大的唐代铸(铁)造作坊遗迹;3 处建筑、5 口水井及铜、铁、银、瓷等多件器物;发现了 2 口砖井已经暴露,井口距离高地表约 2.5 米,井砖两侧斜砌,附近还有离地表约 2.8 米的木炭等火烧遗迹以及宽 35 厘米的砖砌阴沟(排水沟)。在一口水井中,发现 1 件完整的五代越窑莲花形青瓷盏和 1 只水牛角,只见瓷盏釉色青翠,造型优美。其间先后清理 3 口井,其中在一口井出土了 2 件晚唐长沙铜官窑贴花狮鸟褐彩壶、贴花人物褐彩执壶。2015 年,考古发现在始建于唐长庆年间的今隆平寺中发现了塔基遗址,当时在里面发现了地宫,除了佛舍利子外,有许多金银饰品,还有1万多枚从汉代一直到北宋的古钱币,这进一步证实青龙镇在唐时已是一个市井繁华、贸易发达的地方,也是古代海上丝绸之路的重要节点城市。从古遗址出土的瓷器,绝大多数是中国南方各个窑口所生产的,这些窑口包括唐代德清窑、越窑和长沙窑。这些表明青龙镇是当时一个重要的出口贸易中转站,可以说明唐代青龙港已经利用吴淞江水路运输优势,开始了外洋出海贸易,也说明了青龙镇当时海外贸易的繁盛程度。这里需说明的是,唐初青龙镇的兴盛也从侧面证明了当时华亭县的经济繁荣。

三、汉代至南朝历史的考古发现

2000年后,广富林遗址的历年发掘中,汉代遗存是其中重要的内容。汉代的主要遗迹有灰坑和水井等,根据相关的出土遗物,广富林遗址的汉代遗存大致横跨两汉时期。该遗址曾经出土过大量的建筑构件,有板瓦、地砖、筒瓦和瓦当等。瓦当发现较少,以兽面图案为主。其中,"绳纹子母砖、筒瓦、板瓦和瓦当等遗物的集中出土,显示了这里的建筑具相当的规模,很有可能存在着达到宫殿规模的大型建筑"[13]。广富林遗址发现的这些绳纹子母式地砖大而厚重,榫卯结构的式样是为了平铺时地面更加平整。形制、纹饰相同的子母砖曾经在汉代长安城内出土,用来铺设宫廷内重要的生活设施。而瓦当是屋檐上的建筑材料,一般的村舍民房是无法使用的。因此,这些建筑构件的发现,说明在汉代广富林遗址显然已非普通村落,在此可能存在过官署一类的大型建筑。

松江地区考古中发现汉墓较多。1961年在东佘山的山坡下发现一座汉墓。这是一座南北向的土坑穴墓,墓中葬具和人骨均腐朽无存,随葬品有壶、罐等5件陶瓷器。1985年在钟贾山南麓发现一座汉代夫妇合葬墓,墓葬遭到严重破坏。夫妇俩均有一棺一椁。椁板巨大,棺用独木云杉挖制而成,直径达 80 厘米。出土铜镜 2 面、铜洗 1 件、铁剑 1 柄、料珠 2 颗、新莽"大泉五十"铜钱 80 枚,还有瓶、双系壶、盘口壶等陶器 15 件,根据随葬器物判断应为东汉墓葬。

1981 年松江区汤庙村遗址出土西晋时期的青釉瓷罐,高21.2 厘米,口径 31.6 厘米,这件罐的表面为青绿釉,上腹部釉厚、下腹部轴层渐薄,近底露胎,罐的形制为直口微敞,弧肩,鼓腹,平底内凹,肩部两侧各附一对环系,环系中间贴饰

图 15 西晋青瓷罐(汤庙村遗址出土)

一个衔环铺首,罐的肩部饰一周斜网格纹及二周连珠纹,网格纹与连珠纹之间用弦纹间隔,器底有褐色支烧痕。这是一件典型的越窑系青釉瓷器,无论胎土、釉色,还是装饰工艺都代表了西晋青瓷的水平。

1981 年在松江天马山发现南朝水井,井口距地表深 30 余厘米,共发现 8 个井圈,陶质灰黑色,圆筒形,器表素面无纹,井圈口沿均呈宽折沿,上下叠压联接,每圈外直径 61～64.5 厘米,高 31～31.4 厘米,井深 2.5 米,井底未见砖木铺垫,发现一些青釉碗、罐等瓷片,具有南北朝时期特征。[14]

第二节 陆氏大家族对地区发展的作用

东汉至南北朝时期,江东大族崛起,生活在今松江地区的陆

氏家族就是其中杰出的代表。关于陆氏家族的渊源,唐代《元和姓纂》有这样的记载:"齐宣王田氏之后,宣王封少子通于平原陆乡,因氏焉。汉大中大夫陆贾子孙过江,居吴郡吴县。"⑮由此可见,吴郡陆氏家族的奠基者,至少与西汉初年的陆贾有关。陆贾在《史记》中有传,他早年追随刘邦,因能言善辩,常在各路诸侯中游说,刘邦和文帝时两次出使南越,使赵佗臣服于汉朝。吕后时又说服陈平、周勃同力诛吕。陆贾推行儒学,著有《新语》12篇,为西汉前期的统治奠定了思想理论基础。

东汉初年,吴郡陆氏已然成为当地大姓,并在政治舞台上崭露头角。《后汉书·陆续传》记载:"陆续字智初,会稽吴人也,世为族姓,祖父闳,字子春,建武中为尚书令。"陆闳是东汉初人,此时陆氏已"世为族姓",成为地方大族。陆续在《后汉书》中列入《独行列传》,也是社会名士一类的人物。陆续生有三子,即陆稠、陆逢、陆褒。"陆稠和陆逢都官至太守"⑯。陆褒虽然没有出仕,但其后代人物最盛,其子陆康官拜庐江太守,曾被汉献帝加封为忠义将军,其孙陆绩曾在东吴孙权时代任郁林太守。

陆氏家族在孙吴的巅峰期当始于陆逊。陆逊为陆康的从孙,因父早亡,一直跟随陆康生活。陆逊比陆康的儿子陆绩年长,所以被委托"纲纪门户"。据南宋绍熙四年(1193年)杨潜等修《云间志》卷上《封域》,"华亭"一词出现在史志记载中,是从孙权封陆逊为华亭侯开始。《封域》中云:"至于县(按,指华亭县)之得名,《通典》《太平寰宇记》云:地有华亭谷,因以为名。"又记云:"顺帝永建四年,分浙江以东为会稽郡,西为吴郡,华亭虽吴郡地,犹未见之史传;孙氏霸吴,尽有其地。建安二十四年,封陆逊为华亭侯,始见于《吴志》矣。"又按云:"则华亭故汉亭,留宿会之所也。"据唐陆广微《吴地记》:"陆逊宅,造池亭华丽,故名。"据上引史料都证明,"华亭"之名与东吴大将陆逊有着密切的关系。从历史记载中可以看得比较清楚，"华亭"一名最初始见于《三国志·吴志·陆逊传》。根据《吴地记》，陆逊"将家迁于长谷"，长谷，即今松江九峰三泖一带。陆逊（183—245），身长八尺，容貌昳丽，喜骑马射箭，排兵布阵；深谙军事谋略，尤喜下棋，吴地无敌。为孙策赏识，以女嫁之。建安九年（204年），为孙权幕僚。不久任海昌屯田都尉，兼领县事。在地方任职期间，他开仓赈灾饥，督劝农桑，平定动乱，拜定威校尉。时丹阳一带山越部族不服教化聚众造反，陆逊奉命带兵征讨。山越部族被感化而归顺，此战中陆逊获得精兵数万。建安二十四年陆逊三十七岁，赤壁战后，荆州被刘备所"借"，派关羽镇守，孙权欲取荆州，派吕蒙屯兵陆口。陆逊善谋略，与吕蒙制定袭取荆州之计。因获得吕蒙赏识，经其推荐，孙权任陆逊为偏将军、右部督，代蒙驻陆口。时驻荆州的刘备大将关羽正与曹军战于樊城，获胜。逊写信给关羽致贺，言辞卑下，使关羽失去警惕，将荆州守军大半调离北上。吕蒙得以乘虚袭取荆州。陆逊因功授抚边将军，领宜都太守，封华亭侯。次年，又平定房陵、南乡、秭归等地，升为右护军、镇西将军，进封娄侯。从此华亭的九峰三泖一带便成了陆家的封地。黄武元年（222年），刘备亲率水陆大军出峡东下，攻吴西界。这时吕蒙已病故，孙权任命陆逊为大都督、假节，领兵五万迎敌，且战且退，诱敌深入，撤出沿江一大片狭长地带。陆逊力排众议，坚守不战，以逸待劳，在夷陵与刘备大军相持七八个月之久，蜀军求战不得，师老疲惫。当时刘备把军营扎在树林里，连营数百里，陆逊施计用火攻将其烧毁，由此打败刘备大军，立了大功，加拜辅国将军，领荆州牧，改封江陵侯。从此陆逊在历史上名声大振，华亭也因此出名。

关于当时陆逊所封华亭侯的等级问题。秦汉时实行郡县制，以郡统县，县以下设乡亭，按照规定，十里一亭，十亭一乡，万户以上为县，亭是秦汉时代政府的末端组织之一，亭有亭长，汉朝的开国皇帝刘邦就曾任泗水(今江苏沛县附近)亭长一职。据《续汉书·百官志》记载,凡有功之臣封侯,"功大者食县,小者食乡、亭"。陆逊初封华亭,后来又进封为娄侯,再至江陵侯,反映了陆逊累绩积功的升迁进程。绍熙《云间志》也持相同认识,说:"以逊所封次第考之,则华亭汉故亭,留宿会之所也。"《太平寰宇记》引《舆地志》云:"吴大帝以汉建安中封陆逊华亭侯,即以其所居为封。"此说似比较符合当时的情况,而陆逊由华亭侯晋封为娄侯,此爵位变化似也暗示可能在此时,陆逊所居的华亭尚属于娄县管辖的范围。

陆逊以功封侯后,其后陆家族人封官晋爵不断。陆逊之子陆抗,官至大司马,领荆州牧。堂叔陆绩官郁林太守,加偏将军。弟陆瑁官议郎、选曹尚书。族子陆凯官至左丞相,封嘉兴侯;陆胤官西陵督,封都亭侯。陆逊的堂姑夫顾雍之子顾邵官豫章太守,孙顾谭也官至太常,位列九卿。陆逊之孙陆机、陆云,是西晋著名文学家。在其父陆抗去世后,陆机等兄弟分领陆抗兵权。陆机为牙门将,文名已远播。孙吴为西晋所灭后,陆机、陆云退居华亭,积学十年,陆机的代表作《文赋》《辨亡论》,即为此时所作。陆云文名虽不及其兄,但"持论过之"。太康末年(289年),二陆离家赴洛阳。陆云在见到名士荀鸣鹤时,自称"云间陆士龙"。松江地区的别称"云间",由此而来。此后二陆被卷入"八王之乱"的政治旋涡中,后为成都王司马颖所杀。关于陆机、陆云卓越的文化成就后文有专篇记述,此处不再赘述。东晋以后,陆氏家族依然以才、望得名。见于松江史志的,后世所传承主要是陆瑁之孙陆玩的支脉,而依《古今人物传》考定,则全部是陆玩曾孙陆子真的后裔。概而言之,东晋以后,松江早期陆氏繁衍的支脉就是陆玩的后裔,而陆玩之后,则是陆子真一脉出现了不少名臣硕儒。裔中其他支脉是否居住于华亭,松江地方史志中未见其线索。陆瑁,孙权时征拜议郎、选曹尚书。当时公孙渊反复无常,孙权忿而欲加征伐。陆瑁高瞻远瞩,特为此事上疏提出自己的看法。他认为:过去汉文帝时尉佗反叛并僭号称帝,当时西汉国力甚强,但文帝怕大动干戈动摇国本放弃了征伐,"今凶桀未殄,疆场犹警",理应区分轻重缓急,不宜把征伐公孙渊作为优先之事来考虑。孙权阅后,嘉许陆瑁分析入理,采纳了他的意见。陆瑁以后,历西晋、东晋、宋、齐、梁、陈、隋,其间三百多年中,陆氏家族代有名臣显贵,其中主要有陆玩、陆倕、陆赟、陆宸、陆缮等人。陆玩,东晋元帝时名臣,初为尚书左仆射,领本州大中正。在平息苏峻反叛事件中,陆玩固守宫城,沉着应对,成功劝说匡术归顺,以功封兴平伯,后晋升侍中司空。去世后,赐谥"康","给兵千人,守系七十家",如此待遇,为后世所罕见。陆倕,陆玩六世孙。其父陆慧晓,仕南齐,官至南兖州刺史,赠太常。陆倕年少时即以勤学善写文章著称,他在第宅建了两间茅屋,潜心攻读。梁武帝时,礼乐制度多有变革,陆倕应诏撰写了《新漏刻铭》和《石阙铭》,为武帝所嘉赏。[17]

一、华亭县设立

关于华亭县的设立,首先与太湖以东地区自然环境的变化及海塘的修筑有重要关联。在华亭县设立前,太湖东部地区由于自然环境恶劣,常受湖水浸漫,"古为湖薮,多风涛"。大水时期,常会淹没村落,"风波相凭以驰突,地势低洼"[18]。唐代以前,冈身以西的部分区域有一定程度的开发,但深受地表径流不畅的影响而使民田被淹,而冈身以东部分受海浪冲击,只有小部分地区有人生活,大部分地区涨潮时被淹,退潮出露。一直到六朝时期,太湖东部地区农业开发步伐仍比较缓慢。进入隋唐时期,随着京杭大运河的开凿,太湖河堤的兴建,太湖流向下游各河道的湖水被拦挡,加上人们学会了修筑堤岸来保护耕地,这样原来的大片积水洼地渐渐有了耕地的可能,相继被辟为良田。唐初,兴筑捍海塘,海岸线固定了下来,从此海潮已基本不再威胁海塘内的农田,在淡水不断冲刷下,大量农田可以种植庄稼,垦田面积越来越大。由于农业经济的发展,华亭县人口导入比较明显,人口数量增多,从事农业和渔业的百姓生活能够得到一些保障。可以说是当地经济社会的较快发展,促使华亭设县有了可能。其次,这一地区内青龙镇因商贸繁荣,使地望大为上升,也促进了华亭建县。

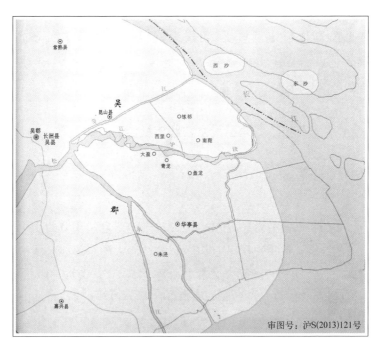

审图号:沪S(2013)121号

图16 唐天宝十载(751年)华亭县行政区划示意图(引自上海市松江区规划和土地管理局编《松江地名志》,上海社会科学院出版社2014年版)

关于唐代华亭县的出现历史上记载尚属清楚。唐天宝十载（751年），因吴郡户口已达76 421户，比唐初增长6倍多。吴郡太守赵居贞奏割昆山、嘉兴、海盐三县地置华亭县，隶属吴郡。当时华亭县的管辖境域相当于今上海地区吴淞江以南、川沙—惠南—大团一线以西地区，并随海岸线的东移而扩展。华亭县治设在今松江通波塘桥以东城区范围内。当时华亭一县的面积大致相当于后来松江府管辖七县一厅，有华亭、青龙两个镇，22个乡。唐乾符年间（874—879）华亭"全县户数为一万二千七百八十户"⑲。唐乾元二年（759年），改吴郡为苏州。华亭县隶属苏州。华亭县从吴郡东境析置，这是后世松江府辖县中最早设立的一个县。值得注意的是，当时华亭县设立时就是一个上县，西距苏州270里。唐代县按人口和政治地位，分为赤、畿、望、紧及上、中、下几个级别，其中6 000户以上为上县，6 000户以下、3 000户以上为中县，3 000户以下为下县。也就是说，从三县中各划出一部分地区设立的华亭县，其时户数在6 000户以上。北宋乐史《太平寰宇记》卷九五《秀州》说："华亭县，东一百二十里。"由于五代时期新设立秀州，华亭县遂为秀州属县，这里的120里是指到秀州的路程。

华亭县名的来历，"因华亭谷以为名"。《元和郡县图志》卷二五谈道："华亭谷，在县西三十五里，陆逊、陆抗宅在其侧，逊封华亭侯。陆机云'华亭鹤唳'，此地是也。"⑳这段话实际上是出自《舆地志》，云："吴大帝以汉建安中封陆逊为华亭侯，即以其所居为封谷出佳鱼莼菜，又多白鹤清唳，故陆机叹曰：'华亭鹤唳，岂可复闻乎'。"也就是说，华亭谷早在三国时期就已名声在外，唐代设县，自然而然会取"华亭"作为县名。

当时华亭县的范围是相当大的。据南宋绍熙《云间志》卷上《道里》记载，县境东西长160里，南北阔173里，从华亭县城，东至海约80里，西至平江府长洲县界80里，南至海约90里，北至平江府昆山县界 80 里，西南到海盐县界 60 里，东北到昆山县界 110 里，西北到昆山县界 150 里。大体而言，华亭县北面与昆山县以吴淞江为界，东南以小官浦为界，西南至风（枫）泾。

北宋《乐史》说新成立的华亭县"旧十乡，今十七乡"，意谓最初成立华亭县时只有 10 个乡，但随着人口的不断增加，至宋初划为 17 个乡。不过宋代的《祥符图经》和《元丰九域志》说宋初华亭县管辖 13 个乡，南宋绍熙《云间志》编纂时仍为 13 个乡。唐代的 10 个乡中，能够知道乡名的，有修竹乡、北平乡、昌唐乡、全吴乡等。乡下面的行政机构是里，《唐故朝散郎贝州宗城县令顾府都墓志》谈到顾谦死于唐末，咸通十三年（872 年）"启手足于苏州华亭县北平乡崧子里之私第"[21]。实行县、乡、里三级管理，在唐代是有效控制华亭县的行政体制。明代人据唐代百户为里，五里为乡，里设正一人。故在正德《华亭县志·徭役》中认为："据唐华亭一县统乡十三，则里正六十五人也。"

唐建华亭县后，有关该县的政治面貌和社会形态等文献载录很少。只能据一些零星的史料，从一个侧面见识一下当时民情民风及社会管理、官员素养等情况。南宋绍熙《云间志》卷中记载的唐代华亭县三位知县，分别是德宗时琅琊人张聿、延陵包某和苏籥。张聿是唐代有点名气的诗人，于德宗建中年间（780—783）登进士第，又中万言科。之后宰华亭，"治政凛然，民吏有犯，初必恕之，许以自新，书姓名、罪由于籍，名《定命录》，再犯必举籍勘照杖之"。华亭是新立的县，所以张聿为把法律文化带到华亭县，对初犯者不定罪但加以记录，再犯就比照法律的具体规定加以严格处理。对赋税征收的数额，他都张榜公布，"事不虚张，期必前办"。他让百姓根据官方公布的数字，尽早将赋税送到官府，"各自度量户口轻重，较算分厘，早急送官"。老百姓对这种明码张榜公布的做法很赞成，"供输络绎，无违拒者"，大家称他张贴的榜文是"赤心榜"。曾有一讨饭的人想进入华亭界,因听农民唱歌道:"华亭君子,来及几时?老稚免疾苦,远近无渴饥,安得九重天子知?"讨饭的人听后,说:"此政不可挠也。"遂不好意思进入华亭地界了。[22]包某(一说是包休),德宗时为华亭令,"初辟秀才,德宗时任县事,辟田野,增户口,均赋爱人"。另一位官员苏籥宰华亭,"在官简惠,莅事公正"[23]。三位县令的共同点,都是管理上讲诚信,有惠政,比较清明,征收赋税讲求公平,他们在华亭县建立了良好的社会新秩序。包某还辟田野、增户口,说明唐代华亭的土地数和户口数并不多,还有向上发展的较大空间,唐德宗时的华亭县还处于大力发展时期。

此外,还有一位名孙发,字百篇,登第后授华亭尉。虽然各书没有记载孙发在华亭的政绩有什么突出表现,但从方干的赠诗中可以看到时人认为授华亭尉是孙发仕途的开端,"莫嫌黄绶官资少,必料青云道巷平"。反过来说,孙发"御题百首思纵横,半日工夫举世名"[24],是位才华横溢的能人,让他任华亭尉实际上是华亭地位的一种体现。

二、华亭县城市面貌

初时县城 唐时一个县有城,并不多见,而华亭从唐天宝年间设县起县城是修筑有城墙的。据南宋绍熙《云间志·城社》中记载:"县之有城,盖不多见。华亭邑于海,或者因戍守备御而有之。绍兴乙亥岁,酒务凿土,得唐燕胄妻朱氏墓碑,以咸通八年窆于华亭县城西一里,乡名修竹。是唐之置县固有城矣。废兴之由,莫得而详,疆域尚仿佛可识云。"据此记载,虽有推测的成分,但作为宋人志书的载录还是可以信其有的。此证尚有待于唐城墙遗物的考古发现以作进一步佐证。虽然当时县城大小并不可知,但应该是有明确的界限。龚明之《中吴纪闻》卷四说："华亭,旧亦为苏之属邑……县旧有城,《古图经》云,在县东三百步,今谓之东城者是也。近岁耕者于荐严寺田中,得城砖甚多。"此记说明唐代华亭县是有城墙的,应在宋代华亭县偏东300步之处,唐宋县城基址并没有太大的变化。当时华亭县治,"前临'官衙',后枕流水"。华亭县城除县衙与市舶司外,还设有盐监、酒监、税监、造船场等官署,以及各类官仓。本地县学"学舍整好,什百具备,学粮租钱视他处为厚"。

图 17　唐陀罗尼经石幢

考古见证　唐置华亭县后,松江政治、军事地位日显重要,经济、文化也迅速发展。如今留下的唐代松江城池的主要标志,是建于唐大中十三年(859 年)的唐陀罗尼经石幢。这是迄今上海地区最古老的地面建筑。所刻浮雕洗练圆熟,充分体现了盛唐的艺术风格,可见隋以后唐代的佛教造像技巧更臻成熟,布局更为完整。据考证,经幢一般设置在较大的佛教寺院前,也有立于通衢大道旁。这一位置正好在华亭县通衢大道的一侧。处于华亭县城的中心位置。20 世纪 60 年代在修复唐经幢时,上海考古工作者在对旧时经幢基础及堆积层进行清理时发现,在经幢西面数米处,离地表深 0.5 米,有宽约 2 米的元明以前的石板路面,有较规整的下水道。在幢身 1.6 米以下唐代文化层中发现有八角形的砖铺地面,砖的直径达 6 米。

当时还出土了一只精美的唐代青花小碗。

图18　唐陀罗尼经幢地下出土的唐代青花小碗

另外,1960年在城内通波塘疏浚时,先后出土一批唐至五代越窑瓷器,有瓷杯、瓷盆、瓷碗、瓷罐、执壶等,这批器物大多完整无损,光亮如新,胎质细腻,釉色匀润,制作精细,图案新巧,是越窑青瓷中的代表作品。

1965年在城内通波塘出土唐代鎏金铜佛像,佛像高17厘米,重470克,作结跏趺坐,左手放在左足之上,右手向上,屈指环状,面部清瘦,通身鎏金,制作细腻精美,形象生动,属典型的唐代工艺

图19　唐鎏金铜佛像

图20　唐越窑执壶

品。1972年城内通波塘疏浚时在今自来水厂附近河段出土唐代石羊,为青石雕琢,呈睡状,外形浑厚,古朴雄壮。石羊高约60厘米,宽约50厘米,长约1米。另外,在今通波塘西侧,区自来水厂位置出土了数以万计的唐代开元通宝钱币等,据考证此处在唐代应是一个较大的银库或钱庄。1988年8月松江县政府防空工程

工地在挖土时,发现唐至宋代三口古井,出土了一批唐至宋代的罐、碗、盆等各种瓷器。在唐经幢西面,沿中山东路数百米中,20世纪80年代初以来每逢建设工程挖开路面时,在2米左右深的位置经常发现大量的唐宋越窑瓷器为主的遗物。特别是1981年4月,在松江方塔园方塔南边挖土造"湖"时,在2米深处发现古河道驳岸痕迹。经考察残存遗迹,发现这是一条宽度约50米、东西向贯穿松江县城的古代河道,从驳岸填土中出土的大量唐代越窑瓷片和砖瓦及驳岸高度的分析,证实了它是一条唐代市河。在古河道还先后发现大量唐宋时期的陶瓷器,有唐代挂釉四系瓷罐,以及大批唐宋时期的铜钱。这次方塔园内出土的唐代遗物较完整的有100余件,极其珍贵。唐代这里是华亭县繁荣的街市之一,这批出土文物,不仅有重要的文物价值,而且对于研究松江唐代时期的经济面貌和城市布局都具有重要价值。

从唐经幢前的通衢大道,到方塔园附近的唐代市河,以及周围方圆数里极其丰富的唐代古遗址、古文物的发现,充分证明唐代松江华亭县城内街巷交织、市河横贯、房屋栉比、商肆喧嚣,城市已具相当规模,经济文化已相当发达。当时城市居民除分居于通衢大道西侧以外,较多店舍傍水而建,形成了商市。另外唐宋时华亭县城中建有规模很大的佛教建筑普照寺、超果寺等,佛教文化的盛况从另一侧面反映了当时城市的繁华景象。

三、农业经济发展明显加快

唐代华亭建县后,随着行政地位的巩固和加强,经济发展明显加快。较为稳定的农业成为经济发展的主导。史载华亭县的麦禾豆麻产量比嘉兴高。特别是华亭建县不久,北方即发生了"安史之乱",北方遭受严重破坏,时称"故天下大计,仰给东南"(《新唐书》)。华亭县的大量稻米作为贡粮运入京城长安。另外当时北方遭受蹂躏的河北、洛阳、长安及汴河沿岸等地区很多村落为墟,城市残破,大量难民外逃,户口大减。而其时,华亭县因僻处海隅,相对较为安定,县域广大,人口却稀少,故此间有相当数量的中原难民迁入县内。据记载,社会经历安史之乱和藩镇割据时期的 80 年间,吴郡人口增加了 4 万户之众。而其中增加人口的主要地区应是新建不久的华亭县。当时北方人口不断流入华亭县,既增加了劳动力,又交流了北方的生产技术和经验,加上当时华亭地区荒田较多,水利资源丰富。人口增加后,大批土地获得开垦耕作,使农业经济有了新的发展。当时华亭县的渔业也很繁荣。《全唐诗》中晚唐人皮日休有诗:"全吴临巨溟,百里到沪渎。海物竞骈罗,水怪争渗漉。"华亭县沿海的盐业也很兴旺。唐中期曾在华亭县东南80 里的白沙乡设徐浦场贮放食盐。唐宝应元年(762 年)置十监于产盐之地,有嘉兴盐监(《唐书·食货志》),属今奉贤区境有徐浦场,置枭盐官(又名亭场官)一员。五代后汉乾祐年间(948—950)华亭县置五场,始有袁部、青墩盐场。金山、南汇等地盐场都形成一定规模,盐业发展都较快。

五代十国时期,松江地区属吴越国;华亭县隶属多变。后梁开平元年(907 年),钱镠受后梁封为吴越王,松江地区属吴越国。吴越宝大元年(后唐同光二年,924 年)置开元府于嘉兴县,华亭县隶属开元府。后唐长兴三年(932 年),吴越王钱元瓘废开元府,华亭县仍隶属苏州。后晋天福五年(940 年),钱元瓘置秀州,治嘉兴县,华亭县隶属秀州。唐末黄巢起义,浙西沿海义军蜂起,广明元年(880 年)王腾据华亭反唐。乾宁四年(897 年)镇海节度使钱镠派部将顾全武攻取华亭。钱镠是杭州人,他乘天下大乱之际占据了江南十三州,建立了吴越国。华亭属中吴军,后为秀州属邑。钱氏吴越政权经营江南,并对政区进行调整,极盛时领有十三州,秀州和苏州是其中的二州。史云："自钱武肃分苏以为秀,用自屏蔽。其隶苏者、吴、长洲、昆山、常熟,又分吴县为吴江,合五邑而已。"㉕后晋天福四年(939年)置秀州,领4县,华亭是其中之一;苏州领5县,昆山是其中之一。钱氏吴越国统治时期,遵循"保境安民"的基本国策,很少主动进攻邻国。因此社会比较安定,"其民至于老死不识兵革,四时嬉游,歌鼓之声相闻,至于今不废"㉖。钱镠的后继者基本上也保持了这种政策,轻徭薄赋,奖励垦殖,"募民能垦荒田者,勿收其税,由是境内无弃田"㉗。在吴越国这样的社会环境之下,华亭县迎来了一个安定的时期,社会经济总体呈向前发展态势。

吴越国时期华亭县的农副业生产有了较快发展。从海滨到内地,逐河逐浦都建有堰闸保护农田,称为圩田。《新唐书·地理志》载,江南、淮南、山南三道共有水利工程99项,修于唐天宝以后的有68项。当时吴郡一带处处是堤、塘、溇、堰。当地政府招募大量民工在华亭县等环太湖一带大大小小河浦,建造堰闸,以便随时蓄水或排水,避免旱涝,保证生产。当时还挖了不少蓄水塘,供灌溉水田,由此形成了一个较完整的水利灌溉网。北宋昆山人郏亶《吴门水利书》记载:"于沿海之地及江之南北,或五里、七里而为一纵浦,又五里、七里而为一横塘","纵则有浦,横则有塘,又有门、堰、泾、沥而棋布之。"这些"浦""塘"的堤岸相接,即形成圩田的四围圩岸,"使水行于外,田成于内"。又多设堰闸以调节水量,蓄泄有时,不畏旱涝。据南宋绍熙《云间志》记载:"华亭东南并巨海,自柘湖湮塞,置闸十八,所以御咸潮往来。"后经多次修筑,堰闸达20处。华亭县在注重修筑海塘的同时,为进一步发展农业生产,在华亭县内开展了较大规模的农田水利建设。一是疏浚河道以泄内河之水,二是兴修圩岸以围圩造田。五代时,吴越王钱镠下令设营田指挥使,督率三路"撩浅军",专门从事疏浚河道等水利工程。撩浅军系招募兵卒组成,是一支水利工程兵,主要负责疏浚吴淞江、淀山湖等影响今上海地区的引排水通道。据传说,今松江境内的横潦泾、竖潦泾的得名与撩浅军有关。当年,这两段河道是由撩浅军疏浚的。撩浅军凡八九千人,这在吴越财政支付上不是小事。郑宣说:"钱氏遗法,收图回之利,养撩清之卒。"图回之利的具体办法没有明说,但吴越赋税繁苛,小至鸡、鱼、鸡卵、鸡雏都要纳税,表明能够长期保持撩浅组织,养护圩田,重要原因还是倚靠了劳动人民自身的血汗。吴越的水利建设,本地区所作的贡献,比其他各地更为突出。由此,使圩田旱能灌,涝能排,保证粮食的丰收,使农业岁多丰稔。《十国春秋》载,吴越谷价贱至"一石不过数十文",可见当时生产的发展和市场的繁荣。

第四节 陆、顾文化成就及多位名家诗篇

一、西晋陆机、陆云

诗文成就 汉末至唐松江陆氏家族的极大的影响,除上文所述政治经济方面之外,还有就是陆机、陆云兄弟俩的杰出的文化成就。陆机、陆云是西晋太康时期著名的文学家和文学批评家,兄弟俩少时分领其父陆抗部曲,吴亡后,于西晋太康元年(280年)退居故乡九峰三泖一带攻读诗文,闭门勤读十年,才思益进,写下许多诗赋、散文。现代学者郭绍虞在《中国文学批评史》中也认为:"晋初文学首推二陆。"《晋书·陆机传》曾载陆机"所著文章凡三百余篇,并行于世"。南朝梁萧统编的《文选》收入其诗18题35首,乐府17首,赋、颂、序、论、演连珠等59篇,合111篇,在所有入选作者中,陆机入选作品数居《文选》之冠。今人金涛声曾经以《四部

图 21　二陆草堂

图 22　二陆读书台

丛刊》影印明人陆元大翻宋本《陆士衡文集》为底本，点校《陆机集》10 卷，并有补遗 3 卷及陆机《晋纪》《洛阳记》《要览》等佚文。陆云著作数量也很多，《晋书·陆云传》称："所著文章三百四十九篇，又撰《新书》十篇，并行于世。"今人黄葵点校的《陆云集》是以宋代华亭县学刻《陆士龙文集》为底本，共有 10 卷。陆机、陆云的文学作品十分讲究用词的精巧，讲求骈偶的运用，重视音韵的和谐，擅长摹拟之作，两人无论是赋作还是诗歌创作，在炼字、对偶、音韵等方面的追求，对后世诗赋创作影响巨大，具有启发性的意义。

"二陆"中以陆机的影响更大，其中陆机的《文赋》是中国文学史上第一部以探讨文学创作问题为主的系统性理论著作，是陆机为了解决"意不称物，文不逮意"的矛盾而作的赋。陆机首创采用骈偶对仗的形式以及饱含意蕴的语言来探讨文学观，使原本枯燥无味的内容变得生动形象而又不乏文采，对于六朝文论尤其是刘勰的《文心雕龙》影响颇深。文中不仅阐述了艺术构思与生活的关系，而且最早论述了艺术构思中的心理活动，探讨了艺术创作中的灵感问题。论述了灵感的特征为：灵感来去迅速、灵感影响文思、灵感时系天机，在阐述构思过程时，《文赋》强调了艺术想象的作

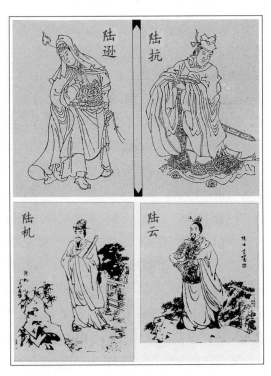

图23　陆氏四杰(陆逊、陆抗、陆机、陆云)

用。创立了"缘情说",把中国文论的重心由"言志"转向"缘情"。"缘情说"的提出,是突破儒家之道束缚的一个大解放的标志。他提出的这些观点在文学史的发展上具有划时代的意义。

西晋太康十年(289 年),晋武帝争取士族贤者,陆机、陆云文学才华初露锋芒,所写诗文作品已轰动一时。陆云主张"文章当贵清绮",也被天下文人所推崇。陆机、陆云后来到京城洛阳,他俩的才气学问得到进一步的发挥。初次拜访太常张华,张华非常器重两人,说:"伐吴之役,利获二俊。"经张华推荐,两人名重当时,号称"二陆"。陆机、陆云的文学作品十分讲究用词的精巧,讲求骈偶的运用,重视音韵的和谐,擅长摹拟之作。陆机所作诗,精于炼词,情景交融。所作文,注重排偶,开骈文之先河。钟嵘在《诗品》中称"陆机为太康之英",又说"陆才如海"。陆氏兄弟以大量超越同时代水平的诗赋文论,在文坛人才济济的情况下一跃而成为西晋著名的文学家。另外,陆机因慨吴之亡,还曾作《辨亡论》两篇,论述吴国兴亡原因,此作可与贾谊《过秦论》媲美。东晋著名文学家葛洪著书亦称"机文犹玄圃之积玉,无非夜光焉。五河之吐流,泉源如一焉。其弘丽妍赡,英锐漂逸,亦一代之绝乎!"宋代文学家唐询诗《昆山》中亦有二句:"昔有人如玉,兹山得美名。"由此,小昆山之名随二陆文名为世代传颂。唐初编撰《晋书》时,唐太宗李世民亲撰《二陆传论》:"观夫陆机、陆云,实荆、衡之杞梓,挺珪璋于秀实,驰英华于早年,风鉴澄爽,神情俊迈。文藻宏丽,独步当时;言论慷慨,冠乎终古。高词迥映,如朗月之悬光;叠意回舒,若重岩之积秀。千条析理,则电坼霜开;一绪连文,则珠流璧合。其词深而雅,其义博而显,故足远超枚、马,高蹑王、刘,百代文宗,一人而已。"

书法艺术 松江二陆的书法艺术对中国书坛产生了重要影响。流传至今的陆机的草书《平复帖》,为中国现存最早的名人手迹,被称为国宝级文物。这是当年陆机问候友人贺循病情的书札。

《平复帖》共9行80字。据行家分析是用秃笔书写的。它与"二王"以来的一般草书不同，也与一般章草不同，而与出土的一部分汉晋简牍相近。《平复帖》运笔犹存篆法，确是初创时代的草体，帖中可见草书起源阶段的轨迹。《平复帖》不仅在书法艺术上有其独特的价值，而且在研究文字演化方面也是难得的珍贵资料。

此帖流传有绪，卷前有宋徽宗赵佶书签及一玺印，明代韩世能、韩逢禧父子、张丑，清代梁清标、安岐、成亲王永瑆等鉴藏印记。卷后有明董其昌跋云："右军以前，元常以后，唯此数行，为希代宝。"此帖书体《宣和书谱》称为章草，但与通常所说的章草已有变化，具有较多的汉晋简牍的笔致，表现出向今章发展的趋势。风格古朴，苍劲有力，虽用秃笔，却万毫齐力。张丑在《清河书画舫》中评价："《平复帖》最奇古，与索幼安（靖）《出师颂》齐名，笔法圆浑，正如太羹玄酒，断非中古人所能下手。"《东图玄览》《真迹二录》《式古堂书画汇考》《平生壮观》《墨缘汇观》《大观录》《三虞堂书画目》《前尘梦影录》等均有著录。北宋初年，《平复帖》藏于王溥家，后辗转归于宣和内府。元代张斯立、杨肯堂、郭天锡等曾鉴赏过此帖。明代万历年间（1573—1620），《平复帖》归藏家韩世能，韩氏曾请董其昌题跋。后转藏于张丑。清代初年，《平复帖》历经葛君常等人收藏，后转入乾隆内府。以后，此帖归成亲王永瑆。清末，归恭亲王之孙溥儒收藏。1937年，《平复帖》归爱国民主人士张伯驹收藏。1956年，张伯驹将《平复帖》捐献给北京故宫博物院。

陆云所作的《春节帖》，后被选入《淳化阁帖》。

附录：陆机《平复帖》释文据《启功丛稿》：彦先羸瘵，恐难平复，往属初病，虑不止此，此已为庆。承使□（唯）男，幸为复失前忧耳。□（吴）子扬往初来主，吾不能尽。临西复来。威仪详跱，举动成观，自躯体之美也。思识□量之迈前，势所恒有，宜□称之。夏□（伯）荣寇乱之际。闻问不悉。

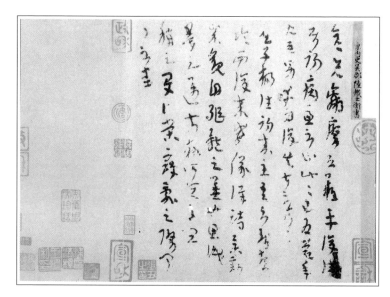

图 24　陆机《平复帖》

二、南北朝顾野王

　　南朝时代,随着经济的发展,文化事业也较发达。六朝时,生于梁天监十八年(519年)的顾野王,是继陆机、陆云后出现于华亭县的又一文化名人。据《江南通志》卷三十一《古迹(苏松二府)》载:"顾野王宅,在华亭县亭林镇。北有湖曰顾亭湖,南有林曰顾亭林,今宝云寺其址也。"又载,"读书堆","在华亭县亭林宝云寺后,陈顾野王读书于此,堆高数丈,横亘数十亩。林樾苍然,野王墨池在其侧"。当时,中原地区战乱不断,三吴地区相对安定,物力充裕,人才荟萃。顾野王自幼好学,七岁时读五经,就能略知大旨。成年后,博览群书,精于文字训诂,通天文地理和卜筮,兼善画、丹青,擅长人物,尤工草虫。他博学强记,被人们称为天文地理、虫篆奇字"无所不通"。梁大同四年(538年)官太学博士。侯景之乱爆发后,顾野王回海盐,召募乡党数百人,杖戈披甲,支援京城。乱平,太尉王僧辩命其作海盐县监。入陈,任金威将军,升安东临川王府咨议参军。天嘉元年(560 年),补撰史学士,迁国子博士兼东宫管记。天嘉六年授太子率更令,掌国史,主修梁史,后迁黄门侍郎、光禄卿。卒于太建十三年(581 年)。顾野王曾搜罗和考证古今文字的字体,于梁大同九年(543 年)写成其传世之作《玉篇》30 卷。该书仿《说文解字》体例而有所改进,分 542 部,收 16 917 字,每字项下先注反切,次引《说文》古训,并罗列一字之各种字义,解说颇详,开后世字典体裁之先河,为中国现存第一部楷书字典,也是继许慎《说文解字》之后的一部重要而有影响的文字学著作,现只存残卷。其编纂的《舆地志》30 卷,是全国性地理总志,名传后世。另著有《符瑞图》《顾氏谱传》各 10 卷,《分野枢要》《玄象表》及志怪小说《续洞冥记》等。还撰著《通史要略》《国史纪传》。

三、唐代名家华亭风物诗歌

陆龟蒙诗 《奉和袭美吴中书事寄汉南裴尚书》:风清地古带前朝,遗事纷纷未寂寥。三泖凉波鱼蔋动,五茸春草雉媒娇。云藏野寺分金刹,月在江楼倚玉箫。不用怀归忘此景,吴王看即奉弓招。

胡曾诗 《听鹤亭》:陆机西没洛阳城,吴国春风草又青。惆怅月中千岁鹤,夜来犹为唳华亭。

钱起诗 《送陆赞擢第还苏州》:乡路归何早,云间喜擅名。思亲卢桔熟,带雨客帆轻。夜火临津驿,晨钟隔浦城。华亭养仙羽,计日再飞鸣。

白居易诗 《刘苏州以华亭一鹤远寄,以诗谢之》:老鹤风姿异,衰翁诗思深。素毛如我鬓,丹顶似君心。松际雪相映,鸡群尘不侵。殷勤远来意，一只重千金。

《晚起》：卧听咚咚衙鼓声，起迟睡足长心情。华簪脱后头虽白，堆案抛来眼校明。闲上篮舆乘兴出，醉回花船信风行。明朝更濯尘缨去，闻道松江水最清。

皮日休诗 《华亭鹤》：池上低摧病不行，谁教仙魄反层城。阴苔尚有前朝迹，皎月新无昨夜声。孤米正残三日料，筠笼休碍几霄程。不知此恨何时尽，遇着云泉即怆情。

《夏首病愈，因招鲁望》：晓入清和尚袷衣，夏阴初合掩双扉。一声拨谷桑柘晚，数点春锄烟雨微。贫养山禽能个瘦，病关芳草就中肥。明朝早起非无事，买得尊丝待陆机。

注 释

① 《荀子·儒效》。

②③⑥⑦ 吴贵芳：《古代上海述略》，上海教育出版社 1980 年版。

④ （清）孙星衍：嘉庆《松江府志·名迹志》。

⑤ 据南宋绍熙《云间志·城社》记载："县之有城，盖不多见。华亭邑于海，或者因戍守御而有之。"

⑧ 黄宣佩、吴贵芳、杨嘉祐：《从考古发现谈上海成陆年代及港口发展》，《文物》1976 年第 11 期。

⑨ 南宋绍熙《云间志·镇戍》、乾隆《青浦县志·兵防》。

⑩ 南宋绍熙《云间志·隆平寺经藏记》。

⑪ 邹逸麟：《上海地区最早的对外贸易港——青龙镇》，《中华文史论丛》1980 年第 1 辑。

⑫ 宋王象之《舆地纪胜》卷三云："青龙镇，去华亭县五十里，居松江之阴，海商辐辏之所。"见南宋绍熙《云间志》卷上。

⑬ 广富林考古队：《广富林遗址考古发掘的新成果》，《文物天地》2001 年

第 3 期。

⑭ 马承源主编：《上海文物博物馆志》，上海社会科学院出版社 1997 年版，第 51—52 页。

⑮ （唐）林宝：《元和姓纂》卷十"陆氏"条，中华书局 1994 年版，第 1407 页。

⑯ （南朝宋）范晔：《后汉书》卷八十一《独行列传·陆续传》，中华书局 1965 年版，第 2682—2683 页。

⑰ （南朝齐）萧子显：《南齐书》卷三九《陆澄传》《陆慧晓传》，中华书局 1972 年版；（唐）姚思廉：《陈书》卷二三《陆缮传》，中华书局 1972 年版。张汝皋主编：《松江历史文化概述》，上海古籍出版社 2009 年版。

⑱ （宋）范成大：《吴郡志》卷一九《水利上》，江苏古籍出版社 1986 年版，第 260 页。

⑲ （唐）陆广微：《吴地记》。

⑳ （唐）李吉甫：《元和郡县图志》卷二五《江南道一》，中华书局 1983 年版，第 602 页。

㉑ （宋）杨潜：绍熙《云间志》卷下《墓志》，《上海府县旧志丛书·松江县卷》，上海古籍出版社 2011 年版，第 57 页。

㉒ （清）王廷和：乾隆《华亭县志》卷九《职官下》，《上海府县旧志丛书·松江县卷》上海古籍出版社 2011 年版，第 640 页。

㉓ （明）顾清：正德《松江府志》卷二三《宦迹上》，《上海府县旧志丛书·松江府卷》，上海古籍出版社 2011 年版，第 382 页。

㉔ （明）陈继儒：崇祯《松江府志》卷二八《宦绩一》，《上海府县旧志丛书·松江府卷》，上海古籍出版社 2011 年版，第 574 页。

㉕ （宋）朱长文：《吴郡图经续记》卷上《户口》，江苏古籍出版社 1999 年版，第 7 页。

㉖ （宋）苏轼：《表忠观碑》，《苏东坡全集·续集》卷一二，《四部精要》第 19 册，上海古籍出版社 1993 年版，第 924 页。

㉗ （宋）司马光：《资治通鉴》卷二八八，后汉隐帝乾祐二年十月，中华书局 1956 年版，第 9415 页。

第三章

宋元时期：
稳定而长足的发展

宋元时期首先值得注意的是,华亭县海滩奇特的东涨南陷,东部地区冈身段正在经历着进一步的成陆过程,今奉城、大团、惠南、祝桥到顾路以北一线已经逐渐成陆。这一时期华亭县土地扩张较快。当然我们也不可忽视的一个奇特现象,当时在华亭县的南面局部地区同时经历着一个由陆变海的过程中。

在经济上,北宋时期华亭县随着大规模兴修水利,加快了圩田整修步伐,加上东海岸修筑了更为完善的里护塘,农业生产环境不断向好,促使农业步入较快发展的轨道。两宋迄元,农民与水争田,创造了围田、柜田等各种新的田制,将江湖河海边淤积出露的土地,改造成良田。在大力开垦农田的同时,以籽粒饱满著称的朝鲜"黄粒稻"在松江地区得到推广,小麦种植的普及,使松江地区部分农田一年两熟,粮食产量大幅度提高。据明人顾清《傍秋亭杂记》载,南宋绍熙时,华亭县亩产稻谷二至三石,是当时全国粮食亩产量最高的地区。同时期又因得益于华亭县乌泥泾人黄道婆,传授海南棉纺织技术,使松江地区原本粗糙的棉纺织品提升了档次和质量,由此推动了松江的植棉和纺织业。当时粮食高产和棉纺织业发展,加上渔业、盐业发达,促进了商贸发展。随着内外贸易活跃,内河航运、远海等商业航运迅速发展起来。在商贸经济较大发展中,华亭县先后设立华亭、青龙镇、上海镇等7个酒务,还设立市舶司及榷货场等。松江一度成为国内最富庶的地区之一。

在建置方面,随着经济发展,到元世祖至元十四年(1277年)时,华亭县有人口达13万户之多。当时朝廷一般是以人口的规模确定府、县、州的建置的,元朝规定,凡人口超过5万户的县,可以升为州,华亭县的人口规模早已超过建州的规定。元政府还充分认识到当时华亭县重要的经济地位,就由县直接升为府,称华亭府,成为嘉兴路下的一个特殊行政单位。次年改称为松江府。至元二十八年,经元朝中央政府批准,于次年分华亭县东部5乡设立上海县,与华亭县同辖于松江府。当时上海县治所在地上海镇有市舶,有榷场,有酒肆,有军隘、官署、儒塾、佛仙宫馆、旺廛贾肆,鳞次而栉比,实为华亭东北一巨镇,随着上海港兴起而取代了青龙港,上海城开始了快速的发展之路。

在教育文化方面,随着宋代松江经济发展,教育文化水平随之提高,县学、书院的设立为教育发展提供了基础,读书习文的文化氛围得以营造。南宋时,松江崇文之风很盛,不管家庭贫富都以教子弟读书为重,因此不少秀民才士起家为达官。以科举为例,从北宋到南宋的200多年时间里,松江中进士的有148人,其中1人为状元。进入元朝,松江教育文化进一步发展,特别是元初战乱时期,华亭县位置偏于一隅,江浙不少士人或避战乱,或不愿出仕,隐逸于华亭地区,纵情于九峰山林之间,放舟于三泖江湖之上。当时流寓松江的突出人物有杨维桢、陶宗仪等,经常来松的还有赵孟頫等,他们与松江的一批文艺俊才深结友谊,一起吟诗作画,有的闭门写作,有的开馆授业,使华亭县文化发展地域性越来越明显,对松江的人文风尚产生重要影响,他们的诗文书画,如雪泥鸿爪,在云间留下了深厚的印记,为日后形成松江书画派、诗文派起到了重要作用。另外，宗教文化方面，元代进入松江地区的少数民族大多数人信奉伊斯兰教，元至正年间建起一座规模较大松江真教寺(清真寺)，这是上海地区最早建立的清真寺。

图 25　元松江清真寺内外景

第一节　两宋时期"华亭海"涨陷与两次修筑海塘

　　唐代建立华亭县及其后数百年中，在华亭县的东部地区冈身段正在经历着慢慢成陆的过程中。同时在华亭县的南面局部地区(今金山区海岛金山位置)经历着一个由陆变海的过程中。

一、两宋时期"华亭海"涨与陷

　　此处先需说明当时所谓的"华亭海"。明弘治《上海志》中已有记载："上海县旧名华亭海，当宋时蕃商辐辏，乃以镇名。"许多旧志及一统志皆沿用此说，实际上乃以讹传讹。历史上关于"华亭海"一名的记载，实际上并非上海县、上海镇的旧名。华亭海的原义应指华亭县的全部海面，不可能专指上海镇，华亭海是一片海面名称，不是一个聚落名称，只能说宋时上海镇、元时上海县城所在原来是华亭海的一部分,不能说上海镇这个点旧名华亭海。

华亭县东部地区继续由海变陆。 两宋时期华亭县的东部陆地继续向东扩张。至北宋初,今奉城、大团、惠南、祝桥到顾路以北一线已经逐渐成陆。从浦东新区的顾路、龚路,经老川沙县城到惠南镇和大团,再西延伸到奉贤区的奉城和柘林一线。这是一条古代的海塘遗迹。时至今日,在以此线内侧,如三团、牛角尖等地,不断发现宋代砖井,外侧如新开大治河时,发现宋代的废船,在三团港还有一处宋代的瓷碗堆积,堆积了近千只有稻草捆扎的,从浙南闽北运来的瓷碗,近旁尚有生活用的锅灶。因此这是一条不迟于宋代的古海岸线。上述由西向东的三条海岸线(冈身)出土物从新石器时代的良渚文化,到唐代、宋代遗物,充分证实了唐宋时期华亭县陆地的扩张是由西向东逐步发展的。

华亭县南部的部分地区由陆变海。 尽管这只是局部地区断续出现的现象,对人类活动也有重大影响。今天离海岸7千米的大金山和2千米的小金山3 000年前尚在陆上,至唐代已逼近海滨,南宋初即12世纪中叶没入海中。据旧志记载,金山卫城南一带海塘多次内移。华亭县金山段海岸线,东晋以来一直在后退,唐宋时海面上升,更加剧了海岸线内缩。至唐末五代,在东南激流不断冲蚀下,海岸已退至金山脚下。北宋大观二年(1108年)大潮灾,金山东南土地陷海,滩浒山、滩浒关同时沦入海中,金山西南部海岸后退12里又60步。政和四年(1114年)中秋“大风雨海溢,海潮直扑营盘山(即今浮山)下”,金山东侧11个村庄及定海市均为海潮吞没。[①]

至南宋初期,杭州湾喇叭形海湾形成,海水动力条件大大增强,金山海岸全线严重坍进。南宋隆兴元年(1163年),金山西侧大片土地陷海。东侧由于滩浒山已经沦海,金山失去屏障,岌岌可危。营盘山(为金山南面一峰)在这次海灾中首先入海。乾道二年(1166年)夏,金山南麓东西两侧又有沿海村庄及万顷土地沦入海中。淳熙十一年(1184年)秋发生海啸,金山西北、金山浦以南大片土地沦海,康城一片汪洋。淳熙十三年秋,又一次大潮灾,连岛沙堤被切断,金山终于沦为海岛。位于金山北麓距山5里的康城(即东京城)也在这时沦海。金山沦海以后,金山主峰与北峰之间继续遭到海潮的强烈冲刷,至元代已成为露出海面的两座山,自此才有大、小金山之分。两峰之间就形成了一道海峡,史称"金山门"。海流在通过金山门海峡时,由于受两山约束,潮位升高,流速增大,产生强烈的向下淘蚀作用,逐渐冲刷出一道海底深槽,名为"金山深槽",向西延伸至卫七路前,使金山近岸形成一片广阔的深水区。②

二、两宋时期两次修筑海塘

北宋知县吴及在华亭缘海筑堤百余里　东晋以后,海水流动出现变化,来自东南方向的海流直冲王盘山。滩浒以西至澉浦岸线开始坍陷后退。王盘山首当其冲,最先入海。其西南的"贮水陂"亦相继沦海。明天启《海盐图经》载:海盐"东南五十里外之贮水陂与所谓九涂十八冈三十六沙,旧为限海者,尽为巨洋"。至唐初内坍近10千米。这时的海岸线,西起澉浦,东北经望海镇、宁海镇至滩浒山折北,经金山东南5千余米处斜向东北与华亭县东北段岸线相接。

据南宋绍熙《云间志》记载,北宋皇祐四年至至和元年(1052—1054),华亭县有一任知县,叫吴及,其墓志铭中记道:"知秀州华亭俱有能名。……在华亭缘海筑堤百余里,得美田万余顷,岁出谷数十万斛,民于今食其利。"③据《宋史·吴及传》和郑獬《郧溪集》,吴及为通州静海(今江苏南通)人,17岁中进士,曾任楚州盐城簿邑、福州侯官尉、华亭知县。嘉祐中为审刑院详议官,因敢言而徙右正言,后终斥去,出知庐州,又知桂州,嘉祐七年(1062年)暴病卒于任上,终年49岁。[④]之后,有学者更进一步指出,吴及修筑海塘是里护塘的前身。张修桂认为:"吴及海塘后经元、明两代陆续重修增筑,因其贯穿于宋元明时期的下沙盐场东部地区,故明弘治《上海志》又称其为下沙捍海塘,自明万历十二年(1584年),在其东侧创筑外捍海塘(后称钦公塘)之后,吴及海塘又被称为内捍海塘、老护塘、里护塘。"这样说来,吴及所修海塘实际上是里护塘的前身。当时朝廷曾下诏,"令所筑华亭捍海塘堰,趁时栽种芦苇,不许樵采"[⑤]。丘崈知秀州华亭县时"捍海堰废且百年,咸潮岁大入,坏并海田,苏、湖皆被其害。崈至海口,访遗址已沦没,乃奏创筑,三月堰成,三州舄卤复为良田"[⑥]。这次修筑的是捍海塘和堰,"堰在通海诸河道上,距海较远,塘则一般皆迫近海岸",华亭县南和东面濒海,东海岸已远在下沙捍海塘之外,所以说是"地理阔远"。[⑦]此海塘修筑对华亭县发展至关重要。

南宋乾道年间丘崈所筑海塘 47 里 据《宋史·丘崈传》记载,丘崈"出知秀州华亭县,捍海堰废且百年,咸潮岁大入,坏并海田,苏、湖皆被其害。崈至海口,访遗址已沦没,乃奏创筑。三月堰成,三州舄卤复为良田"。《宋史·河渠志》记载,乾道八年(1172年)秀州守臣丘崈言:"兴筑捍海塘堰,今已毕工,地理阔远,全藉人力固护。"这两条资料都记载了南宋乾道时丘崈在华亭缘海筑了捍海塘堰。南宋绍熙《云间志·堰闸》也记载:"华亭东南并巨海,自柘湖堙塞,置闸十八所,以御咸潮往来。政和中,提举常平官兴修水利,欲涸亭林湖为田,尽决堤堰,以泄湖水。……虽决去诸堰,湖水不可泄,咸水竟入为害。于是东南四乡为斥卤之地,民流徙他郡。……复故堤堰,独留新泾塘以通盐运。海潮朝夕冲突,塘口至阔三十余丈，咸水延入苏、湖境上。……时太傅丘公崇除秀州，……议以新泾塘潮势湍急，运港距新泾二十里，水势稍缓，不若移堰入运港为便。于是募四县夫，经始于九月二十六日，毕工于十二月二十七日，堰成，并筑堰外港十六所，港之两旁，塘岸四十七里百八十五丈有奇。"从这条资料中可得知，岸线内塌，入海河港被海潮冲阔，咸水倒灌内河而危害农耕，以致华亭东南云间、胥浦、仙山、白沙四乡之民流徙他郡，这是丘崇当时面临的问题。为此"朝廷不惮重费，大兴修筑"。按绍熙《云间志》记载，当时所修的"运港大堰，阔三十丈，深三丈六尺，厚二十一丈九尺"。各河旁也修堰，共有 18 堰，此外还修了盐塘岸，这是运港的河堰。从这些记载中可以看出乾道七年（1171 年）丘崇整个修建塘堰的工程，是分为三个组成部分：一是又高又厚又阔的海塘，在新泾之内，靠近运港，时称大堰；二是 18 条河流的堰；三是运港东、西两面 47 里的塘岸。而前文所说的里护塘，实际上就是工程的第一部分，是当时最重要的水利工程。丘崇除了筑堰 17 所外，还筑了运港堰外 20 里新泾塘河段两岸的磁塘共 47 里余。"堰成无记，恐将来无所稽考，故迹其本始，而详著之焉"，绍熙《云间志》特记 17 堰高阔尺寸，及傍河磁塘的起讫地点与长度。满志敏认为南宋时华亭县岸线内塌，入海河港被海潮冲毁，咸水倒灌内河而为害农耕，而丘崇筑堰 17 所，还筑运港堰外 20 里新泾塘河段两岸的磁塘共 47 里余。这 47 里余的新泾塘旧堰，只限于今金山区境内。[⑧] 由此可见，丘崇在乾道七年（1171 年）的确是修了海塘，如果和所修的运港岸塘一样的长度，那么大概在 23～25 里之间，这个海塘当时称为里护塘。丘崇当时查访的海口是新泾塘入海口，沦没的遗址是新泾塘旧堰，完成的海塘总长 47 里余。上述乾道八年（1172 年）在唐代海塘外修筑更为完善的海塘里护塘，海塘的修筑对其后上海盐业、农业的发展影响很大。[⑨]

第二节　华亭由县升府

一、两宋时期华亭县形势

北宋立国时,华亭县还处在吴越国的控制之下。北宋太平兴国三年(978年),吴越国向宋朝尽数献上所据土地,从此华亭县进入长达一个多世纪的和平稳定时期,社会经济进入上升轨道。进入宋代时,华亭县社会发展有着良好的基础。当时华亭县尚未开发的区域较多,时称"吴越归国,郡邑地旷人杀,占地无限"⑩。可见,当时华亭县社会发展的空间很大,区域内大环境比较安定,这些都是华亭县得以发展的重要条件。到靖康之难爆发时,社会产生动乱。这一时期华亭县社会经济发展也出现了一时的停滞和倒退。但相对其他地区,华亭县的受害程度是比较轻的。据史料记载,当时社会动乱,宋室南渡,随同南徙者亦多为北方郡望著姓。在南渡时,由中原迁到华亭县的人较多,同时带来中原文化,增加在华亭县原有的文化里,使当地文化更为发达。据此而论,考察松江历史文化,其发展也不可避免地直接源自上述宏观的文化迁徙之中。据文献显示,几乎松江所有的具有较高地位的文化名流,其祖上均为汴京人,扈跸南渡,后世繁衍乃成为松江土著。笔者通过初步考证而得出,明清松江府的一些文化名流大多为南渡人士的后裔。如:徐光启,相传先世籍中州,随宋室南渡。高祖竹轩,自姑苏徙沪渎。⑪陈子龙,其祖上"宋南渡徙居华亭之莘村"(陈子龙自撰《年谱》)。陆深,其祖先本齐人,后徙华亭(黄炎培主纂《川沙县志》)。宋懋澄、宋徵舆《先考功幼细清府君行实》:"其先汴人也,宋室之苗裔。后从国南迁于杭,宋亡因以国氏入国朝,迁吴为名族。"董其昌，先世汴人，南渡时徙华亭。⑫瞿霆发，其先世为汴人，跟高宗南渡，居下沙。霆发曾为下沙盐场副使，两浙盐运副使。霆发幼聪颖好学。曾捐田助上海县学（见《南汇县志》）。王迪，宋靖康进士，通经学，熟悉累朝掌故。随高宗南渡，终老于鹤沙（即下沙）。王垂裕，随高宗南渡至建康，后居青龙镇。⑬何中立，从高宗南渡，居黄浦南，后移居青龙镇。⑭董宜阳，其先世汴人，南渡时徙居上海吴会，又徙居沙冈。于书无所不读，尤留心当代掌故、乡邦文献。著有《云间诗文选》《云间百咏》《松志补遗》等书。⑮施起滨，名于民，上世从南宋徙苕溪，再徙黄龙浦（即今黄浦江）之东，遂为浦东人。⑯还有李宽、唐瑜、何良俊等著名人物，其祖也都是南渡而来华亭。可见，松江元明时期一大批重量级文化人士，几乎都或有北方望族背景，或有深厚家学的传承。由此证明宋时北方移民对松江文化发展影响之深远。此间也值得提一笔的是，关于北方移民在江南很快成为土著的优秀公民，还得益于科举方面实行的专对南渡士人的特殊政策"流寓试"，这一现象在松江尤为突出。

南宋绍兴和议后，政治态势趋于平稳。华亭县与其他区域一样，再一次进入较快发展轨道。其发展水平开始超越北宋时期。范成大谈到华亭这一区域时曾说"稻田膏沃，民生其间实繁。井邑如云烟，物夥事穰"，"里门晏闭，田间无吠犬，行歌刘熟，不知有军兴"。⑰从中可见这一时期华亭县已是一幅社会安定、经济发达的兴盛景象。

南宋末年，战火再起。德祐元年（1275 年）元军南下，包括平江府在内的江南各州望风而降，江南北部地区为元军控制。是年十一月，元军主帅伯颜分兵三路，打算会师临安，其中左路军以水军为主，自江阴沿江入海直取澉浦和华亭，这样华亭县全部为元军占领。

元灭南宋后，各地反元事件不断。史载："时民心未定，有未附盐徒聚众数万掠华亭,(沙)全击破之,籍其名得六千人,请于行省,遣屯田于淮之芍陂。行省以邑人新附,时有反侧,委万户忽都忽等体察,欲屠其城,全言:'盐卒多非其土人,若屠之,枉死者众。'以死保其不叛,遂止。"[18] 其事发生在世祖至元十二年(1275 年),进攻华亭的都是沿海制盐的工人,人数极多。在沙全的一再请求下,元朝政府没有在华亭城屠杀。不过当时民心未定的局面并没有改变,相当长一段时间里,华亭社会并不是十分安定。

二、两宋时期区划与行政

区划 宋代华亭县为秀州属县之一,离秀州 120 里。在行政区域上与唐代时没有发生变化,全县东西仍为 160 里,南北 173 里。根据南宋绍熙《云间志·坊巷》卷上载,华亭县城内有 23 巷、2 湾、2 坊。这样,对当时的县城而言,有大小坊、巷 27 条。后人谈道:"宋云间坊去府五里,开禧中华亭令汪立中建、娄钥书,今废。众安坊,俗呼黑鱼巷。平政坊在石灰桥,迎恩坊一名瞻恩坊,槐安坊俗呼莫家巷,谷水坊、素安坊在长桥下,今俱废。"[19] 华亭县管辖的农村地区,下设乡,数量常会发生变化,但从北宋至南宋,这种变化不太大。如北宋王存主编的《元丰九域志》记载华亭管 13 乡,至南宋绍熙《云间志》和元至元《嘉禾志》记载仍为 13 乡,不过是里名有些做了改动,其中集贤乡在县西北 20 里有 3 保 5 村;华亭乡在县东北 10 里,有 3 保 7 村;修竹乡在县西 90 里,有 3 保 12 村;胥浦乡在县西南 50 里,有 3 保 9 村;风泾乡在县西南 60 里,有 3 保 8 村;新江乡在县北 70 里,有 4 保 12 村;北亭乡在县东北 80 里,有 4 保 16 村;海隅乡在县西北 90 里,有 4 保 11 村;高昌乡在县东北 120 里,有 9 保 15 村;长人乡在县东 90 里,有 6 保 12 村;白砂乡在县东南 120 里,有 3 保 10 村;仙山乡在县东南 30 里,有 3 保 6 村;

云间乡在县东南 100 里,有 4 保 10 村。全县共有 52 保、133 村、44 里。⑳

行政 华亭县自知县以下,南宋绍熙《云间志》统计共有官员 15 名。到了南宋,华亭官员的数量似有所增加。端平二年(1235 年),刘克庄在《平籴仓记》中说:"环吴会为邑者百数,以华亭为大,诸铨曹注令者千数,以华亭为难。"㉑

宋代华亭县治在县市东北 50 步,华亭的各个政府机构都围绕在县署四周,如县署西有县丞廨舍、主簿廨舍,县署东有县尉廨舍,县署西南有监盐廨舍,县署西有监酒廨舍,县西南有造船场官廨舍和市舶务监官廨舍,县西有监税廨舍,县南有支盐官廨舍。㉒此外,还有金库和档案库房。如诸色官钱库,在县治之西庑;田围文籍库,在县厅东侧,县令杨瑾,以藏经界籍册;平准库,在县南钱家桥西,宋建。

北宋时期,华亭县境内设有 7 个酒务。《宋会要辑稿》记录了整个秀州酒务的税额,其中的华亭、青龙、大盈、上海、赵屯、泖口、嵩子在华亭县境内。㉓到了南宋,华亭县的酒盐之利更加丰厚,时人云:"邑之版帐,其初已难办,绍兴间,为邑者额外酿酒,以求办其数。州家以为擅其利也,尽拘为月椿,于是酒额几倍前日。岁未免,敷之于民。乾道中,始议蠲减,而以南四乡苗税折钱补之。若夫减民生日用之税,则自高宗绍兴以来而然,版帐本州坐下,一岁钱二十一万九千五百二十六贯五百文。"㉔显然,南宋时酒税征收数量还超北宋。前已云,华亭酒务在县西 159 步,是华亭县中酒务征收的最高机构。

华亭县在宋时为海上贸易要地。因此,政和三年(1113 年),北宋朝廷在华亭"兴置市舶务,抽解博买,专置监官一员"㉕。专门管理对外贸易事宜。此外,县内还设有平准务、税务、东税务、造船场,以及金山税务。除酒税外,对靠近海边的古华亭县来说,食盐税也是十分丰富的税种。华亭县在北宋时就设有1个盐监,浦东、袁部、博墩3个盐场。㉖至南宋华亭境内有4个盐监,17个盐场。

两宋时期华亭县随着经济发展迅速,政府的赋税也日益增长。南宋绍熙《云间志》记载,夏税为153 353贯150文。㉗华亭县在北宋嘉祐八年(1063年)前是没有粮仓的。时人说:"我邑岁输公租一十万有奇,人于州,户苦之;近俾就藏僧寺、客亭,人忧之。借粮贷种,数加多,无定计。风夜警逻皂勤之,素无仓也。"嘉祐七年,华亭县向嘉兴请求建造仓库,上级同意后马上建设,第二年建成,名济民仓。仓在县西湖之东北,"今仓成之初,筑蔬圃,割湖地,为廒十八,容受十二万"。这个仓有18个储粮廒仓,建在湖边,通过水路船运可以将粮食直接送到仓里。元祐元年(1086年)华亭县又建起了常平仓,在县南150步。南宋乾道八年(1172年)废,并入济民仓。平籴仓,宋端平间知县杨瑾建。从端平元年(1234年)开始,知府规定每年可以留米5 000石于县,"华亭于是乎有义仓",华亭县遂"取樽节余钱一万缗籴三千石,规县东为屋五楹别储之"。㉘

军事上,宋时华亭县有一定的武装力量存在。杨瑾曾谈到华亭"北距江,西据泖,又东南绵亘大海,几二百里,云涛烟苇,浩涉无际"。在这种自然环境下,"寇攘草窃,隐见不常,昔人虑之,置镇一、尉一、寨四,县又置防城土军一百有五十人,令以军正系衔,亦审矣"。这里谈到的镇应是华亭镇,由一位县尉具体管理,下设4个兵寨。此外,县有地方守城土军150名,不过承平备弛,额缺不补,"防城存者,仅三之一"。端平二年(1235年),因为形势紧张,"有旨命遣臣选官属分行招刺,而华亭军额始尽复旧,镇、尉、寨亦如之"。这些士兵要操练,要接受地方官的检阅,于是在端平三年"开道路,筑垣墙,建亭宇,军竞协力,不月而成",在旧县学修建了阅武亭。㉙

华亭县升府 元代地方行政建置设路、府、州、县四级,最为常见的是路领州、领县,或以路领府、府领州、州领县。吴越国于后晋天福四年(939年)分苏州南境置秀州,原本属于苏州的华亭县改隶秀州。南宋庆元元年(1195年),秀州升为嘉兴府,华亭县仍然隶属于嘉兴府。宋元期间,松江随着社会经济较快发展,华亭县人口有了很大增长,元世祖至元十四年(1277年),华亭县约有人口13万户。当时以人口的规模确定府、州、县的建置。元朝规定,凡人口超过5万户的县,可以升为州,华亭县的人口规模早已超过建州的规定,就由县直接升为府,称华亭府,次年改称松江府。⑩再如马允中说:"圣朝混一区夏,四海会同,籍郡县户口,华亭最繁庶。至元丁丑春,因升华亭府,寻改名松江。"⑪其时浙江行省有30路、1府、2州,26属州,143属县,这一府就是松江,所以虽说松江府隶属于嘉兴路,但本来是个县却突然提成唯一的府,说明在这143个县中,华亭县的地位特别重要,也远超26个升为州的县。显然进入元朝后,华亭县在行政上的重要性已直逼嘉兴路。

华亭县地位上升而一跃而升府,其原因是多方面的。一是人口因素,二是"税粮百万"重赋因素,三是随着漕粮海运中地位提高的原因。《农田余话》记载:"松江故华亭一县也,……天朝以钱粮百万,故与苏、嘉大郡同秩。"⑫这里清楚地指出了户口和税粮因素在区划设置方面的重要性。这里要指出的是单说因县满5万户就可以升为州,似乎还不是一个十分充分的理由。比如同期嘉定县至元十八年为69 000户,至元二十七年为95 000户,但至元年间并没有升为州,而是至元贞二年(1296年)才正式升为州。可见并不是说只要超过了人口数量的规定就马上可以升为州。超过人口

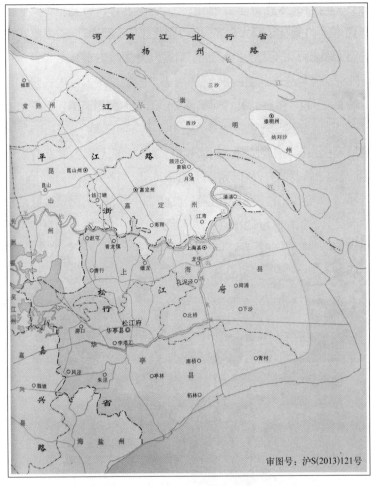

图26 元至顺元年（1330年）松江府、华亭县、上海县行政区划示意图
（引自上海市松江区规划和土地管理局编《松江地名志》，上海社会科学院出版社2014年版）

数量规定的华亭县升府比同样超过人口规定的嘉定县升州，早了近20年。由此可以说明朝廷急迫地升华亭县为府另有重要原因。据查考史料可见，华亭县升府，与南宋以来华亭经济的快速提升有密切的关系。南宋时期，华亭县内由于自然环境变化，土地大量增

加。这主要表现在沿湖和河道围垦，"昔之曰江、曰湖、曰草荡者，今皆田也"，而淀山湖"湖之围为田者大半"。③虽然围田过度，出现不少弊端，但在土地大量增加的情况下，华亭境内的农业总产量有着较大的提高。据明正德《松江府志》记载："华亭县在景定四年（1263 年），秋苗米加征 158 200 石有奇，并绍熙旧额共 270 516 石。""宋末官民田土税粮共 422 820 余石。"④元朝统治江南后，税粮为 458 903 石，较宋末多了 36 111 石，在宋代基础上又有所增加。入元，华亭的行政区划没有多少变化，但赋税在不断增加，华亭农业的确有了较大幅度的发展。随着土地的日益垦辟，政府收税额在不断增加，虽然有税法调整的因素在内，但总体上赋税与农业发展呈同向前行。在这种情况下，加上户口数量远超过标准，元政府当然想升华亭县为府，正如时人所说："松江虽名富饶郡，其实古一县尔。分而为二，庸赋日滋，而封城犹故也，观于此可以知民力云。"⑤稍后的元人说得更为直接："松江为府，旧华亭县也。县何以为府？皇元有国，重民食，华亭粟夥他县府，是用升也。"⑥可见经济地位的上升，元政府对赋税的渴望，是华亭县升为府的主要原因。

府城面貌　关于松江府城的基本格局，据黄敬斌认为当时松江城的城墙应该只是环绕衙署的子城，而非罗城或外郭城。⑦这一判断是有道理的，但并不全面。据当地方志记载，"元至元十三年（1276 年）诏堕郡县城，罗城遂平，唯子城存"⑧。从这个记载看，应该是元攻南宋后，解除当地军事武装的一个举措，由此可见南宋应该已有罗城。从江南同类型城市结构来看，子

图27　云间第一楼

城相对形状较为规整,而外城则形制较为自由。钟翀认为"早期城市——子城(濠郭围护的政治军事功能区)及周围街市——围护城市全体的罗城"这样的发展模式在江南筑城史上比较普遍。^㊉松江城应该也属于这一发展模式。

元至元十四年(1277年)华亭升为府,第二年改为松江府,至元二十九年"又割华亭县东北地为上海,属邑凡二焉。由是辟府廨,崇建谯门,与名藩巨镇同一雄大"^㊿。按照这段话的意思,从县升为府,华亭的官署建筑没有太大的变化。但到上海立县后,因为一府有了二县,所以建筑上府县似要有所体现,才开始府署方面新的建设。明正德《松江府志》记载:"元初立府,即县为治,越十七年甲午知府张之翰始撤而新之,大德癸丑嗣政周维惠迁谯楼于外,而作仪门及后寝。"^㊶也就是说,张之翰任知府两年后开始了建设,"始甲午冬仲,迄乙未春季,四晦朔而厥功成。崇数尺之基,敞五间而耳以左右屋者,厅事也。拓数丈之地,合两庑而翼以东西楼者,吏舍也"^㊷。前后4个月,到元贞元年(1295年),新的府署焕然一新,所以至元《嘉禾志》记载"府衙在善照寺东旧华亭县衙也,有宣诏、班春二亭东西向"。其时府治的中堂叫芳兰堂,府治之东有思齐堂、东堂、招鹤亭,府治西有琴堂。^㊸府衙外还有镇守万户府衙,在府治东的旧思齐堂;浙西盐提举司,在府治西南一里半,旧买纳盐场。^㊹这两个衙门是松江升府后才设立的,是松江府政治地位提高的标志。

松江府和华亭县是分治的,但不是一升府马上就分开。华亭县随着府的建立,"即县之公宇为府治,寓县治于旧东尉旧司"。直到至元十九年(1282年)始迁到府西望云桥北原来的主簿廨舍为新县,有20余间房子,"颓圮狭隘,门与厅参差,且未有狱禁",也就是说县里没有监狱。至元三十一年县尹柴琳、达鲁花赤兀都蛮等官员"有增修之志",他们"悉捐己俸,积千一百缗,具材费,募夫工,买民地二亩一角三十步,创建推厅门轩之间七,犴狴辖之间十有六"。第二年又积律300缗,买民房5间,重建前后厅堂13间,左右吏舍11间,从而使华亭县"典史有幕,架阁有库,戒石有亭,土地有祠,庖厨有舍,靡所不备"⑤。到元贞元年(1295年),华亭县已有完备的行政官署建筑,接受着松江府的管辖。升府以后,"官皆出常铨"。松江府"总五官","其监府曰达鲁花赤,守曰知府,佐贰曰同知,曰判官,专刑名曰推官,官凡五员也"⑥。

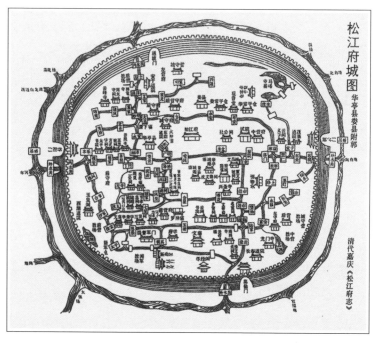

图28 松江府城图(引自清嘉庆《松江府志》)

关于当时府城情况。据南宋绍熙《云间志》记载:"城周回一百六十丈,高一丈二尺,厚九尺五寸。"当时府城道路据史载:"元代华亭县升为松江府,城中府、县并存,城垣小,无法容纳众多的官署,工商市肆,绅民宅第,便沿市河向西发展。至元末,已形成'十里长街'。"元朝初华亭县升府,华亭县署大院让作府衙。华亭县西迁,就古丞厅扩建新县署。当时华亭县城内除县衙与市舶司外,还设有盐监、酒监、税监、造船场等官署,以及各类官仓。本地县学"学舍整好,什百具备,学粮租钱视他处为厚"。据南宋绍熙《云间志》记载,当时华亭县城内有坊巷27个:石狮巷、石条巷、仓桥巷、郭门巷、盐仓巷、广明桥巷、前巷、后巷、亭桥巷、东私路巷、西私路巷、福顺庙巷、莫家巷、竹木巷、城隍庙巷、厢巷、金山忠烈庙巷、石碑巷、纪家巷、球场巷、石幢巷、童家巷、陆家巷、邱家巷、田家湾、显善坊、劝义坊。当时城市居民除分居于通衢大道西侧以外,较多店舍傍水而建,形成了商市。[47]

第三节 水利建设促进农业发展

一、农田水利建设

宋元时期,在华亭县内开展了较大规模的农田水利建设:一是疏浚河道以宣泄内河之水,二是兴修圩岸以围圩造田。

疏浚河道 宋元时期华亭县三面环海,江河水网纵横交错,特殊的地理环境决定了河道疏浚与治理的必要性和艰巨性。当时这一地区,首先是对华亭区域内最大的湖泊淀山湖多次疏浚治理。从吴越国开始,其时置撩浅军,治河筑堤,一路径下吴淞江,一路自急水港下淀山湖入海,此举声势较大,颇见成效。此为"治湖之先声"。[48]后来一度疏于治理,淀山湖入海口排水通道不畅,使淀山湖湖面快速缩小。对此,南宋和元初政府下决心展开了对淀山湖的治理。南宋淳熙间提举常平罗整治时,史籍中有记"不日而毕,所济田百万亩"。继而元世祖至元二十八年(1291年),全面启动了疏浚淀山湖工程。前后历经两年多,到元成宗即位之初,工程大体完成,史书中记:"至元三十一年,平章铁哥奏:太湖、淀山湖昨尝奏过先帝,差请民夫二十万疏掘已毕。"[49] 其次是北宋熙宁六年(1073 年)和嘉祐年间对青龙江的疏浚。其三是宋时连续三次对顾会浦的疏浚。史籍中记第三次"顾会浦在疏浚之后,免除水患威胁的民田有数千顷,"[50] 其四是对泖河的疏浚。北宋末期泖河水流不畅问题已显现。据范成大记述,宣和元年(1119 年)十月四日,访闻秀州华亭泖时,所见动用数万民工"围裹华亭泖""随河两畔筑岸"[51]。可见当时的围垦使河道变狭,引起流水不畅,政府只能组织人马在河两旁筑岸,以保住泖河的宽度。另外需特别记一笔的是,当时因"围裹华亭泖为田",松江的三泖开始不断被围垦,面积日益缩小,直至大部消失。其次是北宋连续不断的大面积围泖修圩筑田,虽然增加农田对发展农业生产有积极的意义,但也破坏了生态平衡,影响了水环境,不利于宣泄潮水,为以后松江地区经常发生水灾留下了隐患。但从总体上讲宋元疏浚河道、治水工程是最多和最庞大的,也是颇有成效的。据新修《上海通史》所列唐至元初上海地区主要治水工程一览表记载,宋元时期松江地区前后开展的主要治水工程有 50 次之多。[52]

疏浚河道的另一个重要方面就是修筑堤岸。郏侨说:"古人治平江之水,不专于河,而筑堤以遏水,亦兼行之矣。故为今之策,莫若先究上源水势,而筑吴松两岸塘堤。"又云:"今之言治水者,不知根源。始谓欲去水患,须开吴松江,殊不知开吴松江,而不筑两岸堤塘,则所导上源之水,辐辏而来,适为两州之患,盖江水溢入南北沟浦,而不能径趋于海故也。倘效汉唐以来堤塘之法,修筑吴松江岸,则去水之患,已十九矣。"[53]

五代吴越国时,淀、泖地区的圩田都修筑高圩岸,因为高圩岸可以抬高河道水位,保护圩内土地,使河水流入吴淞江从而入海:

"古者堤岸高者须及二丈,低者亦不下一丈。借令大水之年,江湖之水,高于民田五七尺;而堤岸尚出于塘浦之外三五尺至一丈。故虽大水,不能入于民田也。民田既不容水,则塘浦之水自高于江,而江之水高于海,不须决泄,而水自湍流矣,故三江常浚,而水田常熟。其冈阜之地,亦因江水稍高,得以畎引以灌溉。"[54]华亭县"常率逐段人户各自治田",由于"地连冈阜,无暴怒之流。浚河不过一二尺,修岸不过三五尺",所修堤岸不是太高,而郑亶推崇五代修筑堤岸的制度,认为这样的堤岸只能"一二年间暂获丰稔,求其久远之效,则不可得也"[55],因此他提出要修治更高的堤岸。

围圩造田 北宋中期,朝廷大力推行圩田。转运使王纯建议,"请令苏、湖、常、秀,修作田塍,位位相接"[56]。北宋熙宁年间,司农丞郑亶曾提出很多彻底整治农田和水利的意见。他还提到华亭圩田有特殊性:"华亭之田,地连堰阜,无暴怒之流。浚河不过一二尺,修岸不过三五尺,而田已大稔矣。然不逾二五年间,尚又湮塞。"[57]政府部门对筑圩始终十分重视。关于如何筑圩于长久,元代任仁发提出了一套修固的办法。他说:"秋收之后十二月及来岁正月为始,载行增修,添用椿笆,低者高之,狭者阔之,缺者补之,损者修之……岸塍赖以坚固,此诚良久之计。"[58]

吴淞江以南淀、泖地区的圩田,围岸西高东低。南宋时在圩田四周修筑圩岸:"随河两畔筑岸,高阔各六尺止七尺。"[59]这种尺寸其实是五代以来的大圩尺寸,而淀、泖西部地区的大盈浦、千墩浦等,基本上也是注水吴淞江,因为要抬高水位,四周就得修筑数尺高的圩岸。宋代圩田技术已达到非常成熟的水平。每圩大则有数十里,大圩之中又套有小圩,圩内有河渠,圩外有闸门。大水年份,河水高出农田五六尺,而圩岸高出水面三五尺,甚至一丈,足以抵挡江潮。干旱年份,可以打开闸门引水灌溉,十分方便。

二、粮食生产较大发展

农田水利建设一是增辟了农田，二是改善了农业生产环境，有力推动了农业生产发展。宋代起，华亭县的农业生产继续发展，开始成为向中央政府缴纳税粮的主要产粮区。五代时，政府开始鼓励农民种植麦子、豆类等其他粮食作物，但没有普及。到北宋初年，松江府地区还是"专种粳稻"。为此，朝廷加大推广力度，鼓励江南、两浙等地种植粟麦黍豆等旱地作物，缺种者由淮北各郡供给。豆类中的蚕豆、豌豆等在唐宋时也从四川等地传入。从此，豆麦等旱作渐在华亭县东部高亢斥卤地带、西部圩岸、堤堰等灌溉艰难、不宜植稻的地区种植，由此，华亭县农作物种植呈现多样性。但是，水稻一直是这一地区主要的农作物。两宋时期华亭地区的水稻生产发展较快。"华亭负海枕江，原野衍沃，川陆之产，兼而有焉。李翰《屯田纪绩颂》谓：'嘉禾在全吴之壤最腴，且有"嘉禾一穰，江淮为之康"等语。今华亭稼穑之利，田宜麦禾，陆宜麻豆，其在嘉禾之邑，则又最腴者也。'"⑩ 到南宋时，由于北方劳动力的大量南迁和耕作经验的传播，华亭县的农业生产获得了进一步的发展。南宋中期，社会上开始流行"苏湖熟，天下足"的谚语。当时华亭县属于苏州（称平江府），在苏州各县中列为上等县，因此，南宋时，华亭县的粮食生产已在国内达到最高的水平。据南宋魏了翁《续古今考》记载，当时，苏州的上等田每亩平均产量为米 3 石，全国没有其他府州的稻米产量能够达到这个水平。农田经过长期的耕作保养，已十分膏腴。南宋端平二年（1235 年），吴潜在《论计亩官会一贯有九害》奏疏中说"二浙之田，独湖、苏、秀最美，而常、杭则次之，衢、越为常稔，而严、婺、台则不及"，将湖州、苏州、秀州（今浙江嘉兴）的耕地列为最美的良田，而常州、杭州则为其次。南宋时,由于小麦已在南方普及,华亭县部分农田开始实行一年二熟,粮食总产更有所提高。南宋绍熙时华亭地区亩产稻谷达 2～3 石（150～225 千克）[61]，成为江南粮食亩产最高地区。

两宋迄元,农民与水争田,创造了各种新的田制。如围田、柜田,都与圩田大同小异,筑高堤围田以御水旱。葑田和架田,前者利用水面上覆盖的葵、蒲等水生植物种植农作物,后者则在漂浮的木排上铺垫泥土种植庄稼。还有涂田与沙田,都是将江湖河海边淤积出露的土地,改造成良田。在大力开垦农田的同时,以籽粒饱满著称的朝鲜"黄粒稻",以成熟早、耐旱、不择土壤而著称的越南"占城稻",都在华亭地区得到推广。小麦种植技术由于政府的提倡及北方移民的推动,南宋以后迅速在南方得到普及,使华亭地区部分农田一年两熟,粮食产量大幅度提高。

在南宋灭亡、元朝建立的这一段时期,原有的水利监管部门的人员四散,疏浚河道等经常性工作没有人管,而有实力的人又乘机占水为田,致使水利失修,农田排灌不畅,连年受灾。受灾后,农民应缴的官粮不能上缴,松江府每年拖欠官粮 5 万石至 10 万石,元政府在松江府每年要损失将近一半的粮食收入。为保证松江府这个"粮仓"能每年足额向中央政府提供粮食,从至元三十年（1293年）起,元政府组织力量开始对松江府内的河道进行大规模的整治。这次整治前后花费了二三十年时间。通过整治,旱涝灾害基本解除,河道畅通,对松江府的内外贸易和农业生产的发展都起到重要的作用。但当时,松江府的主要经济支柱仍是农业。元初曹梦炎依淀山湖围田 93 围,得良田数万亩。府境广阔的滨海沙涂在元代也得到充分开发,元末华亭县人袁凯《沙涂行》写道："西起吴江东海浦,茫茫沙涂皆沃土。当时此产不归官,尽养此地饥民户。"粮食产量也不断提高。元初以来,任仁发等人在府境兴修水利,疏浚河道,稳定、提高了粮食产量。而宋以来良种稻谷、小麦等高产作物的引种和推广,更使元代松江府的粮食产量迅速增长。[62]

第四节 盐业、棉业、外贸与航运业在松江
经济发展中的重要地位

一、盐业发展

华亭县东、南两面临海,盐业历来是松江地区的支柱产业之一。在唐、五代时盐业就很发达,到了两宋则进一步发展。宋元时期,华亭各盐场一直归属于两浙盐区。沿海地带遍设盐场,置盐官,编灶民,所产盐量甚大。

华亭县在北宋时就设有盐监,浦东、袁部、博墩三个盐场。[63]属嘉兴盐监管辖。南宋以后,始在华亭设置独立的买纳场,由买纳官(也称县盐监)总领盐务。又于华亭县城中,另设支盐官,管理海盐的验券销售。南宋时盐监仍在,"统县租额五十四万七千三百四十九硕九斗九胜五合"。"硕"即石,"淮浙例以五十斤为一石"[64],折合成斤,便知其数量确实不小,不过盐监和盐场的数量大大增加。其中浦东盐场监官廨舍,在县南70里,[65]有4个盐场,分别是浦东场、金山场、遮山场、柘湖场。[66]如此,南宋时华亭境内有盐监4人,有盐场17个,远超北宋,由于是重要的产盐地,常平茶盐司在华亭县境设盐仓3个,分别是北盐仓、西盐仓和支盐仓。此外还有转般仓,在县东南36里张泾堰之下。[67]转般仓设在盐场附近,盐场的生产物先是就近运输到转般仓,再从转般仓运入华亭县城中的仓库,上述场务及仓库的设立,表明了华亭地区食盐生产和运输十分兴旺。

宋代煮盐的基本单位是灶,一灶至少有20家盐户。据南宋绍熙《云间志》载,南宋时华亭5场共有17个分场,全县约有3 500家

盐户。其间,盐业兴盛,北宋时华亭县年产盐约 1 368 万千克,南宋极盛时达 1 920 万千克。当时官方仅以每斤 4～5 文的低价收进,而以 40～50 文的价格出售,利润达 10 倍之多。元袭宋制,至元代松江盐业发展到了鼎盛时期,松江一府有盐场 5 处。至元十五年,在松江府设立两浙运司辖下专管盐业的分司。华亭、上海县城里设有盐局,盐局之下,又于各盐场置司令、司丞、管勾各一员,负责指挥生产,交纳课盐。这些场官,多从当地熟悉盐业的土著中选充,往往成为世袭之职。如上海县的瞿氏与唐氏,世代相承为下沙场盐官,迄元末不变。除完善府、县、场三级制外,元代对盐户的管理也较两宋严密得多。在南宋十灶为甲的基础上,进一步归并灶座,建团立盘。或三灶合一团,或两灶合一团。®华亭县几大盐场产量增长很快,但朝廷的盘剥也日益加剧。陈旅谈道:"昔至元盐荚之榷于两浙也,以引计凡四万耳。后浸溢至四十八万,而松江之额十万有奇,民得无瘵乎?"®按元制,每盐一引重 400 斤。若以 10 万引计,当有 4 000 万斤。

特别是元代后期下沙盐场发展到达鼎盛时期,当时额定年盐产量高达 5 000 多吨,为浙西所属 27 个盐场之冠。当时下沙盐场不但以其地域之广、灶户之盛名闻于时,而且以煮盐技术高超和质量优异而称著。在元代,下沙盐场在生产上就已经创造出一整套独特的煮盐方法,综合起来可分为下列八道工序:一是筑摊场,即摊灰、晒灰、存储海水之场。二是摊灰,即将草木灰匀称地铺摊在摊场上。三是开河引潮,即开挖沟渠,引海水入摊场。四是堆炭淋灰,即在咸灰晒后,聚之成堆。五是运卤入团,即用牛力牵引运卤小木船。六是上拌煮炼。七是捞撩晒盐。八是撒盐起运存库。

随着制盐业的发展,促进了松江府经济的繁荣,盐场所在地盐商云集,使华亭沿海地带兴起了一批以集散海盐为主的市镇,八团、六灶、三灶、下沙、航头、新场、周浦、柘林、张泾堰、小官镇等,皆因盐业而兴。如新场镇，距下沙九里，以盐场新迁而得名，歌楼酒肆，商贾炫耀。这些市镇吸引了众多客商，买纳走私，各显其能。

二、棉纺织业兴起

徐光启《农政全书》卷三五引李时珍《本草纲目》云，木棉"此种出南番，宋末始入江南"。明正德《松江府志》记载："木棉本出闽广，可为布，宋时乡人始传其种于乌泥泾镇，今沿海高乡多植之。"当时松江的一些地方土地硗瘠，东部广大地区为高亢地，不太适宜种植水稻，因此粮食产量不高，农民生活非常贫困。于是当地开始试种棉花，植棉生产得以发展。元代以后，由于棉纺织业在松江府勃兴，棉花开始成为主要的农作物之一。

关于原棉的初步加工是去籽和弹松，其次是并条与纺纱。松江"初无踏车椎弓之制，率用手剥去籽，线弦竹弧置按间，振掉成剂，厥功甚艰"[70]。用手剥去籽实为最原始之法，可见当时纺织技术极为落后。弹松方面，松江初"以竹为小弓，长尺四五寸许，牵口弦以弹松"（《资治通鉴》卷一五六），不用说，这样的小弓，当然只能用手指去拨，而不能用椎来打的。弹松方法落后，同样也是棉花广泛种植的严重阻碍。当时由于棉纺织业生产水平低下，因此从事此项副业并没有多大的利益。很幸运的是，元代一位被称为"黄道婆"的松江府老婆婆，突破了这两项技术束缚，从而使植棉、纺织业成为人民广泛参加的生产活动。相传黄道婆年轻时曾流落到海南岛，在那儿学得一手精良的制棉纺织技术，到了元朝元贞年间（1295—1297）又回到松江府。在松江府城以东50里的乌泥泾等地方传授"做造杆、弹、纺、织之具，至于错纱配色，综线挈花"之法；她所织成的"被褥带帨，其上折枝、团凤、棋局、字样，粲然若写"；于是乌泥泾"人既受教，竞相作为，转货他郡，家既就殷"（陶宗仪《南村辍耕录》卷二四)。

关于黄道婆所传轧车构
造没有直接的资料。在元初王
祯《农书》中说去籽工作:"昔用
辗轴,今用搅车,尤便。夫搅
车,用四木作框,上立二小柱,
高约尺五,上以方木管之;立柱
各通一轴,轴端俱作掉拐,轴末
柱窍不透。二人掉轴,一人喂
上棉英,二轴相轧,则子落于
内,棉出于外,比用辗轴,功利
数倍。"《农书》成书于元皇庆二
年(1313年),上距黄道婆开始
在乌泥泾传新法只有八九年,

图29　黄道婆

很可能这里所描写的,正是黄道婆所传授的轧车形制。关于木棉
纺车。王祯《农书》所载木棉纺车已有三锭,所谓"轮动弦转,莛繀
随之,纺人左手握其绵筒,不过二三,续于莛繀,牵引渐长,右手均
撚,俱成紧缕,就绕繀上"。这还是用手力发动的,不过以当时搅车
的构造衡之,则纺纱技术的进步显然比去籽技术的进步为速。黄
道婆的棉纺技术的改革,使纺织形成了一个较为高效、完备的生产
过程,改进了棉纺织技术。松江棉纺织生产出现的这个飞跃,成为
松江地区经济快速发展的重要因素。

三、对外贸易发展

两宋时期华亭县市舶机构　华亭县东靠大海、北濒松江,宋人
孙觌描写其形势时曾说:"华亭据江瞰海,富室大家,蛮商舶贾,交

错于水陆之道,为东南一大县。"⑦许尚《华亭百咏·苏州洋》云:
"已出天池外,狂澜尚尔高,蛮商识吴路,岁入几千艘。"苏州洋即华
亭以东海面的名称,因华亭旧属苏州而得名。⑫岁入千艘外舶也许
是诗人夸大之辞,但华亭在宋时为海上贸易要地却是确定无疑的。
因此,政和三年(1113年),北宋朝廷在华亭专门设立管理对外贸
易事宜的市舶机构。是年七月二十四日,宋徽宗批准在秀州华亭
县"兴置市舶务,抽解博买,专置监官一员"⑬。华亭市舶务是两浙
市舶司下的分支机构,专任监官主要是管理华亭县境内的海外贸
易。北宋华亭县之所以设置市舶务,正是由于有青龙镇这样优越
的海港,海上贸易比较发达,来往船只较多,但是青龙镇的对外贸
易如此繁盛,由60里外的华亭市舶务进行远距离管理,显然有所
不便。因此,在南宋建炎四年(1130年)一度有人主张将华亭市舶
务移到青龙镇去,但未实现。华亭市舶务依然保留,只是"令通惠
镇(即青龙镇)税务监官招邀船舶到岸,即依市舶法就本镇抽解"。
"后来因青龙江浦堙塞,少有蕃商舶船前来,续承朝旨罢去正官,令
本县官兼官。今因开修青龙江浦通快,蕃商舶船辐辏住泊,虽是知
县兼监,其华亭县系繁难去处,欲乞依旧置监官一员管干,乞从本
司奏辟",朝廷遂同意了这种做法。⑭也就是说,初设市舶务,朝廷
是专门设有官员具体管理抽解博买的。但没多少时间,发现因青
龙江水道的问题,外商来得比较少,就不再设专门的官员,而是由
华亭知县兼管,说明市舶务仍然设立,只是不设专门官员而已。至
宣和元年,又专门设立监官了。由于青龙镇对外贸易的兴盛,绍兴
二年(1132年)三月三日,宋高宗下诏调整两浙路市舶机构的设
置:"两浙提举市舶移就秀州华亭县置司,官属供给令秀州应
副。"⑮也就是说从这个时候开始,将原来设在秀州的市舶司移到
华亭县,说明华亭地区海上贸易兴旺,在秀州境内最为繁盛,因此
管理机构就要前移至离港口较近的华亭县。市舶司是市舶务的上

级机构,相当于路一级政权的行政管理机构,因为市舶司搬到华亭县后,原来在秀州城的有关官员就要来到华亭县办公,实际上这些官员的地位都是高于华亭县的。自此以后至乾道二年(1166年)的30余年间,华亭县一直存在着两浙路市舶司、秀州市舶务。南宋绍熙《云间志》卷上云:"旧有提举市舶廨舍,在县之西,乾道二年并舶司归漕台,今废。"又,"市舶务监官廨舍在县西南二百九十步",而"市舶务在县西六百步"。市舶司、务机构设置的变动,反映了华亭县及青龙镇在当时两浙地区商业贸易中的地位。华亭县的贸易不仅"控江而淮浙辐辏,连海而闽楚交通",而且成为"岛夷蛮越交广之途,海商辐辏之所"⑯。

南宋淳熙年间,华亭县的秀州市舶务仍在发挥作用。淳熙元年(1174年)七月,户部上奏说:"乞委干办诸军审计司赵汝谊往临安府、明、秀、温州市舶务,将抽解博买,合起上供关积年合变卖物货根括见数,解赴行在所属送纳,趁时出卖。"⑰开禧元年(1205年)八月,提辖行在榷务都茶场赵善谧说广、泉市舶司招买乳香,不能"随时支还本钱,或官吏除克",因而有不少外蕃商人规避博买,"诈作飘风,前来明、秀、江阴舶司,巧作他物抽解收税私卖,搀夺国课",因而他提出要"仍下明、秀、江阴三市舶,遇蕃船回舶,乳香到岸,尽数博买,不得容令私卖"⑱。可见,作为政府管理外商的一个重要机构,华亭市舶司一直发挥着作用。不过,两浙路的市舶机构在宁宗后期受到政府行政干预。宝庆《四明志》卷六《市舶》云:"宁宗皇帝更化之后,禁贾舶泊江阴及温、秀州,则三郡之务又废。凡中国之贾,高丽与日本、诸蕃之至中国者,惟庆元得受而遣焉。"宁宗更化,是在嘉定元年(1208年),这里说的秀州务,应该是指设在华亭县的市舶务,到这个时候被撤销了;如果说青龙市舶场务原来还在的话,到了"惟庆元"的时候可能也在撤销之列。嘉定元年以后,由于不见资料记载,华亭县城的市舶务有可能被撤销,但到咸淳初,在上海镇又设立了市舶务,虽然管理海外贸易的机构在地域上发生了变化,但华亭县由于背靠大海,海外贸易发展繁盛的总体局面没有变化。^㉙

青龙港的兴盛 宋代青龙镇在华亭县的地位是十分重要的。由于宋元时期宽松的海上政策,当时的海外贸易非常发达。这方面当时华亭县青龙镇的青龙港表现得尤为突出。青龙港地理位置优越,位于江海交接处,水路距秀州城195里,交通便捷;离苏州城180里,沿松江可以直达。背靠发达的苏、秀地区,有着庞大的消费市场。又有顾会浦(通波塘)与华亭县城相通,下据沪渎海口,为苏州及太湖流域出海通道,很自然地成了苏州、秀州地区重要港口。

讲到此处首先有一个不可避开的问题。那就是关于青龙镇设于何朝何年? 学界观点是不一致的。前文曾谈到唐天宝五载设青龙镇问题,有学者并不认可,此题暂作存疑。据一些学者观点,宋代青龙镇是因袭旧地名而正式设镇的。^㉚北宋淳化二年(991年),正式建青龙镇,并设官。大观年间,改名通惠镇,至南宋绍兴元年(1131年),又恢复青龙名。^㉛通过考古发现"青龙镇遗址的面积,在唐代约6平方公里,宋元时期扩大到25平方公里,呈现了城镇快速扩张的势态"^㉜。明人说青龙镇"时海舶辐辏,风樯浪楫,朝夕上下,富商巨贾、豪宗右姓之所会也,人号'小杭州'。梅圣俞以州询知苏州,尝往来其间,有《江上观潮》诸诗。及载坊三十六、桥二十二"^㉝。

青龙镇"瞰松江上,据沪渎之口"^㉞,因港口海外贸易优势而形成其经济特色,成为一个重要的商贸市镇。北宋景祐年间,朝廷设监镇理事,而且有比较高的地位,可见青龙镇的经济力量已经颇为强大。仁宗时人们提到青龙镇西临大江,与海相连。大船"迅风直过海口,百无一二能入者,因此失势飘入深波石焦,没舟陷人屡有之矣",因此提出在北面的隆平寺建一座宝塔作为航标。很快宝塔建成,之后国内外各地商人纷至沓来⑥。而这时青龙镇"人乐斯土,地无空闲,衣冠名儒礼乐揖让,人皆习尚以为风流文物之地"⑥。完全是一个蒸蒸日上的新兴市镇,商业经济已十分繁荣,市镇规模越来越大。朝廷曾商议将秀州华亭县市舶务移至青龙镇,后先派一名官员去管理。后又在青龙镇设立了市舶场务。⑥

政和三年(1113年),鉴于华亭县内外航运贸易活动频繁,于华亭设市舶司,专管本县船舶贸易之事。作为县内第一大港的青龙镇,船商云集,市井繁荣,甚至超过县城。镇初设水陆巡检司及镇将,负责守卫巡逻,兼管财政。景祐(1034—1038)以后,增设大量文职,官廨、镇学、税务、监狱、官仓等也纷纷建立。宋人应熙《青龙赋》云:"粤有巨镇,其名青龙。控江而浙淮辐辏,连海而闽楚交通……市廛杂夷夏之人,宝货当东南之物。"熙宁十年(1077年),青龙一镇的税收达15 879贯400文⑥,约占华亭全县商业收入之半。当时青龙镇的管理机构主要由监镇署、管界水陆巡检司、税务、酒务、市舶务、镇学、茶盐税场等组成,其中的监镇署,淳祐间监镇林鉴曾进行修治,镇治的大厅叫无倦堂,镇治东有手诏亭,西有晓示亭,中是宣敕台。镇治前有拂云亭,是监镇娄大年修,以面水竹而得名。镇署中有一园,称为镇园,中有剪韭亭。与治相邻的有百花庄,林鉴"筑墙限之,杂植齐木"⑩。

从北宋初前期开始,青龙港流域的河道及海口地形受极大限制,水网逐渐遭到破坏。当时营田者不管航行的便利任意占水为田,经商者毁堤拆闸以通船舶(参阅《吴郡志·水利》)。结果河道淤塞,水面狭窄,航行困难。河流中泥沙含量激增,流速减慢,大量的泥沙沉积在入海口周围,更增加了进出船舶的危险。终宋一代,河道时淤时疏,难有宁日。航道不稳定,极大地影响了青龙镇的商业与经济地位。淳熙十四年(1187年)曾对久已淤塞的青龙港再次疏浚,但此后青龙镇再也没能恢复昔日的繁华。

上海港兴起至上海县设立 北宋初在华亭县青龙镇港日渐衰败的形势下,本地区新崛起另一对外贸易港口即上海港。上海港位于青龙镇下游的松江南岸,即后来元明清上海县所在。其前身大概是上海浦附近的一个小集市。关于上海浦,南宋绍熙《云间志》中记述上海浦在华亭县东北 90 里,东距南跄浦 10 里,"达上海之水,以归于松江也"[61]。上海浦的具体位置,有学者认为在今黄浦江之东,北面一段已为今黄浦所并。[62]在清同治《上海县志》卷首的《上海县北境水道图》中,[63]上海浦仍在,为今黄浦江东的第一条南北纵向的浦。据此,后代"上海"名称的出现,是由上海浦而得名的。可以推测,大约在五代末年到宋代初年,在华亭县东、上海浦岸边出现了某个人口聚居区,位于水上交通方便之处,人们遂以"上海""上海浦"称这个人口聚居区了。[64]

上海浦之后史书中有记载的是上海务。上海务设立时间,史书无明确记载。《宋会要辑稿》记录了整个秀州 17 处酒务情况,其中有上海务。[65]这段资料记录"旧"时和熙宁十年(1077 年)两次酒税数,因而证明上海务在这一时期之前已经设立。据考,官监酒务大多是设立在人烟稠密、酒税额高的村镇。可见当时上海之地产酒量是较高的。在南宋安抚司所管酒库中,相关资料记录中有"嘉兴府华亭县曰上海酒库"[66]。说明华亭县的上海已经是产酒,或者说以储藏酒、销售酒而出名,数量远多于其他地区。上海务由此得名。

关于上海镇应该是设于上海务后。上海镇的记载初见于北宋天圣年间(1023—1032),这里已设有"上海务",这里起初地位还不如华亭、青龙、大盈等务,但地理位置得天独厚,紧靠上海浦。经过200 多年的发展,终于在宋末咸淳间建镇。南宋政府在镇上设市舶司。《松江府志》记该地称:"后以人烟浩穰,海舶辐辏,遂成大市。宋于其地立市舶、提举司及榷货场,曰上海镇。"[67]从此,上海镇逐渐取代青龙镇,南宋末期,上海已是"华亭县东北巨镇"。当时建镇的最主要动因显然是由于外贸港口的兴起，这点可由咸淳年间上海镇已经设有提举市舶分司看出来。明人唐锦编纂弘治《上海志》，保留了宋董楷所撰《受福亭记》和《古修堂记》两份重要文献。《受福亭记》一开头就说："咸淳五年八月，楷忝命舶司既逾二载。"《古修堂记》中又说："……前分司缪君相之作两庑、作门庐、作灵星门。"说明董楷与其前任所提举者为市舶分司，亦即市舶务，而且这个市舶分司至迟在咸淳初年便已设置。华亭县上海镇市舶分司的成立，表明上海早已取青龙镇而代之，成为华亭县的主要外贸港。

　　关于上海县的建立。元统一中国后，重视海上贸易，常派官船赴外洋贩运珍宝香料等供皇室、贵族享用。江南沿海也有私人造船出海到日本、东南亚各国往来贸易，得以致富。上海是当时内外贸易的重要港口。至元二十七年（1290年），松江知府仆散翰文提出分建上海县的奏议。次年，元朝中央政府批准划出华亭东北境长人、高昌、北亭、新江、海隅5乡之地，建立上海县。松江府始辖有华亭、上海两县。上海建县后更为繁荣，除国内南北商贾外，日本、朝鲜、南洋、阿拉伯等地的商人也经常前来贸易。《元史·食货志》记载："时客船自泉福贩土产之物者，其所征亦与番货等，上海市舶司提控王楠以为言，于是定双抽、单抽之制。双抽者蕃货也，单抽者土货也。"元政府抽取商税，获利甚厚。元至顺中，上海县人口已达7.25万余户，其中水手、船商5 675户。当时上海县虽人口、土地等方面远逊于华亭县，但境内有大港口，得以收内外贸易的巨额利润，财赋税收不下于华亭县。

四、航运业发展

　　自南宋经济中心日渐南移后，而政治中心，作为首都则一般仍定驻北方，"元都于燕，去江南极远，而百司庶府之繁，卫士编民之众，无不仰给于江南"⑱。于是，京都所需大批粮食及其他给养往往需依靠水运来完成，松江地处南北洋的交汇点，背托长江流域广袤的腹地，航运便被赋予重要意义，使松江终于成为连接南北的重要交通枢纽。于是，素有鱼米之乡美誉的江浙一带大批漕粮在松江集中，由海道运往都城，而沙船则是其主要航运工具。北京是元明清三代的都城，在水运畅通时期，漕粮都是通过京杭大运河来进行，然而元初以降，随着战乱频繁，运河失修，淤塞不堪的河道已难以担当南粮北运的重任，海运漕粮之法也便随之提上日程，北洋航线亦随之复辟。然后，随着元代以后黄河和长江等出海河道淤沙冲积，其沿海岸口附近海道沙积严重，沿途多浅水沙滩，同时还有活动的流沙出没，因而北洋航线所行海船必须为平底，如此方可暂搁沙堆而不易翻沉，于是平地沙船便应运而兴，沙船业便藉海运漕粮发展起来。沙船能在大海运时代担当漕粮运输重任，是由其本身的特点多决定的。就沙船本身而言，史载其由古老的船舶演变而来，是中国古代近海运输海船中优秀的船种，具有防沙之能，故也被称为"防沙平底船"。作为中国"四大古船"之一的沙船在唐宋时期已经成型，由于沙船载重量大、适航性佳，且航速快、船舶稳性好，非常适合北方尤其是上海周边多沙的近海环境，故而沙船在内河及沿海运输中使用极广，遂成为中国重要北洋航船。

　　至元初，丞相伯颜奉旨平定江南，其时淮东之地犹为宋守，伯颜命被招安的海盗朱清、张瑄等人将南宋的库藏、书籍等由海运至京师，自此揭开海运序幕。⑲伯颜"追忆海道载宋图籍之事"，认为海运可行，于是请命朝廷，"命上海总管罗璧、朱清、张瑄等，造平底海船六十艘，运粮四万六千余石，从海道至京师"（《元史·食货志》）。创自松江府境上海等港口由海道运粮去京师的先例。试航成功后，形成了初步固定的北洋航线。元政府在松江府上海等港口设都漕运万户府，由朱清、张瑄等人总管，每年春夏二季将征得的官粮运至京城大都。朱、张两人本是宋末横行江浙一带的海盗，航海经验丰富。在他们及其后继者的经营下，运粮船舶从40～130吨级改进到300～1 200吨级，运粮总额也从试航初的4.6万石上升到350万石，航期则缩减到10天左右。后因运粮量激增，元政府发动近海有力之家造舟起运，也每三年更造漕舟。与此同时，配套的管理设施相应设立。随着冶铁技术的进步，造船业发展也出现了新的契机，一时间造船作坊林立，至至元二十八年（1291年）设上海县时，该地已成为海运船舶的集中地。

元中叶以后，海运中沉船漂没的损失多达5％～10％，漕运多改由运河。但终元一代，海运漕粮始终没有完全停止。松江府处于海漕运输的中心地带，朝廷往往在此尽力搜刮，然后北运，财税负担异常沉重。但海漕运输积累了航海经验，培养了大量的水手与工匠，为华亭地区商业航运的发达打下了良好的基础。元中叶后海漕渐衰，许多船主与水手转业航海贸易。松江府境内不少沿江、沿海市镇，原来依靠为海上漕运提供修船、造船、水手或其他商业服务而兴起，海漕衰落后也转而从事内外贸易。弘治《上海志》卷二载，上海附近"多夷贾贸易，漕边富家以奇货相雄"，这为松江府带来了巨额商业利润。元至元十四年（1277年）上海镇设立市舶司，与广州、泉州、温州、杭州、庆元（宁波）、澉浦合称七大市舶司，管理进出港口的船舶货物，征税并收购货物，还负责求援遇难海船，保护外商财产等。至元十八年，朝廷在上海镇附近的乌泥泾镇设立太平仓，对漕运颇有益处。这自然也说明了当时上海镇和乌泥泾镇一带已经发展成为海漕转运的重地。⑩

上述可见，宋元时期，松江地区港口兴盛、航运业发达，与粮、棉种植，纺纱织布，在一定条件下结为一体，构筑起较强的经济基础，由此众多市镇勃兴、地方赖以富庶。松江在全国的重要经济地位逐渐确立。

第五节　元末隐逸文学与书画艺术

一、元末的隐逸文学

元朝时期,被称为"素无草动之虞"的松江九峰三泖地区,吸引了大批文人士大夫。他们避兵避祸,退身隐居,或为前朝遗老、不愿出仕,选定流寓松江作为他们安身立命之所。到松江隐居的代表人物首推杨维桢(1296—1370),字廉夫、元山,号铁崖、铁笛道人、东维子。元诸暨(今属浙江)人。工诗文、善行草,兼擅绘画,喜吹笛。曾任天台县尹、盐官、江西儒学提举等官,元末遇兵乱先后隐居富春山、钱塘、松江。杨维桢诗文成就颇高。他的诗,后人称之为"铁崖体",继承并开拓了韩愈以来奇崛的风格,曾风靡一时。他长期隐居不仕,广泛接触社会,故其诗作更多地表现了世俗生活,获得人们广泛喜爱。他多才多艺,诗文、戏曲各有千秋,行书、草书也清劲有力。他著有《东维子文集》30 卷,《铁崖先生古乐府》6 卷,《丽则遗音》4 卷,以及《春秋合题著说》《史义拾遗》等,多为《四库全书》所收录。更值得一提的是,杨维桢在松江主持了有史以来民间自发组织的大型"应奎文会"。此活动是杨维桢和吕良佐等共同发起在华亭横溪举行的,由杨主持评定甲乙等级。此文会相当于当今一次全国性即时诗文大赛。那时,除当地文人墨客积极参加外,外省著名文人如浙江仙居的柯九思,永嘉的孙华,鄞县的佳士林、张中久,秀水的吴镇,吴兴的赵雍,湖州的王蒙,常熟的黄公望,宣城的贡师泰,无锡的倪瓒,淮阴的郄径,江阴的孙作、于逢等都来松参加。那是一次影响极大的群贤云集松江的一次文学界盛会。这次聚会密切了松江和外地文人之间的友好联系,大大地推动了松江地区诗词、戏曲、书画事业的提高和发展，也提高了松江文坛的地位，为松江的文化繁荣和发展，打下了良好的基础。正如杨基避居于松郡九峰时所作《九峰》诗中所述："怅怅天河水，夜夜东南流。欲知何处去？流向九峰头。"

袁凯，字景文，号海叟，元末明初华亭人，元末曾任松江府小吏。工诗，有盛名，古诗学魏晋，律诗学杜甫，但不囿于古人。何景明《大复集》云："我朝诸名家集，独海叟诗为长。"尊他为明初诗人之冠。一日文会，与众诗友共赋"白燕诗"，座中诸人皆应命完成，杨维桢皆无中意者，唯赞袁凯《白燕》一诗。袁凯因杨维桢的赞赏而诗名大起，时人呼之为"袁白燕"。他著有《海叟集》，为《四库全书》所收录。

陶宗仪（1316—1403后），字九成，号南村，黄岩（今浙江台州市黄岩区）人。出身世代业儒之家，祖父陶应雷是宋太学学录，父亲陶煜师从北山（何基，朱熹的再传弟子）学派三传弟子周仁荣。陶宗仪曾参加过科举考，一不中便弃去，选择了闭门著述的道路。至元中到松江南村（今松江区泗泾镇附近），《南村辍耕录》即他在居南村期间所作。《南村辍耕录》中称朱元璋军为"集庆军""江南游军"，可见成书于元末。另外，陶氏还编有《说郛》百卷，《书史会要》《四书备遗》等书。《南村辍耕录》是一部文人笔记，其中保存了大量的元代史料。举凡元代社会的掌故、典章、文物、人物和时事，以及历史、地理等都有记载。其中《黄道婆》一文，是历史上现存关于黄道婆的最早两份记载中的一份。

元末，文学家王逢也来松江避乱。他生于元大德年间，江阴（今属江苏）人，自号席帽山人。初学诗于延陵陈汉卿。他诗才俊爽，青年时颇有名声。曾作《河清颂》一篇，得到朝廷大臣的赏识，荐他出来做官。他推病不就，隐于无锡梁鸿山。后来因父为松江库司，常来松江谒游，很喜爱三泖九峰明秀风光，就筑梧溪精舍居住下来。精舍内有月山房、冥鸿亭、小草轩等构筑,并于此写下《梧溪集》8卷。至正后期,张士诚占据平江(今江苏苏州),战火殃及平、松一带,王逢便在至正二十六年(1366年)春移居乌泥泾镇,住在宋人张骥的故宅,题其堂为俭德堂,名其园为最闲园。又辟园东荒地,种菜自给,名为青园。居此赋诗授徒为业。到明洪武初,朝廷听到他的文名,邀其为官,他坚辞不受。

元末的隐逸文学一直影响到明清。后代隐逸文人相继不断,也是有根有源的。

二、书画艺术

松江绘画有史书记载大约起自宋代,如北宋的李甲,南宋的温日观、白昌、朱克柔等人。元代是文人画的形成时期,其中成就最高的是山水画,而松江的山水画正处于元代山水画最活跃的区域。更晚些的画家曹知白、张中,以及长期寓居华亭的马琬,都是元代画坛的重要人物。以下列举其中重要的代表人物。

李甲,字景元,北宋画家,和苏轼同时代。当湖(治今浙江平湖)人,也有说法是长期住在华亭,自号华亭逸人。擅长填词小令,同时精于花鸟画,意趣天然,富有情调。"善墨戏,作逸笔翎毛有意外趣。《海岳画史》尝称之。"[10]晁补之为他的画《鸭图》题诗:"急风吹雪满汀洲,近腊淮南忆旧游。小鸭枯荷野艇冷,去年今日冻高邮。"李甲曾经在嘉兴景德院画竹,正好苏轼经过,为题诗:"闻说神仙郭恕先,醉中狂笔势澜翻。百年寥落人何在?只有华亭李景元。"米芾评论他的画是"逸笔翎毛,有意外趣,木不佳"。存世画迹有《喜鹊图》《雪雀图》《瑞鸠图》等,著录于《绘事备考》。另有《古木鹳雀图》,为张谦旧藏,著录于《云烟过眼录》。朱象先,和李甲同时,苏轼称赞他"能文而不求举,善画而不求售。曰文以达吾心画以适吾意而已"⑩。张先,宣和中人,入翰林图画局。白昌,华亭人,工平画。

朱克柔,女,名刚,以字行,华亭人,生活于北宋末南宋初。出身贫寒,以缂丝女红闻名,同时善画,所制丝表面紧密丰满,丝缕匀称,配色精致,富于变化。画面和谐美感,她和沈子蕃等一批优秀丝工艺家一起努力,使缂丝超越实用美术的范围,而以册页的形式摹缂名人书画,发展为具有审美功能的艺术品。其缂丝作品在当时就颇为珍贵,宫廷曾专征其作品,时人争相购买。所作人物、树石、花草都精细高雅,形神兼备,为南宋丝之精品。据《墨缘汇观》记载,她的作品表现人物动之以情,山水树石突出以奇,花鸟翎毛精刻以态,色彩配色浓淡以真,其缂织运丝技法传神自然,宛如用

笔作画,称之为"绝技"。朱克柔的传世作品不多,仅有现藏于辽宁省博物馆的《牡丹图》《山茶蛱蝶图》和上海博物馆的《莲塘乳鸭图》等极少几幅,其中以《莲塘乳鸭图》最为上乘。画中花卉、虫禽的勃勃生态和玲珑的太湖石,潺潺流水等自然景色浑然一体,勾勒出一派恬淡优雅的田园风光。

图30　南宋朱克柔缂丝《莲塘乳鸭图》

温日观,宋末元初书画家,华亭人,人称"狂僧"。得钱即散施贫者,工书法,善草书,喜画冰墨葡萄,用草书手法创作须梗枝叶,又喜欢在旁边题"可喜可愕之语",后人认为其在诗书画结合上颇有成就。作品名重当时,人称"温葡萄"。元世祖至元二十七年(1290年),偶遇同乡士人曾遇,画了两幅葡萄,其中一幅托其带给赵孟頫,赵孟頫为之题跋:"日观老师作墨葡萄,初若不经意,而枝

叶肯棻,细玩之纤悉皆具,始非学所能至。"

其后松江画风渐盛,松江画坛初具规模。元初华亭县画家中,首推华亭曹知白(1272—1355)。他尚义气,乐交游,豪爽好客,以艺会友,曹家遂成为松江文人的聚会场所。曹知白绘画专攻山水,作品笔墨滑润、脱俗。曾被荐任昆山教谕,后不称意辞去。其间及前后,与无锡倪瓒(云林)、昆山顾瑛过从甚密,合称为"江南三大名士"。读易之外,嗜好书画,尤擅丹青,重山水,师法李成、郭熙。笔触柔细,略作渲染即成佳构。笔墨早年秀润,晚年苍秀简逸,风格清疏简淡,为士大夫所称羡。曹知白诗文书画皆有成就,而以绘画为最,是松江画派形成的关键人物之一。存世作品有《松林平远》《溪山泛艇》《疏松幽岫》《雪山图》等。除曹知白、张以文、张子正诸人以外,同时代松江有影响的画家还有任仁发、任子良、夏子言等。

松江画坛基本形成后,苏、松、太一带名家常来聚会,交流画艺。元代松江书法名家首推赵孟頫。赵孟頫(1254—1322),字子昂,号松雪道人,湖州(今属浙江)人。本宋室宗裔,曾长期流寓松江,娶华亭小蒸管道昇为妻。故赵孟頫书法对松人影响极大。赵是王羲之以后,欧、柳、颜、赵书法四大家之一。《元史》说他"篆、籀、分、隶、真、行、草书,无不冠绝古今"。赵孟頫留世碑帖甚多,松江亦有不少。《松江县志》"赵孟頫"条称:"其族兄赵孟僩,出家于松江府城内本一禅院,故孟頫常来松江,在本一禅院讲学授艺。当时华亭文士以书法知名者有王坚、王默、俞庸、章弼等,皆以孟頫为宗。又与松江普照寺住持僧友善,曾以楷书陆机《文赋》相赠。又有《千字文》刻于松江。保存较好的是所书《前赤壁赋》《后赤壁赋》石刻,现嵌于醉白池公园水池东廊壁上。"此石刻平正中带有秀气,点划所道皆有意态,骨清神俊,奕奕生动,实为赵字中难得的精品。赵孟頫的夫人管道昇为著名女书法家,而且她诗、书、画三绝。元仁宗曾特命她书写《千字文》。董其昌《容台集》记:"管夫人书牍行楷与欧波公殆不可辨同异,卫夫人后无传。"卫夫人即晋代卫铄,汝阴太守李矩之妻,工书,王羲之少时曾从其学书。我国古代妇女能书者不乏其人,如唐代薛涛等,然诗书画皆佳,并有书法真迹保留至今的,唯有管道昇,可谓妇女书法家中的第一人。

还有元末四大家中的黄公望、倪瓒、王蒙,以及高克恭、柯九思、赵云岩等。赵云岩的花鸟设色有法,一时被同好仿效。黄公望的巨制《富春山居图》长卷,完成于云间夏氏知止堂。元代松江富翁吕良佐与杨维桢共同在横溪兴办的"应奎文会",是松江画家定期聚会的场所。各地英才的汇集,大大推动了书画事业的发展,为松江书画派的形成做了准备。

元代书画名家三高士杨维桢、钱惟善、陆居仁。三人隐居干山,往来唱和,交流书艺,死后同葬于干山。杨维桢传世书迹有《寄元镇诗迹》《书巫山云涛石屏志跋》《与常德札》《诗帖》《仆客云间帖》等。陆居仁,华亭人,工诗、善书,明洪武五年,尝在宋遗民郑思肖所绘的《墨竹》画卷上题写竹事短句,著有《松云野褐集》。钱惟善承继家学,通史文,善书法,精医道,工诗赋。⑩

注　释

① 据《金山卫俞氏家谱》摘抄资料。

② 本目详参何惠明:《寻根上海》,上海辞书出版社 2011 年版,第 15—18 页。

③ (宋)郑獬:《户部员外郎直昭文馆知桂州吴公墓志铭》,《郧溪集》卷二一,《景印文渊阁四库全书》第 1097 册,台湾商务印书馆 1986 年版,第 308 页。

④ (元)脱脱等:《宋史》卷三百二《吴及传》,中华书局 1977 年版,第

10022—10025 页。

⑤（元）脱脱等：《宋史》卷九七《河渠志七·东南诸水下》，中华书局 1977 年版，第 2414—2415 页。

⑥（元）脱脱等：《宋史》卷三九八《丘崈传》，中华书局 1977 年版，第 12110 页。

⑦谭其骧：《上海市大陆部分的海陆变迁和开发过程》，《考古》1973 年第 1 期。后收入《长水集》下册，人民出版社 2011 年版，第 178 页。

⑧满志敏：《上海地区宋代海塘与岸线的几点考证》，《上海研究论丛》第 1 辑，上海社会科学院出版社 1988 年版，第 51—52 页。

⑨《海盐县志》。

⑩（宋）张方平：《乐全集》附《张方平行状》，《景印文渊阁四库全书》第 1104 册，台湾商务印书馆 1986 年版，第 518 页。

⑪李杕：《徐文定公行实》。

⑫文徵明：《董氏竹冈阡碑》，《甫田集》卷三五。

⑬今青浦区境，见《青浦县志》。何中立，从高宗南渡，居黄浦南，后移居青龙镇。

⑭《青浦县志》。

⑮（明）范濂：《云间据目抄》。

⑯（清）李延昰：《南吴旧话录》。

⑰（宋）范成大：《吴郡志》卷六《官宇》引《瞻仪堂》，江苏古籍出版社 1986 年版，第 61—62 页。

⑱《华亭县志》。

⑲（清）陆锡熊：乾隆《娄县志》卷三《街巷》，《上海府县旧志丛书·松江县卷》，上海古籍出版社 2011 年版，第 271 页。

⑳（宋）杨潜：绍熙《云间志》卷上《乡里》，《上海府县旧志丛书·松江县卷》，上海古籍出版社 2011 年版，第 14 页；（元）徐硕：至元《嘉禾志》卷三《乡里》，《宋元方志丛刊》，中华书局 1990 年版。

㉑（明）聂豹：正德《华亭县志》卷八《仓廪》引刘克庄《平籴仓记》，《上海府县旧志丛书·松江县卷》，上海古籍出版社 2011 年版，第 155 页。

㉒（宋）杨潜：绍熙《云间志》卷上《廨舍》，《上海府县旧志丛书·松江县卷》，上海古籍出版社 2011 年版，第 15 页。

㉓（清）徐松辑：《宋会要辑稿》之《食货一九·酒曲岁额》，上海古籍出版社 2014 年版，第 6408 页。

㉔（宋）杨潜：绍熙《云间志》卷上《场务》，《上海府县旧志丛书·松江县卷》，上海古籍出版社 2011 年版，第 15 页。

㉕（清）徐松辑：《宋会要辑稿》宣和元年条，上海古籍出版社 2014 年版。

㉖（宋）王存等：《元丰九域志》卷五《两浙路》，中华书局 1984 年版，第 220 页。

㉗（宋）杨潜：绍熙《云间志》卷上《税赋》，《上海府县旧志丛书·松江县卷》，上海古籍出版社 2011 年版，第 17 页。

㉘（明）聂豹：正德《华亭县志》卷八《仓廪》，《上海府县旧志丛书·松江县卷》，上海古籍出版社 2011 年版。

㉙（明）顾清：正德《松江府志》卷一一《官署下》引杨瑾《改建记》，《上海府县旧志丛书·松江府卷》，上海古籍出版社 2011 年版。

㉚（明）陈继儒：崇祯《松江府志》卷二《沿革》，《上海府县旧志丛书·松江府卷》，上海古籍出版社 2011 年版，第 67 页。

㉛（明）顾清：正德《松江府志》卷一一《官署上》引马允中《新廨记》，《上海府县旧志丛书·松江府卷》，上海古籍出版社 2011 年版。

㉜（明）长谷真逸：《农田余话》卷一，《四库全书存目丛书》子部第 239 册，齐鲁书社 1997 年版。

㉝（宋）卫泾：《后乐集》卷一三《论围田札子》、卷一五《郑提举札》，《景印文渊阁四库全书》第 1169 册，台湾商务印书馆 1986 年版，第 654、688 页。

㉞（明）顾清：正德《松江府志》卷六《田赋上》，《上海府县旧志丛书·松江府卷》，上海古籍出版社 2011 年版，第 92 页。

㉟（明）顾清：正德《松江府志》卷一《疆域》，《上海府县旧志丛书·松江府卷》，上海古籍出版社 2011 年版，第 16 页。

㊱（明）顾清：正德《松江府志》卷二三《守令题名》，引陆居仁《题名记》，《上海府县旧志丛书·松江府卷》，上海古籍出版社 2011 年版，第 368 页。

㊲黄敬斌：《郡邑之盛：明清松江城的空间形态与经济职能》，《史林》2016 年第 6 期。

㊳（清）孙星衍：嘉庆《松江府志》卷一三《建置志·城池》，《上海府县旧志丛书·松江府卷》，上海古籍出版社2011年版。

㊴钟翀：《江南子城的形态变迁及其筑城史研究》，《史林》2014年第4期。

㊵（明）顾清：正德《松江府志》卷一一《官署上》引杨维桢《重建谯楼记》，《上海府县旧志丛书·松江府卷》，上海古籍出版社2011年版，第151页。

㊶（明）顾清：正德《松江府志》卷一一《官署上》，《上海府县旧志丛书·松江府卷》，上海古籍出版社2011年版，第150页。

㊷（明）顾清：正德《松江府志》卷一一《官署上》引《公廨记》，《上海府县旧志丛书·松江府卷》，上海古籍出版社2011年版。

㊸（元）徐硕：至元《嘉禾志》卷九《堂馆》《亭宇》，《宋元方志丛刊》，中华书局1990年版，第4472、4473页。

㊹（元）徐硕：至元《嘉禾志》卷七《廨舍》，《宋元方志丛刊》，中华书局1990年版，第4462页。

㊺（明）顾清：正德《松江府志》卷一一《官署上》引《新廨记》，《上海府县旧志丛书·松江府卷》，上海古籍出版社2011年版，第154页。

㊻引自熊月之主编，张剑光著：《上海通史·第3卷·华亭建县至上海建县(751—1291)》，上海辞书出版社2017年版，第41页。

㊼（宋）杨潜：《云间志》，《上海府县旧志丛书·松江县卷》，上海古籍出版社2011年版。

㊽（清）诸福坤：《淀湖小志》卷二《治水》，《上海乡镇旧志丛书》第8册，上海社会科学院出版社2005年版，第14页。

㊾（明）宋濂等：《元史》卷六五《河渠志二》，中华书局1976年版，第1638页。

㊿（宋）杨潜：绍熙《云间志》卷下《记》引杨炬《重开顾会浦记》，《上海府县旧志丛书·松江县卷》，上海古籍出版社2011年版。

(51)（宋）范成大：《吴郡志》卷一九《水利下》，江苏古籍出版社1986年版，第291页。

(52)熊月之主编，叶舟等著：《上海通史·第4卷·上海建县至明代(1292—1643)》，上海辞书出版社2017年版。

㉝㉞㉟㊲㊴（宋）范成大：《吴郡志》，江苏古籍出版社 1986 年版。

㊱（宋）朱长文：《吴郡图经续记》卷下《治水》，江苏古籍出版社 1999 年版，第 53—54 页。

㊳（元）任仁发：《分司牒为修筑田围》，《水利集》卷三，《四库全书存目丛书》史部第 221 册，齐鲁书社 1995 年版，第 101 页。

㊵（宋）杨潜：《云间志》卷上《物产》，《上海府县旧志丛书·松江县卷》，上海古籍出版社 2011 年版。

㊶（明）顾清：《傍秋亭杂记》。

㊷本目中采用何惠明、欧粤编著的《明清松江府》（上海辞书出版社 2010年版）第 79—81 页部分资料。

㊸（宋）王存等：《元丰九域志》卷五《两浙路》，中华书局 1984 年版，第220 页。

㊹（清）徐松辑：《宋会要辑稿》之《食货二三·盐法二》，上海古籍出版社2014 年版，第 6494—6495 页。该书记载南宋华亭县买纳场盐额547 350石，与绍熙《云间志》所记同。

㊺清姚裕廉等《重辑张堰志》卷二《官署》云："浦东场大使署，旧在镇，五代汉乾祐时移驻北仓。"说明浦东场盐场官署在五代时就已设立。

㊻（宋）杨潜：绍熙《云间志》卷上《场务》，《上海府县旧志丛书·松江县卷》，上海古籍出版社 2011 年版，第 16 页。

㊼（宋）杨潜：绍熙《云间志》卷上《仓库》，《上海府县旧志丛书·松江县卷》，上海古籍出版社 2011 年版，第 17 页。正德《华亭县志》卷八《仓廪》（第 156 页）认为转般仓"在亭林市"，但又提到般运仓"在张泾堰，乾道八年置，主运浦东场盐"，显然该书认为这是两个不同的仓。

㊽（元）陈椿：《自题熬波图》，《上海掌故丛书》第 1 集，成文出版社有限公司 1983 年版。

㊾（清）孙星衍：嘉庆《松江府志》卷二九《盐法》，《上海府县旧志丛书·松江府卷》，上海古籍出版社 2011 年版，第 705 页。

㊿（元）陶宗仪：《南村辍耕录》卷二四，中华书局 2004 年版，第 297 页。

(71)（宋）孙觌：《鸿庆居士集》卷三四《朱公墓志铭》，台湾商务印书馆 1986年版，第 351 页。

(72)（元）徐硕：《至元嘉禾志》卷二八，《宋元方志丛刊》，中华书局 1990

年版。

⑦⑦⑦⑦⑦（清）徐松辑：《宋会要辑稿》，上海古籍出版社2014年版。

⑦（宋）王象之《舆地纪胜》卷三云："青龙镇，去华亭五十里，居松江之阴，海商辐辏之所。"见南宋绍熙《云间志》卷下。

⑦本段详参熊月之主编，张剑光著：《上海通史·第3卷·华亭建县至上海建县（751—1291）》（上海辞书出版社2017年版）。

⑧王曾瑜：《宋代的上海》，《上海师范大学学报（哲学社会科学版）》1993年第1期。

⑧（清）徐松辑：《宋会要辑稿》之《方域一二·市镇》，上海古籍出版社2014年版，第9528页。

⑧诸葛漪：《上海首座唐宋城镇遗址现青浦》引陈燮君语，《解放日报》2013年2月18日。另可参王辉：《青龙镇：上海最早的贸易港》，上海人民出版社2015年版，第14页。

⑧（明）唐锦：弘治《上海志》卷二《镇市》，《上海府县旧志丛书·上海县卷》，上海古籍出版社2015年版，第31页。

⑧（明）陈继儒：崇祯《松江府志》卷五二《寺院三》引陈林《隆平寺经藏记》，《上海府县旧志丛书·松江府卷》，上海古籍出版社2011年版，第1039页。

⑧（宋）杨潜：绍熙《云间志》卷下《记》引陈林《隆平寺经藏记》，《上海府县旧志丛书·松江县卷》，上海古籍出版社2011年版，第63页。

⑧（明）陈继儒：崇祯《松江府志》卷五二《寺院三》引《灵鉴宝塔铭》，《上海府县旧志丛书·松江府卷》，上海古籍出版社2011年版，第1040页。

⑧见周振鹤：《两宋时期上海市舶机构辨正》，《上海研究论丛》第1辑，上海社会科学院出版社1988年版。

⑧（清）徐松辑：《宋会要辑稿》之《职官四四·市舶司》，上海古籍出版社2014年版，第4218页。

⑧（清）徐松辑：《宋会要辑稿》一二九《食货十六》。

⑨（明）顾清：正德《松江府志》卷一一《官署下》，《上海府县旧志丛书·松江府卷》，上海古籍出版社2011年版，第174页。

⑨（宋）杨潜：《云间志》卷中《水》，《上海府县旧志丛书·松江县卷》，上海古籍出版社2011年版，第34页。

㉒ 王文楚：《试探吴淞江与黄浦江的历史变迁》，《文汇报》1962 年 8 月 16 日。

㉓ (清) 应宝时：《上海县志》卷首，《上海府县旧志丛书·上海县卷》，上海古籍出版社 2015 年版，第 1370 页。

㉔ 谭其骧：《上海得名和建镇年代问题》，《文汇报》1963 年 6 月 21 日。

㉕ (清) 徐松辑：《宋会要辑稿》之《食货一九》，上海古籍出版社 2014 年版，第 6408 页。

㉖ (宋) 吴自牧：《梦粱录》卷一〇《安抚司酒库》，古典文学出版社 1956 年，第 214 页。

㉗ (明) 顾清：正德《松江府志》卷一《沿革》，《上海府县旧志丛书·松江府卷》，上海古籍出版社 2011 年版，第 15 页。

㉘ (明) 宋濂等：《元史》卷九三《食货一》，第 2364 页。

㉙ (元) 陶宗仪：《南村辍耕录》至元十九年（1282 年）。

㉚ 谢湜：《高乡与低乡：11—16 世纪江南区域历史地理研究》，生活·读书·新知三联书店 2015 年版，第 322 页。

㉛㉜ (明) 聂豹：正德《华亭县志》卷一五，《上海府县旧志丛书·松江县卷》，上海古籍出版社 2011 年版，第 214 页。

㉝ 本章"丘宪筑海塘""两宋时行政情况""宋元时水利建设与农业发展""宋元时盐业"等节、目采用了熊月之主编，张剑光著《上海通史·第 3 卷·华亭建县至上海建县(751—1291)》(上海辞书出版社 2017 年版)中的部分资料。

第四章 明代：
经济繁荣文化昌盛

　　元末，松江地区一度成为元兵以及张士诚等割据势力的战场，但很快松江府为明军占领。明军占领之初松江地方士人大多还是欢迎的，但不久因明朝政府推行一些强硬政策引起松人的不满，不少地方发生了闹事。在明王朝建立前一年，朱元璋即派兵镇压了松江地区以钱鹤皋为首的抗交修城砖石、反对验田，集众3万余人席卷全府的地方豪强们。在采取抑制、强硬政策之后，明朝统治者采用的另一手就是极力笼络本地人才，使之入仕为官，由此政治上很快安定下来。这一时期朱元璋将没收的大家族、大富户田地租佃给农民耕种，同时大力提倡种植经济价值较高的棉花，鼓励开垦荒地，降低工商税率，以及兴修农田水利，促进了经济的恢复与发展，由此也吸引了远近大批饱受兵燹之祸的人们纷纷迁来松江定居。元末至正时期松江府有177 348户，到明初洪武间激增至249 950户。明代另一大事，就是倭寇对松江骚扰掠夺，明太祖朱元璋派大将汤和镇守两浙防倭。经明朝军民多年抗击，嘉靖末年倭患始绝，此后迎来了较为安定的局面。

　　明代松江经济一大特点，就是棉纺织业大发展，一跃成为全国棉纺织业中心，史称"衣被天下"，经济发展促进了城市繁华,松江府成为"东南一大都会",松江府城已是"楼阁重重烟雨中。"《云间据目抄》作者范濂说:"隆万以来,生齿浩繁,居民稠密。"当时的府城,道路宽敞、商街连市,"东西南北,非官家栉比,即商贾杂居,市物陈列,无一隙地",到处可见新起的深宅大院。以棉纺织业为主体的市镇不断涌现,宋时松江仅 10 个镇,至明代增至 62 个镇,松江府城也成为全国 33 个工商业重要城市之一。

明代松江整体文化水平普遍提高,科学技术方面,学术研究蔚然成风,著名科学家徐光启大力提倡经世致用之学,对农业、军事、天文、数学等都有精深独到的研究,为后人编写了著名的《农政全书》;明后

图31 徐光启塑像

期以陈子龙、徐孚远、宋徵璧、李雯等人为首的幾社社员,合力编纂了一部 504 卷的巨著《皇明经世文编》,都是经典之作。教育领先,科甲兴盛,明代松江府共有进士 466 人。其中状元 3人:钱福、唐文献、张以诚。按地域分布,其中华亭县 265 人,华亭县进士人数名列全国第一。文学艺术方面,人才辈出,以董其昌为首的松江书画创作及理论研究,引领中国艺术风骚数百年,成为享誉全国艺术领域的标志。以陈子龙为代表的云间派文学,形成于明代后期,是具有明显的家族性、地域性特点的文学流派,集聚了一大批文学才俊。他们既集明代复古文学之大成,又具有强烈的时代精神,达到了师古尚厚与写真尚实的有机融合,成为当时中国文学的亮点,对清代暨近代文学产生了深远的影响。

第一节 政治态势与地方行政

一、政治态势

明朝建国初,鉴于元后期之乱象,明初江南地方士人大多还是欢迎的。松江地区士人贝琼亦有诗云:"朝来吉语解离忧,四海销兵战伐休。地辟尧封皆内属,江通禹凿已安流。复见老生谈俎豆,遂闻壮士脱兜鍪。种瓜好觅青门地,我亦为园学故侯。"①袁凯诗云:"君王观阙倚天开,圆出金山复壮哉。率土再瞻龙虎气,高台还见凤凰来。"②谢应芳诗云:"四国山河喜奠安,一年时序又更端。"③这些诗作都表达了对明王朝结束分裂割据局势的喜悦心情。但随着明廷为巩固政权而推行的一些强硬政策,这种热情骤减,那种不满和不安逐渐在胸中积聚。早在至正二十七年(1367年)夏四月朱元璋即将推翻张士诚政权之际,松江知府归顺朱元璋后,下令各属县查验民间田地,征收城砖9000万块,松江府各地为之惊扰不安。松江颇有号召力的地方士人钱鹤皋见人心动乱,自称"行省左丞",署旗为"元"字,刻砖为印,招集流亡,任姚大章为总兵,结张士诚故将韩复春、施仁济,集众三万余人,攻陷松江、嘉定。遣子钱遵义率部赴苏州联合张士诚。朱元璋派大将军徐达、骁骑卫指挥葛俊等率兵讨之,起义被镇压。此后鉴于松江百姓"助纣为虐",明军欲屠城泄愤,幸有华亭知县冯荣力止之。④

朱元璋登基之初,对江南地区富户还采取抑制政策。贝琼曾云:"三吴巨姓","数年之中,既盈而覆,或死或徙,无一存者。"⑤洪武二年(1369年),明朝官员借征秋粮事件而对松江百姓发难,以"鹤皋悖党"之名,将近两百户,两千余人迁徙颍上。吕良佐长子吕恒被迁徙至长安,最终客死长安,其子亦遭贬谪,孙子、妻子、母亲均相继死于被迫迁徙的途中。⑥ 又如明人杨复吉《梦兰琐笔》谈及明初松江的流放,"岂独(华亭)陆氏,就松属若曹、翟、吕、陶、金、倪诸家,非有逆反乱,徒以拥厚资而罹极祸,覆宗湛族,三世不宥"⑦。松江拥有雄厚财产的家族,在明初无一例外地遭受来自明廷的惩罚,牵连甚至延绵几代。之后朱元璋又对苏松地区征收重赋,还在政治上规定"苏松江浙官毋得官户部",理论上苏松士人通过政治途径改变其赋役负担的出路被堵死。

当然在采取抑制政策的同时,明初的统治者们还是注意设法笼络松江本地人才,使之入仕为官。如华亭人任勉之自登进士后,历任外地知府、知州,朱元璋曾特予旌表。同乡人叶宗行条陈水利,查明确实可行,也受到朝廷的擢用。软硬兼施的政策统治下,一度迎来了政治上的安定,也吸引了远近大批饱受兵燹之祸的人们纷纷迁来松江定居。加上明初朱帝打击土著豪强,没收他们的土地租佃给农民耕种;同时大力提倡种植经济价值较高的棉花,鼓励开垦荒地,降低工商税率;以及兴修农田水利,促进了经济的恢复、发展,使松江经济社会有了较好的发展。

另外,明代松江府所在的江南地区,是整个国家的经济重心所在,因此为政府高度关注。另一方面,这里科举兴盛,经济发达,官绅密集,工商地主的力量较大,于是也成为地方利益与国家利益极容易产生矛盾而问题繁多的地方。明太祖在松江等地区除里甲之外,还建立社坛之制、老人木铎之制、乡饮酒礼等,充分显示了对基层教化控驭职能的重视。明中叶社会动荡加剧,国家无力对地方基层社会实行有效控制,地方士绅并不能真正指望依靠政府来恢复秩序。而以嘉靖倭寇之乱为标志,国家和地方政府的权威逐渐薄弱,士绅开始更多地参与了地方事务,拥有了更多的权力基础。他们一方面向地方政府提出各种建议,一方面则通过各种方式来行使本该由政府承担的责任，以他们为主导力量的水利、灾荒、慈善、治安等民间组织和民间活动日益完善，这是保证松江这样的江南城市保持内在协调和有效控制的重要原因。

二、地方行政

明代松江地方行政制度承袭元制，但又有所变化。明永乐十九年（1421年）迁都北京后，今江苏、上海等区域遂属南直隶。明洪熙元年（1425年），命熊概与布政使周干、参政叶春巡视南畿、浙江，南畿设巡抚自此始，辖应天、苏、松、常、镇、嘉、湖、杭八府。宣德五年（1430年），"命侍郎总督税粮兼巡抚应天等府，始有专职"⑧，最初只辖苏、松、常三府，后扩展至应天等十府。至"景泰四年（1453年），定遣都御史"，遂统称为巡抚都御史。后"嘉靖三十三年（1554年），以倭警，令应天巡抚都御史提督军备，当风汛时，驻扎苏州，严督防守"⑨。嘉靖后巡抚的职权日增，"凡徭役、里甲、钱粮、驿传、仓库、城池、堡隘、兵马、军饷及审编大户、粮长、快手等项地方之事，俱听巡抚处置"⑩，成为地方上举足轻重的重要职官。明洪武二年七月，明太祖便曾命监察御史谢恕巡按松江。⑪巡按是都察院派遣出巡地方的监察御史，"据其已行之事，查考得失，纠正奸弊，不必另出己见，多立法例。其文科武举，处决重辟，审录冤刑，参拨吏农，纪验功赏，系御史独专者，巡抚亦不得干预"⑫。

明代管辖松江地区的有苏松兵备道、苏松督粮道（又称管粮参政）、苏松水利道等。⑬明代府县是按照主官、佐贰官、属官（首领官）、教职、杂职、吏典、胥役等序列编制的。知府为正四品，知县正七品，府州县官因为有衙门，所以统称"有司"。主官下设佐贰官，即副职和辅助官，府的佐贰官是府同知（正五品，俗称"二府"）、通判(正六品,俗称"三府")、推官(正七品,俗称"四府""刑厅"),其中推官品级最低,但是权力较大。"为各上台耳目之官,按院出巡,必先委推官一员查察钱谷、刑名于所属州县,一如上台出巡体,以故按君统辖之地,皆禀奉之。如本府司理最称权要,其胥吏、舆台骄踞加于绅士,小民畏之如虺如蜮,彼视府吏蔑如,各厅无论矣"。[14]县的佐贰官是县丞(俗称"二衙")主簿(俗称"三衙")。此外府县还有属官、知事、检校、司狱司司狱等职。[15]

明代苏松地区是赋粮重地,因此中央对此地抚、按官员的任命也十分重视。巡抚、巡按历来均是专遣大员、名臣出任,历任应天巡抚如周忱、崔恭、李充嗣、海瑞、周起元、张国维等,巡按苏松等地御史如吕光洵、林应训、祁彪佳等,都对松江当地的政治、经济、社会、民生诸方面产生过重要的影响。如海瑞任应天巡抚时,"属吏惮其威,墨者多自免去。有势家朱丹其门,闻瑞至,黝之。中人监织造者,为减舆人","素疾大户兼并,力摧豪强、抚穷弱,贫民田入富室者,率夺还之,徐阶罢相里居,按问其家无少贷"。[16]

另外值得一提之事,松江一些知府、知县为民称赞者还不少。如况钟、赵豫等人便分知苏州、松江等府,俱有治绩。[17]其中赵豫在松江"一意拊循,与民休息","在职十五年,清静如一日"。[18]又如松江知府方岳贡为政十四年,"清操始终如一""培养士子、禁戢衙蠹、锄击豪强、清理义米,兴修水利"等。[19]

第二节　繁荣的经济与畸重的赋役

一、农业经济快速发展

明代统治经初期短暂动乱后,进入了相对稳定的时期。首先农业经济开始了新的发展。松江人民充分发挥聪明才智,通过进一步建造人工堤坝围垦沼泽或低湿荒地,开发出规模极大的各类圩田、围田,充分开发各类荒置田土。与此同时,还大量开垦河港中间各类荒地、隙地。除上述低湿地开垦辟地外,还在松江府东部、北部开辟高阜之地种植棉花。根据测算,明末松江府适宜种植棉花的田地面积达百万亩以上。根据明万历《大明会典》所载,明洪武二十年(1387 年)松江府耕地面积为 513 万余亩。明代松江府的粮食生产仍是农业生产的主要内容,据明代后期松江府地区粮棉种植面积的统计资料,东、西部地区粮田和棉田种植面积约各占50%。农业生产工具和生产技术都有所改进和提高。一般年景亩产二三石,最高亩产可达三石以上。由于东部地区以种植棉花为主,稻米产量人均不足一石,所缺粮食由松江府西部地区或江浙提供,粮食的商品化生产有所发展。稻米种类已分为籼谷、粳谷、糯谷三类,共有 50 多个品种,以适应不同生长期、耐肥性、土质的要求。作为传统的稻米产地,明代松江府在生产工具或生产技术上都有很大的改进。种子的改良尤为突出。当时稻谷良种如六十日稻,三月栽种,六月成熟。香粳、薄稻则更是米中精品,成为明代宫廷内府不可缺少的贡米。弘治年间(1488—1505),松江一府的粮食年产量在 940 万石以上。除上供、缴税外,不少作为商品粮提供给市场。棉花生产和棉纺织业的高度发展,更是明代松江府经济繁荣的重要因素。除大面积的稻田、棉田外,松江尺寸之地都种植豆菜桑竹,连水中也布满菱藕。时人诸葛升《垦田十议》载:"江南园地最贵,民间莳葱薤于盆盎之中,植竹木于宅舍之侧。在郊桑麻,在水菱藕,而利薮共争,谁能余隙地。"[20] 这些蔬菜瓜果除农家自己消费外,也有一部分上市出售,农业的商业性经营已开始兴起。

二、畸重的赋税和徭役

赋税　明代松江赋税额定得奇高的原因，一是明太祖朱元璋恨当年松江百姓资助张士诚，他不但命令将江南大家族和大富户的田地统统没收为官田，还将赋额做了较大提高。松江赋税总额高的另一个原因是官田多。当时全国官田面积占耕地面积的14%，在苏州官田面积达到62%，在松江则高达84%。明代赋额分为四等：民田、官田、重租田、没官田。民田赋额最低，每亩二升三合；没官田最高，每亩一斗二升，苏松的官田大多属于没官田，所以苏松二府的田赋，竟超过了浙江全省。二府之中，松江二县（华亭、上海）的面积仅为苏州七县的十分之三，赋额却是苏州的一半，所以有"江南之赋税，莫重于苏、松，而松为尤甚"，以及"吾乡赋税甲于天下"[21]之说。

一是米麦税。根据有关统计，南宋端平、景定年间，松江府的税粮总量分别为57 810石、158 200石，数额增加近两倍。元代增至20万石，至元二十四年（1287年）更是达到458 903石。明初则暴增至88万石，相比南宋早期，增加了9倍之多。据《万历会典》记载：洪武二十六年（1393年）松江府所交税粮，在18个直属府州中，仅次于苏州而居第二位。而苏州府已从洪武初年平均每亩负担28升降为13升，下降了一半还多，故此后松江平均每亩征收数，在全国已跃居第一位。[22]二是棉布税。实行之初，棉布并非作为独立税种存在，而是为解决税粮拖欠而改征他物的折中办法，其需求量巨大。当然，奖励种植棉花，除了使民免于冻馁之外，还有朝廷用棉衣赏赐士兵、支付边境购买马匹之金、作为俸禄等三种用途，[23]因此明初奖励种植棉花，且给予减税政策。终明一世，松江地区征收棉布数额极大，其中弘治十五年（1502年）、万历六年

（1578年）松江府起运数额即分别为175 000匹、365 000匹（包括阔白棉布332 000匹、三梭布33 000匹）。^㉔宣德八年（1433年），巡抚周忱以松江府为产布之地，奏定将重额官田及贫民下户所欠部分税粮折征棉布，并贴以解运所需的车脚船钱米。凡阔白三梭布一匹准平米二石至二石五斗，每匹加车脚船钱米二斗或二斗六升，阔白棉布一匹准平米一石或九斗八升，每匹加车脚船钱米一斗或一斗二升，上述皆在重则官田上面派征。^㉕所产棉布得以持久地折色（各种折纳税粮者，谓之"折色"）解纳，实物作为缴纳田赋的手段得以公认，周忱的折征之法也成为定制。"自宣德时，许以粗细布准粮，遂金解户"^㉖，这折征之法进一步刺激了松江府棉纺织业的发展。三是货币税。有明一代，松江地区除承担各类实物税之外，还有税课、金花银等货币税。明永乐时期征纳税课、商税、契本工墨、门摊、鱼课、房屋租赁、果木租赁等方面，共计85 432锭2贯964文，至成化八年（1472年）又增加了3.2万锭，增幅达38％。^㉗

徭役 除赋税畸重外，明代松江的徭役也十分沉重。明代徭役分"里甲正役""均徭杂役"两类。"里甲正役"包括地方公务、督收赋粮、修理圩堤、疏浚河道等；"均徭杂役"名目繁多，有解运两京军需、颜料的解户，有斗级、库子、皂隶、馆夫、弓兵等几十种。到明代后期，徭役大致分为里役、粮役、杂役三种。而以徭役负担的轻重，又可分成大役、中役、小役等。大役有解送布匹、粮食、银两去北京、南京等差使；小役有催收粮银，保障社会治安、浚河、运泥、维修水利等。在正役方面，一般由官府根据"黄册"所记加以征发。明代自洪武年间起，基本形成了粮长制度，当时粮长的负担十分沉重。时人曾言："沿乡催办，则有跋涉之苦；人城比限，则有盘缠之苦；完不如数，又有血杖之苦；田地抛荒，又有拖欠之苦；人户逃亡，有代赔之苦。"^㉘华亭人何良俊家族曾经世代为粮长五十余年，"后见时事渐不佳，遂告脱此役"^㉙，其背后的原因便是此。

赋役改革　明代畸重的赋税和徭役,迫使中小农户弃田逃亡,松江府户籍人口从明初的 110 余万人减少到明中后期的 60 万人。但实际上人口并没有减少这么多,弃田农户为逃避赋税、徭役,注销自家的户籍,自愿投身到享有特权的官绅人家,为佃为奴,以求生存,称作“诡寄”。也有部分农民,逃到大城市或附近集镇,从事手工业。明代起,松江府集镇发展较快,与此也有较多的关系。由于赋税过于沉重,因此,从永乐十三年(1415 年)至永乐十九年,松江一府历年所欠税粮已不下数百万石;之后,从永乐二十年至宣德二年(1427 年)又继续增加拖欠额数百万石。宣德五年,松江府解交南京仓口税粮,原定 439 273 石,而实际只交了 66 710 石,只及原定数额的 1/7(明顾清《周文襄公年谱》上卷)。尽管如此,在宣德以前,明政府宁愿在人民逋欠数额十分巨大而无法追缴时才临时采取一些减低税额或蠲免积欠的措施,而始终不肯明令减税。明代松江士大夫出于自身或本地区利益的驱动,亟论江南赋役沉重,吁请朝廷予以减轻。如范濂曾满腹牢骚地说:“赋役两端,东南重务,非特国计所关,而民俗之存亡,皆由于此。”他对额外之征尤为不满,激动地批评道:“松赋正额,民已不堪,而额外又有均徭、练兵、开河、织造、贴役、加耗,种种不经,难以枚举。则如上乡三斗六升五合起科之田,计有五斗之供矣,况兼凶荒赔纳,其利安在,而士民亦何乐于有田也?”他还坦率地表露心迹,所言实为地方利益考虑:“顾生于斯,长于斯,且目睹流离困苦之状,则桑梓之爱,自有不容不言,而言亦不容不详且切也。异日者,仁人君子或不遗刍荛,因而援手松民倒悬,余又何惜出位之罪哉!”㉚万历时,华亭士人林景旸上书巡抚胡执礼,申诉更定徭里贴役后松江百姓役银负担过重,认为:“江南赋役甲海内,而敝郡蕞尔僻壤,列为雄望,频年以来供亿繁苦,既无不尽之力、不竭之财矣。”他提出:“一年之敲扑,其原皆起于毫厘;岁岁之敲扑,其根又起于一日……诚欲利民,当省在官之用,而不当增在民之供。"㉚上述事例皆说明,以维护本地利益为己任已成为江南士人颇为普遍的观念和意识。而任职于苏松的官员鉴于多种因素的考虑,也屡屡上书,要求当局减赋轻役。朝廷清楚苏松赋重,亦有过多次减免苏松税粮的举措。早在洪武四年(1371年)便诏令两浙地区"合纳秋粮及没官田租,尽行蠲免"㉛。又如宣德五年,一次即减税粮米麦豆谷共计302 885石,其中华亭县核减174 562石,上海县核减128 323石。㉜然而,那终究不过是权宜之计。明初所定苏松的税粮额赋,后来还是代代因袭。

也许朝廷也感到了松江税粮赋额太高以至于无法缴纳是个问题。首先,在当时松江知府王源、苏州知府况钟的力陈下,朝廷终于在宣德五年(1430年)、七年两次允准苏州府减免税粮72万石,松江府减免税粮30万石。其中松江府的30万石减免额中,有2.7万余石古额官田税额,因为户部极力反对,未能全部减免成功。松江府最后实际减免税粮额28万石。其次是对重粮官田正式实行折征银两、布匹。松江府折纳税粮达482 687石,其中折银征收274 687石,每4石折银1两,共计折色银68 671.7两;折布征收208 000石,共折纳三梭细布33 000匹,阔白粗布142 000匹(明范濂《云间据目抄》卷四《纪赋役》)。明洪武三年(1370年),朝廷下令在松江一府收布30万匹,代秋粮输纳。㉝此后永乐二十二年(1424年),浙西苏松等地因水灾,诏粮一石输布一匹。㉞这些尽管只是临时之举,却开了一个先例,税粮不足可用布匹相替,这无疑给重赋压力下的苏松民众提供了一条生路。宣德六年,周忱任江南巡抚时,在苏松地方有力地推行赋役改革,成效显著。正统八年(1443年),周忱奏准松江一府凡阔白三梭布一匹,准平米二石。㉟几年后,周忱又"议于秋粮带征耗米易银代之"㊱。周忱在赋税上的创新,赢得了广泛的民心。时有赞誉:"文襄(指周忱)以布代银,实万世良法。"㊲

继周忱之后，又有海瑞等官员在松江一带进行赋役革新。海瑞时任应天巡抚，他的赋役改革主要侧重于役法。隆庆三年（1569年），海瑞在松江等地实行一条鞭法，"以一县繁简适中为准，总计徭役几何，当用值几何，于是概一县之田，除一切免优外，总计田亩几何，一亩当出雇值几何，不论官民，惟按户计亩，按亩收值，其编差徭，官自办雇，遂以其式，颁诸郡县，一体行之，名为'一条边'"[①]。海瑞所行之法，是以本县之田，承担该县之役，废除排甲轮役的制度，变徭役等多税制为单一税制。一条鞭法将田赋与徭役分别归入田赋之中，统一征收，折算成白银后再集中交给官府。这种将土地税、劳役税合并，统一以土地为基础征收赋税的改革措施，简化了明初以来繁琐至极、远失公平的税制，减少了赋役征收过程中各类营私舞弊、欺压百姓、挪移贪贿的现象，一定程度上减轻了底层百姓的税役负担。这里所及尽管海瑞所行之法，对沉重的赋役有所缓解，但总体而言明代赋役过重问题始终未能根本得到解决。

第三节　棉纺织业成为松江府的支柱产业

一、盛况空前的松江棉纺织业

松江棉纺织业经过元代的初步发展，至明代进入了一个大发展阶段。当时首先是明政府的推动，明初朱元璋在登基时曾诏令天下："凡民田五亩至十亩者，栽桑、麻、木棉各半亩；十亩以上，倍之。"洪武二十七年（1394年）开始，朱元璋还推行"桑枣田""棉田"免税的办法，开创了棉田免税的先例。当时松江府棉花种植面积巨大。据徐光启《农政全书》中所记"海上官民军灶，垦田凡二百万亩,大半植棉,当不下百万亩"。在松江地区,一方面是农民自己被迫以布折粮交售田赋,另一方面因为当时松江府已是全国棉纺织业的发达地区,封建统治者直接要求松江府折粮交售棉布。洪武三年,"户部奏赏军用布,其数甚多,责令浙西四府秋粮内收布三十万匹"时,明太祖就说:"松江乃产布之地,止令一府输纳,以便其余民征如故。"⑩明代统治者有意识地在松江地区扩大征收棉布,给松江人民带来了沉重的经济负担,却也刺激了松江棉纺织业的发展。松江人民为了应付沉重的赋税和维持生计,不得不将大量的人力、物力投入到棉纺织生产,将所织棉布折交田赋,另外也尽力通过棉纺织业争取到一些剩余品来改善生活。因此棉纺织业当时成为松江人民赖以生存的产业之一。松江地区的城镇人家很多都投入了纺织活动。"棉布寸土皆有","织机十室必有"。⑪"乡村纺织,尤尚精致,农暇之时,所出布匹,日以万计。"(宋应星《天工开物》)"纺织不止乡落,虽城中亦然。里媪晨抱纱入市,易木绵以归。明旦复抱纱以出,无顷刻间,织者率日成一匹,有通宵不寐者。田家收获,输官偿息外,未卒岁室庐已空,其衣食全赖此。"⑫这一时期棉

图32 古籍中的松江棉纺织场景

纺织生产也已完全成为松江地区经济发展的主流。

　　机声轧轧,子夜不息,松江人民繁忙纺织,辛勤劳动,带来了松江棉纺织业的兴盛,而棉纺织业的兴盛使松江地区的商品经济空前地活跃起来。由于松江棉布生产量大幅度增加,本地生产的棉花不能满足需要,于是北方和江浙地区的棉花开始大量供应松江地区。"今北土之吉贝贱而布贵,南方反是,吉贝则泛舟而鬻诸南,布则泛舟而鬻诸北。"⑱棉布运向北方,棉花运向南方,成为南北贸易交流的一项重要内容。邻近的江浙地区不少地方的棉布业因不能与松江竞争,于是有的就不再集中力量从事织布,而加强棉花生产或专做纺纱,将花、纱供应松江地区。在明万历《嘉善县志》中就记有:"至于

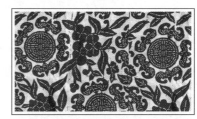

图33　松江棉布

棉纺,穷民无本,不能成布,日卖纱数两以给食。"故谚云:"买不尽松江布,收不尽魏塘纱。"北方地区的棉花和江浙地区的棉纱源源不断地供应松江地区,这也是松江棉纺织业能长期维持兴盛的一个重要物质条件。明末清初叶梦珠的《阅世编》说:"吾邑地产木棉,行于浙西诸郡,纺织成布,衣被天下。"明正德《松江府志》提到松江城乡人民是"俗务纺织,他技不多,而精线绫、三梭布、漆纱、方巾、剪绒毯皆为天下第一"。松江棉布声名昭著,因而开始远销全国各地。当时全国有许多松江棉布的销售市场,松江布号在外地生意兴隆,其中以北方最佳。"北方多吉贝,而不便纺织者,以北土风气高燥,绵毳断续,不得成缕,纵能成布,亦虚疏不堪用耳。"⑲而松江布织得紧密,细沙不能渗入,穿着松江布,如遇风沙灰尘,一抖便掉落,因此松江布特别受北方人欢迎,在北京、天津、太原等地的市场上销路特别好。

由此可见松江棉纺织业推动了商品经济的发展。一是农户将织成的棉布拿到市场上去卖，换回生产必需品。这种与农业相结合的家庭手工业，随着纺织收入在农户的总收入中所占比重的增长，随着农民用于纺织的劳动时间在全年劳动时间中所占比重的增长，相应地由副业转变为主业，手工业与农业也相应地趋向分离。二是织户大半居住在城镇上，与土地很少联系或没有联系，他们不是利用"农暇"，而是以全年或以主要劳动时间，从事纺织，可以说是一种专业的小商品生产者。他们没有原料，棉花或棉纱必须仰赖商人供应，织成品也必须出卖，否则不能维持生活和再生产。在商品流通过程中，一批商人巧于经营，逐渐成为巨商大贾。许仲元《三异笔谈》布利条记载松江张家致富的情形："沪渎梭布衣被天下，良贾多以此起家，张少司马未贵前，太翁已致富，累巨万，五更篝灯收布，千匹运售闽，每匹可赢五十文计，一晨得五十金，所谓鸡鸣市也。"三是专业的机户。明代松江地区原有数目众多的工匠，他们身隶匠籍。据清嘉庆《松江府志》中记载，崇祯年间松江府属有匠户3 336丁，存留松江府织染局上工有110名。华亭知县郑友元在《布解议疏》中说的"今在城机户，惯织官布者，原自有人"，当是工匠的一部分。郑友元曾把当时华亭布解梭布16 185匹，棉布48 935匹，全部交在城机户于一二月之内织成。根据当时的生产水平推算，在城机户不在少数。他们世代以手工业为生，平时当然是为市场生产的。

二、有力促进了城乡商贸繁华

明代松江府城依托棉纺织业的兴盛，呈现一派繁荣的景象。当时松江地区的棉纺织业，已不同于传统意义上的男耕女织，不再以生产物为直接消费品，而将产品以商品形式送入市场进行交易，换取货币后,再购置手工业原料与生活必需品,这是真正意义上的商品生产。⑤如正德年间,民众"抱纱入市,易木棉以归。明旦复抱纱以出"⑥。棉花的生产与供给相互结合,率先于松江府城为中心形成棉花市场,并出现了各类棉花买卖交易中心。随着松江棉纺织业的兴盛,大量的棉纺织原料和成品需要流通,松江的布商深入到各县、乡、镇,开设行庄,收购棉布。松江府城与乡镇出现了许多布市,为棉纺织物服务的染踹坊也大批出现。松江府城棉布市场的繁荣,吸引了全国各地商人前来牟利。外地的布商纷纷前来松江地区收布,很多商人是挟重资而来的。叶梦珠《阅世编》记:"前朝(指明朝)标布盛行,富商巨贾操重资来市者,白银动以数万计,多或数十万。"据《阅世编》记,当时市场价,小布二钱银一匹,由此推算,10万两白银的成交额,就要有500万匹布运出松江,而且"数十万"者不可能只是一二家,可见松江商品市场棉布销售成交额之巨大。《木棉谱》作者褚华的六世祖长史公是明代后期布行的坐商。据他回忆,当时"秦晋布商皆主于家,门下客数常数十人,为之设肆收买,俟其将戒行李时始估银与布,捆载而去。其利甚厚,以故富甲一邑"⑦。

　　明代松江地区,随着手工业的快速发展、商业贸易的不断繁荣,牙行的地位越来越重要,并在巨额商品流通、货物贩运与市镇贸易中占据主导地位。松江府在明中叶以前的官布征输一般由粮长承担,但随着粮长制的变化和赋税折银化改革的趋势,粮长输布出现了不少弊端。成化二十二年(1486年),松江知府樊莹进行税粮的折银改革,并规定由布行代替粮长输布,允许布行"资持私货,以赡不足"⑧。于是,布行"代粮输布",在赋税折银化的改革中渐成定制,牙行的地位随之逐渐提高。范濂曾言:"况今北边每岁赏军市房,合用布匹无虑数万。朝廷以帑藏赴督抚,督抚以帑藏发边官,边官以帑藏赍至松郡,而牙行辈指为奇货,置酒邀请边官,然后分领其银，贸易上海、平湖稀布，染各种颜色，搪塞官府。”㊾可见牙行通过收买负责采办的边官，获得办布的特权，然后再从中牟利。当时除了布行之外，还有布庄。布庄拥有大量的资本，是经营大规模的中间买卖和仓库业的批发业者，其贩卖的交易对象是外来的布商。棉布牙行即布行则是外来的布商和布庄间的媒介，许多布行可能从属于布庄。㊿此外，还有一种包买商制度——布号，根据清人顾公燮《消夏闲记摘抄》中“数百家布号，皆在松江枫泾、朱泾乐业，而染坊、踹坊商贾悉从之”(51)的记录。由此可见当时松江府城和周边市镇商贸市场已热闹非凡。

到了隆庆、万历以后，随着赋税折银化改革的进行，州县田赋中以白银方式征收的折布税额，都由官府下拨到布庄和布行，令其采购，以避免官布征输在中间环节中的各类弊端，布行由此成为政府实际上的采购商，所起的作用越来越大。一些牙行为了擅官布之利，争商货之盈，还与权势之家勾结。所以前文曾引叶梦珠之言，称明朝在标布盛行时，随着富商巨贾操重资来松江，“牙行奉布商如王侯，而争布商如对垒”，故“非借势要之家不能立也”(52)。而很多官绅也开始染指布行生意，直接进行投资。

明代中期以后，松江城内以纺纱织布为中心的各种商业交易广泛展开，由此各类人员积聚。随着非生产性城居人口的增多，粮食等各种需求增大，必须要依靠市场机制，通过贸易获取。另外，虽说松江府的粮食基本稳定，但一旦遭遇大灾歉收，也需通过市场从外部调入。陈继儒便言：“向年吴中不熟，全恃湖广、江西。”(53)当时松江府城里，除常见粮食、布帛、盐业贸易外，茶叶、瓷器、酒水、食品、木业、文房、印刷、书铺、皮革、参业、烟叶、杂货，甚至典当、赌博、剧场、杂技、风月场所等多种行业和领域，都日渐形成，迅速发展，以满足居民生产、生活，甚至娱乐多方面的需求。

随着城市经济快速发展，松江府城地位不断提升。翦伯赞《中国史纲要》第三册第二节中记述："当时工商业发展比较显著的城市，除去南北两京外，大致分布在江南、东南沿海和运河沿岸三个地区，而其中以江南地区最为繁华。在这里，已经形成五大手工业的区域，即松江的棉纺织业、苏杭二州的丝织业、芜湖的浆染业、铅山的造纸业和景德镇的制瓷业。"松江位列五大手工业中心之首。

第四节　府城建设与集镇快速发展

一、府城建设大发展

随着松江城市经济加快发展，人口大量涌入，城市建设发展也出现了很多新面貌。《云间据目抄》作者范濂说："隆万以来，生齿浩繁，居民稠密。"松江已成为"东南一大都会"，东西向的松江中山路最早是唐时始建的华亭县城中的一条通衢大道。明崇祯《松江府志·街巷》说："郡治大街西自跨塘桥以东，东自华阳桥以西，贯府县两治之前，曰大街。"该路初为三四米宽的青石板路，以后逐渐放宽拉长。明代松江随着棉纺织业的兴盛，府城内外，商市云集，店铺林立，楼堂连片。范濂还特意提出："松江保障之法莫急于筑新城。"此后，新城虽未修成，但为了解决城内拥挤不堪的问题，适应迅速发展的经贸往来和日益增加的人口，松江城开始沿市河向东西两侧延伸，由此逐步形成一条东至明星桥，西至祭江亭，用石板、条石铺成的十里长街，街宽三四米，两旁房屋楼阁相连，店铺商行相望。

明洪武三十年（1397年），松江府以早期张士诚所筑的土城为基础，筑起了一座砖城。城周围9里73步，高丈有8尺，池（护城河)广 10 丈,深 7 尺余。城上建有敌台 20 座,窝铺 26 座,雉堞(垛口)3 389 垛。开有 4 个陆门,4 个水门。水门主要让城内外河道沟通,潮汐流畅,还可供船只进出。4 座陆门分别是东门披云门、西门谷阳门、南门集仙门、北门通波门。今谷阳路中山路口位于西门稍东位置,西城墙走向与谷阳路平行,位置在谷阳路西侧,谷阳路因谷阳门而得名。4 座城楼,东门城楼名"迎生"、西门城楼名"宝成"、南门城楼名"阜民"、北门城楼名"拱宸",都由董其昌题写。

据明人记载,嘉靖倭乱之前,"城多荆榛草莽",城内甚至有大量的农田,"中舍第后皆膏腴田也"。此后"士宦富民,竞为兴作"⑤。晚明时"朱门华屋,峻宇雕墙,下逮桥梁、禅观、牌坊,悉甲他郡"。城内已经非常繁荣。如郡中府治西北原来为"细民传舍",最为荒凉,但随着各位官员在此大兴土木,不久"故东至南水关,西至放鹤滩,北抵元辅旧第,蔚然皆琼楼玉宇,梯城一望,如鱼鳞杂沓"。与此同时,人口也日益增加,"隆万以来,生齿浩繁,民居稠密","即四郊外十里许,计男妇不下二十万余",而仅仅"方不逾九里"的松江府已经无法容纳如此多的人口。因此到了明末,府中已有筑新城之议,"有识之士必以筑新城于西郊为首务",但传统社会的地方官员并没有把城市建设作为其工作的重心,所以"当路者辄以钱粮缺乏为辞"⑤。后新城虽未建起,在西门外也确实新筑了一座西仓城,"城周围二里,高一丈八尺,陆门凡四。濠广六丈,深三丈余。"但其功能限于保护水次仓,根本无法满足人们扩城的需要。⑥更值得注意的是,当时松江府城外的一些街区已十分繁荣,甚有胜过城内之势。嘉靖三十三年(1554 年)倭寇在东门外,"自吊桥放火,北抵俞塘,南抵板桥,约七八里,烟焰烛天,三昼夜不息"。三十五年,又在西门外"大肆焚劫,烟火七昼夜不绝"⑤。这些情形从侧面说明东、西门外附郭街区域的广大。据范濂所述,晚明时"松城四郊外,如南北两门素号荒僻,年来虽民居稍密,而土木未有大兴。至东西二门,系商贾辐集之地,故倭夷回禄之后,宦室富民或依次更新,或依次修复,遂成都会。而西尤加三倍于东"。另外,值得注意的是当时在松江城所建的数十座规模宏大的桥梁,当时在市河上一座连一座漂亮的桥梁,夜晚灯火亮起东西十里府城十分美观。保存至今大仓桥、跨塘桥、咸通桥、秀南桥等桥梁仍是一道道亮丽的风景线。

图34　明代大仓桥

随着经济的发展,财富的积聚,明代中期松江府城内出现了大兴土木建宅造园,一时盛况空前。一方面城墙内多仕宦之家,如崇祯《松江府志》所言,明代中后期"室庐之变。初惟厅事堂楼。乡大夫多有居城

图35　古城老宅

外者……，今缙绅必城居，故宫宅第转展相售，居必巧营曲房，栏楯台砌，点缀花石，几榻书画，竞事华侈。"嘉庆《松江府志》中列为名迹的明代第宅，如宰相徐阶、礼部尚书董其昌、少司寇徐陟、御史冯恩、尚书陆树声、中书顾正谊等数以百计的住宅。另一方面，一大批棉纺织业等富商经商发达人士所建的豪宅更是数不胜数，可见当年深宅大院，甚为壮观。据 21 世纪初文物普查，至今尚保留的明代的官宦豪宅有位于中山西路的葆素堂、朱椿宅，位于中山中路的王冶山宅，位于景德路的钱以同宅，位于秀南街的许威宅，位于王家滩的沈氏宅，位于醉白池的雕花楼等数十处。另外，当时私家园林建造也进入了鼎盛期。崇祯《松江府志》记："园林之变。初先达里居，粗有园亭，与贫交故旧，往来盘薄，或读书赋诗，如顾文僖傍秋亭、近陆文定适园，并无层台危榭。乃有辇石疏渠，靡极土木，费至千万缗者，仅供冶游。顷复用黄石垒山，向横云半为石工所凿，今山灵更苦剥肤矣。"当时在府城内外以及所属城镇，形成了较

图36　明代颐园

多的园林区域。明末清初人叶梦珠在《阅世编》中记："昔人谓苑囿之废兴，洛阳盛衰之候也。信哉是言乎！余幼犹见郡邑之盛，甲第人云，名园错综，交衢比屋，圜阓列廛，求尺寸之旷地而不可得。"见于文献记载的明代松江府境内的私家园林有百余座。据旧志记述的著名私园有熙园、啸园、倪园、适园、芝园、文园、傲园、孙家园、濯锦园、真率园、南园、西佘山居、东佘山居、日涉园、豫园、露香园、

怡老园、后乐园、朋寿山、叶家山等。明代松江无数深宅大院、豪华园林，充分显示出府城繁华的盛况。

图37　明清旧宅

二、周边市镇快速发展

　　明代松江府以棉纺织业为主体的经济大发展，使周边很多市镇形成了以棉纺织业生产、贸易为中心的工商业镇、市，一时使众多的人口同农业分离，转变成为工商业人口。据史料记载，明清松江地区在鸦片战争以前形成的大小市镇，共计有200余个。这些市镇较多是在明正德、万历形成和发展起来的，形成了一个十数里一大镇、三五里一市行等居民点的商品生产基地和商业资本活动基地。明代正德以前，根据《松江府志》记载，本地已形成市镇30余个。这些市镇大体上可以分作三类：第一类是由地主、官僚等聚居而著称的,尚未查见商业资本侵入的具体资料,可以说是封建性的市镇,如拨赐庄、萧塘等。第二类是由于兵防上占有重要地位而形成和发展起来的,随后政府在这里设置了卫戍机构——巡检司,而经济也很发达,特别是商业,政府并设有征税机构——税课司,如金山卫、青村镇、陶宅镇、金泽镇等。第三类是由于地方经济的兴盛而发展起来的,有的在宋元以前已成市、镇,有的是在明初才置税课司或设镇的,这类市镇所占比例最大,为数最多。其中一部分是制盐手工业的基地,政府设有盐场、盐仓或盐课司,“居民多盐丁”,“盐贾辐辏”,“人繁物广”;另一大部分则是与棉纺织业生产有直接关系的,如青龙等镇为药斑布的产地,沙冈镇是三梭布的产地,乌泥泾镇是番布产地等。另外,如枫泾、朱泾等镇,既是棉布的集散地,也是棉纺织业加工中心。

在棉纺织业兴盛刺激下,松江府周边由棉纺织业带动而兴盛的集镇有朱泾、枫泾、朱家角、莘庄、七宝、龙华、法华、三林塘、金泽、周浦等。如朱泾已是“万家灯火似都城……元室曾任置大盈,估客往来多满载,至今人号小临清”。朱家角镇是“商贾凑聚,贸易花布,京省标客往来不绝,今为巨镇”。娄塘镇是“虽系弹丸,而所产木棉布匹倍于他镇,所以客商鳞集,号称‘花布码头’,往来贸易岁必万余,装载船只动以万计”。明中叶起,围绕着棉纺织,有很多市镇形成了自己镇市的特色。生产纺织工具的,如金泽、朱泾出锭子,吕巷、七宝出纺车,远近闻名。其他如奉贤南桥镇很多人家都从事缝纫加工,“家慕章缝,户多饶裕”。青浦朱家角镇上棉花、棉布交易兴旺。

而当时上海县更是在松江棉纺业兴盛的环境中,完成了作为中国经济都会与重要港口形成的第一个高潮。同时上海县创造了许多名牌棉布,有七宝的缂丝布,还有乌泥泾的象眼布等,棉花与棉布交易十分兴隆。由于淤泥堵塞,河道改变,原来松江府青龙镇港口和太仓州浏河口港作用逐渐式微，为上海港所代替。上海县城临近黄浦江港口的小东门外的棉花、棉布交易市场成为松江府地区首屈一指的集散中心，闽粤商人运来砂糖出售，然后买布、买棉而返。那时，上海港口"楼船千百，皆装布囊累累"，"每晨至午，小东门外为市，乡农负担求售者，肩相摩袂相接焉"。《上海竹枝词》曾记"东门一带烟波阔，无数樯桅闽广船"。

第五节　吴淞江与黄浦江的治理　　　对地区发展的大拓展

南宋绍熙《云间志》："华亭号为泽国，其东南则巨浸，其西则长泖，其北则松江（吴淞江）"。宋代，太湖泄水主要通过吴淞江、浏河、白茆河等江河排入大海。华亭县依托吴淞江的水利和航道，农业生产和航运事业得到长足的发展。水稻亩产量居全国之首。青龙镇不仅是上海地区，而且也是浙西、苏南重要的通海商贸港口。元代后，由于海岸线东移，吴淞江湮郁不畅，渐为沙涂，海舶难以溯流而上，青龙镇日渐萧条，丧失了贸易港口之利，终致衰落。

吴淞江，历史上曾被称为松江、淞江、吴松江。关于吴淞江的异称，以记载"松江"最为普遍。也有记载为松陵江、笠泽江、青龙江、沪渎江的，这些是吴淞江上游某个段落的名称。上海开埠后，外国殖民者从上海乘船而上，溯吴淞江探索，发现可以直达苏州，就称其为"苏州河"，后逐渐流行，现成为吴淞江下游的别称。

宋代前，吴淞江浩阔异常，最阔处达二十余里，是太湖水泄入东海的主要通道。宋代起，由于泥沙淤积，加上农民在吴淞江畔占水造田，江面日益缩小，到明代初年，吴淞江淤塞情况越来越严重，水面只有三十丈了，其下游"几成平陆"。吴淞江逐渐失去了排泄太湖出水的主要功能，下游地区经常发生水灾。治理和调整太湖水系，疏浚太湖和浙西诸水入海通道成为当务之急。

吴淞江淤塞严重，使太湖流域水灾不断，直接影响到明王朝的赋税收入。明永乐元年（1403 年），明成祖朱棣即位不久，浙西发生大水，灾及松江、苏州、嘉兴等六府。朱棣立即委任户部尚书夏原吉赶赴苏松治水。

夏原吉到达苏松以后，一面实地查察灾情、地形，一面召集官僚及地方人士，听取大家对治水的方略。当时对治理太湖之水有两种意见：第一种意见是"治江"，认为治理太湖之水只有从治理吴淞江着手；第二种意见是"治浦"，提出一面将太湖水疏导进长江，以减轻吴淞江的压力，一面加强黄浦的排水能力，通过黄浦来排泄太湖之水。在治理方法上，也有两种意见：一种主张用"堵"的方法，即采取前人一直采用的修围、开江、筑堤、置闸等方法；另一种意见主张"导"，禁止农民等筑坝阻流，疏通大小河道，即分导太湖之水归于海。

面对两种不同的方案，夏原吉深入实地考察，经过反复研究，决定采用"治浦"和"疏导"相结合的方案。具体规划是，将太湖泄水向北分流进浏河、白茆河；向南分流进黄浦。这是一个需要有极大勇气和极高智慧才能作出的决断，是前人从未尝试过的谋略。如果照"治江"方案治理，数年内可以见效，但只能治表，不能治本。一个正确的决定，有时往往能施惠于千秋万代。正是夏原吉打通黄浦的大胆决断，才有今天黄浦江的浩阔，使之成为太湖泄水的主要通道，才有今天的上海港和大上海的繁荣。

黄浦江的前身是黄浦，在明代称为大黄浦。历史上，上海地区流传春申君开凿黄浦江的传说，我们可以把它当作民间故事，但不能看作是历史。据史料及地质分析证明，春申君生活的时期，今上海市中心城区大部分及浦东地区尚未成陆,为此,历史地理学家谭其骧教授曾说:"战国时期黄浦江还在海里,春申君为何要在海里开凿一江?"不过黄浦江确实并非先天就有,主要是靠后天的人力改造才得以形成,但提议此项工程的并非春申君,而是夏原吉。明代永乐年间起,黄浦江水系逐渐形成,至今才有600来年的历史。

北宋时,黄浦还是一条名不见经传的小河。如北宋水利专家郑亶的《水利书》详载松江(吴淞江)两岸江浦有260多条,就没有提及黄浦,可能当时这条河流还没有以黄浦命名,或者虽已称为黄浦,但因河流过于细小而不及著录。南宋以后,黄浦的名称逐渐出现在史籍之中,当时仅以"塘"相称,还是吴淞江的一条小支流。元代起,黄浦渐渐有名,史书中也屡屡提到此河,但还不甚宽阔,"阔尽一矢之力",即一箭之远,估计也只有五六十米罢了。

图38 黄浦江源头

夏原吉在具体治理上实施了两项工程。一是吴淞江上游分流,"引太湖诸水入刘家、白茆两港,使其势分"。明永乐元年(1403

年），夏原吉共征用民工十多万人，疏浚吴淞江上游南北两岸支流，计25 000余丈，引太湖水通过浏河入海，经白茆河注入长江，从而增加了太湖的泄水通道，减轻了吴淞江的压力。二是拓宽范家浜。范家浜的位置在今上海南市附近，原是黄浦旁的一条小河，经南跄浦入海。拓宽范家浜以通黄浦后，以黄浦作为上游，范家浜、南跄浦作为中游和下游，组成新的河道。这项工程在明永乐二年基本完成，共开掘大黄浦、范家浜12 000丈。

经过这次治理，产生了两个结果。第一，形成了一条以大黄浦、范家浜、南跄浦组成的新河道，这就是黄浦江。黄浦江形成之初，上游接与太湖相通的淀山湖，下游从川沙东向入海。以后随径流冲刷，河口向北摆动至今吴淞口入长江，成为长江的支流。80%的太湖水通过黄浦江排泄入海，浙西诸水也经过黄浦江东流。黄浦江足以敌潮，不致淤塞。第二，改变了松江府地区河网格局，以吴淞江为主变为以黄浦江为主。夏元吉治水后，吴淞江下游仍继续使用，但此时吴淞江经过分流，水量大减，冲淤能力更弱，下游河道已不能行船。因此，在明正德十六年（1521年），李允嗣征用民工实施吴淞江改道工程。这次工程，废弃吴淞江下游故道（今虹口区虬江路一线），另外掘宽宋家港70余里河道，引吴淞江水至陆家嘴与黄浦江汇合。这样一来，原是支流的黄浦江成为干流，而原来是干流的吴淞江则成了黄浦江的一条支流。现在我们已很难想象唐宋年间吴淞江的气势，如果还有什么遗存的话，那只有吴淞口一处了。因为黄浦江是夺吴淞江入海的，所以至今黄浦江的入江处仍然被称为吴淞口。

黄浦江并非从一开始就像今天这样壮阔。这条新河道最初也只有30来丈宽（约100米），还不能马上成为太湖泄水入海的主要通道，一遇水灾还会出现灾情。因此，黄浦江、吴淞江的治理仍不断进行。据史料记载，从明初永乐年间至正德年间的一百多年时间里,共有 9 次较大的治理,此后又不断疏浚,但疏浚间隔与宋、元相比有所延长,平均十多年才疏浚一次。由于长期的疏浚治理,加上潮流的自然冲刷,黄浦江航道逐渐宽阔。明正德年间,黄浦江已宽约 2 里,水深可容大船航行。

黄浦江新通道的形成,是松江府农业生产和港口航运的历史转折点。松江地区抗御水涝灾害的能力显著提高,为农业高产、稳产打下了基础。凭借黄浦江这条优良航道,位于黄浦江边上海港有了稳固的长期发展的基本条件。上海港逐渐替代了昔日的青龙镇,经过数百年的发展,最终成为世界航运大港。黄浦江成为长江入海口的第一条支流后,控江襟海,处在江海中转的最有利的地理位置上,为上海城市的发展提供了极其优越的条件。可以这么说,没有开拓后的黄浦江,就不会有今天的上海大都市。

第六节　云间派文学和松江画派、松江书派独领风骚

一、以董其昌为代表的书画艺术

松江画派　明隆万年间,松江画派兴起的第一代画家是莫是龙、顾正谊与孙克弘。莫是龙工古文词书画,誉满文坛,其画"神酣意足,气韵天成",对当时松江画坛影响很大,著有《画说》一书,流传至今。松江画家董其昌、陈继儒等的绘画理论,皆源流于此。顾正谊初师法于本地画家马琬,后出入元代四家,早年即以诗画驰誉江南,曾是董其昌的老师。孙克弘初以花鸟著名,晚年又学马远山水、米南宫父子云山,并擅人物、兰竹。其画善用枯笔,着墨设色,皆极古淡。他个性豪爽,交友极广,提携后进画家不遗余力,对推

动松江画风,立下了功劳。莫氏、顾氏与孙氏皆当时华亭望族。由于在绘画上的造诣以及对绘画理论的阐扬,且家藏丰富的艺术珍品,可供鉴赏观摩,因此成了早期松江画派的核心人物,领导并推动松江画派逐步进入兴盛时期。

图39 董其昌

后起之秀的松江画家很多,以董其昌、赵左为首。董其昌(1555—1636),字玄宰,华亭人。明代后期的杰出书法家、画家,他的作品有不同凡响的"士气""书卷气"。董其昌一生勤于用功,所作书画诗文风格清润,讲究笔致墨韵。他的诗文、书画和鉴赏,在当时被誉为"三绝"。他是松江画派的领军人物,对山水画造诣很深。《松江府志》中赞其画"集宋元诸家之长,引以己意。论者称其气韵秀润,潇洒生动,非人力所及。"他在绘画理论方面也有很大贡献,倡有国画分南、北宗之说。既貌似划分画派,又含有审美思辨;既是对于传统的一种集大成式的评判、总结,又是对于新画派和新画风的一种启悟和开拓。这不是一般的划分画派,而是画史上一直存在的两种不同艺术风格的审美观的区分。这种区分从总的倾向看,如董其昌的同乡陈继儒所说,是"文则南,硬则北"。董其昌倡导"南北宗论",除了绘画及至整个文化领域受他的潜移默化的影响外,还起到了对当时他所身处的社会环境、文艺思潮以及参禅风气的催化作用。董氏还申明,他虽集古法之大成,但仍需自出机杼,始为善画。并谓作画须"读万卷书,行万里路"。这些理论,对当时和后世画坛影响很大。赵左学画于宋旭,善用于笔墨,画云山以己意出之,有似米(芾)非米之妙。他主张"画须得势",其论深入精辟。所谓"势",即是"理",合理即得势。又主张技巧与理论并重,学画应多阅读前人画论以吸取技巧经验,并强调作画须重韵味,他的绘画理论,对松江画派的发展起了重要作用。

图40 明董其昌《婉娈草堂图》

明代莫、顾、孙、董等热情好客,乐于交游,宅第巨大,庭院雅秀,一时士人云集,这些家院成为研究鉴赏临摹古画的理想场所。还有隐居在东佘山的陈继儒的居所环境幽静,风光秀丽,是写生作画佳处,画家们经常来此聚会。

松江书派 明初,松江书坛有"三宋二沈"之说,即宋克、宋璲、宋广、沈度、沈粲,在当时的书坛最为知名,其中沈度、沈粲为松江人。沈氏兄弟凭借书法成就置身仕途。沈度的楷书工整匀称,平整圆润,明成祖朱棣夸他是"我朝王羲之"。而三宋之首的宋克"游松江,寓城东俞氏,郡人多学其书",在明初以善楷书、章草名扬天下。所书章草写本,即后世著名的《松江急就章》碑,也是中国书法艺术史上的重要作品。从书法传承关系来看,宋克则是赵孟頫的再传弟子,是宋克把赵氏的笔法真谛传授给了松江人陈璧(字文东)。以宋克为师,以章草书法艺术特色为载体,辗转相承,形成了法度精密、雍容矩度、婉丽纤秾标帜的云间书派。在"二沈"和宋克等人的推动下,松江书法艺术步入第一个巅峰。此后,云间书派出现张弼、张骏、钱溥、钱博、陆深等名家,他们以章草、小楷、草书,以及篆隶见长。张弼,字汝弼,号东海,松江华亭人,明成化二年(1466 年)进士,授兵部主事,迁南安知府。他是明代中期松江书派中的台柱。擅草书、行书。其草书,

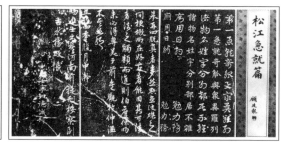

图41 《松江急就章》碑

用笔刚柔相济,笔画时粗时细,字形或长或短,或大或小,布置灵活,转换得法,形成跌宕奇伟的独特书风。其行书,早年峻紧,晚年萧散,有"出苏入米"的风致。

云间书派发端,还有一个重要历史背景。明永乐皇帝朱棣酷爱书艺,尤喜王羲之、王献之书法。由于对书法艺术之偏爱,永乐帝常赐以善书者官爵。永乐初,曾在翰林院中进选擅长书法的文人给予中书舍人等官职,凡属内外制,都由中书舍人书写,还特别从众多的中书舍人中挑选出 28 位书法优异的中书舍人专门学习内府收藏的二王法帖。永乐中,松江朱孔易以能书被征,是松江书家中第一位以善书而为官者。松江著名书法家沈度、沈粲兄弟亦以善书被征,凭借书法上的成就而置身仕途。以善书闻名天下,书法主工二王,世称"二沈"。明李绍文《皇明世说新语》里说:"太宗征善书者试而官之,最喜云间二沈学士,尤重度书,每称曰我朝王羲之。"陆深《陆俨山集》所谓"国初书学,吾松尝甲天下",就是指"二沈"的成就说的。沈粲在松江曾留有颇具章草风采的《千字文》《重建华亭县治记》碑刻。《三希堂法帖》收有沈粲的草书《自书御赐五咏》。《明史》记:"兄弟皆善书,度以婉丽胜,粲以遒逸胜。"

晚明,松江籍书家再度兴起,莫如忠、莫是龙、董其昌、陈继儒等带动书坛潮流,力图改革创新,其书风已不同于明初云间书派,因此书史另以"松江书派"称之。而董其昌的出现,使松江书派势力大振,竞相求变,松江书法艺术步入第二个巅峰。董其昌擅长楷书、行书、草书,尤以行草造诣最高,对晋唐宋元各代书法家的笔意研精入微,开创了笔致遒劲秀逸、分布疏宕的董派体式,成为书史上开宗立派的一代大师。清代著名学者、书法家王文治《论书绝句》称董其昌书法为"书家神品"。

二、陈子龙与云间文学派

云间文学派引领了时代文学发展潮流。明末在地方乡邦文学中呈现为三大文学流派：云间派、虞山派、娄东派，其中以云间派称首，一时人称天下文章在云间。这一文学流派，将师古与写真予以有机融合，对后世文学产生了深远的影响，成为明清易代之际文学演进的一大转捩。

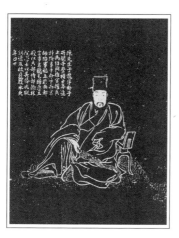

图 42　陈子龙像

明崇祯年间，社会矛盾、民族矛盾激化。松江一带有正义感、忧患感的士大夫承东林余绪而创立社团，讥评时政，复兴古学，以文章气节介于天下，影响较大者有松江夏允彝为首的幾社。幾社在学术上注重实学，文学上则以复古为标榜。幾社的创立者夏允彝、陈子龙、周立勋、杜麟徵、徐孚远、彭宾，被称为"幾社六子"。云间派把松江文学推向了顶峰。其中，作为领袖的陈子龙，贡献无疑是最大的。陈子龙（1608—1647），字卧子，号大樽，华亭人。崇祯十年（1637年）进士，选绍兴推官，擢兵科给事中时，京师沦陷，乃事福王于南京。南都失，鲁王立，陈子龙授兵部侍郎，结太湖义军欲起事，事败被捕，投水而死。朱东润曾将陈子龙的一生分为三个阶段：青少年时期是一名文士；在认清了对于国家的责任后，是一名志士；在投身抗清斗争后，是一名战士。（《陈子龙及其时代》）子龙不独以风节著，其诗词古文也堪称大家。陈子龙策论散文别具一格，吴伟业认为其散文可媲美苏轼、苏辙兄弟,并非夸大;陈子龙骈赋深得战国和汉代骈赋名家之妙,留存篇目虽少,但是精品却不少,被一些人推许为"明代骈文第一"。以诗而言,以陈子龙为代表的云间诗派尚实写真、怆怀家国的思潮,是明代古典诗歌中现实主义的整合期。尤其是明清易代之际严酷的阶级斗争、民族斗争的现实,还有那空谈误政、逸豫误国的血的教训,使他们清醒地认识到:只有尚实才能救国,也只有尚实才能挽救文风。因而,云间诗派在文化心态中将"通今""实用"等时代新风与"救时""经世"等忧患感、责任感融为一体,在审美心态中熔师古复雅与"忧时托志"⑰于一炉,将古典现实主义推向一个新阶段。云间词派中以陈子龙为首,宋徵舆、李雯为干将,并称"云间三子",他们以自然作为审美理想,实质就是对南唐北宋的回归,在这一点上确实能得其神韵。云间词派宗风的形成,以"云间三子"的词集《幽兰草》3卷为标志。"或秾纤婉丽,极哀艳之情,或流畅淡逸,穷盼倩之趣",达到了"境由情生,辞随意启,天机偶发,元音自成"的境界。明代松江还出了一位散曲大家号峰泖浪仙的施绍莘,他所作抒写个人情怀和田园风物的《花影集》散曲产生了极大影响,清初著名学者吴梅称之为"一代之殿",任中敏评其为"明人散曲中之大成者"。"云间词派"既挽明词式微之局,同时又直接开启了清词中兴之势。在云间文学群体的倡导下,明末诗文高华雄浑,于是天下翕然向风。由此,"海内言文章者必归云间"⑲,杨肃为《幾社壬申文选》题词曰:"吾郡以海隅百里之邦,自诸君子出而卓然推云间之文为海内首。"⑳

注　释

① (明) 贝琼:《初冬口号》,《清江贝先生诗集》卷五,《景印文渊阁四库全

书》第 1228 册,台湾商务印书馆 1986 年版。

② (明)袁凯:《南京口号其一》,《海叟集》卷四,《景印文渊阁四库全书》第 1233 册,台湾商务印书馆 1986 年版。

③ (元)谢应芳:《乙酉元日漫兴》,《归巢集》卷四,《景印文渊阁四库全书》第 1218 册,台湾商务印书馆 1986 年版。

④ 《明太祖实录》卷二三,吴元年夏四月丙午朔。

⑤ (明)贝琼:《贝琼文集》卷一九《横塘农诗序》。

⑥ (明)殷奎:《吕德常权厝志》,《强斋集》卷四,《景印文渊阁四库全书》第 1232 册,台湾商务印书馆 1986 年版。

⑦ (明)杨循吉:《梦阑琐事》,《丛书集成续编》子部第 91 册,上海书店出版社 1994 年版。

⑧ (清)张廷玉等:《明史》卷七三《职官二》,中华书局 1976 年版,第 1775 页。

⑨ (明)李东阳等:《大明会典》卷二〇九《都察院一》。

⑩ (明)李东阳等:《大明会典》,卷二一一《都察院三》。

⑪ 《明太祖实录》卷一九三,洪武二十一年八月甲寅。

⑫ (明)李东阳等:《大明会典》卷二一一《都察院三》。

⑬ 关于明代的道,参见李国祁:《明清两代地方行政制度中道的功能及其演变》,《"中研院"近代史研究所集刊》第 3 期上册,1972 年。

⑭ (清)叶梦珠:《阅世编》卷三《建设》,中华书局 2007 年版,第 82 页。

⑮ (明)陈继儒:崇祯《松江府志》卷二七《守令题名下》,《上海府县旧志丛书·松江府卷》,上海古籍出版社 2011 年版。

⑯ (清)张廷玉等:《明史》卷二二六《海瑞传》,中华书局 1976 年版,第 5931 页。

⑰ (清)龙文彬:《明会要》卷四一《职官十三》,中华书局 1959 年版,第 724—725 页。

⑱ (清)张廷玉等:《明史》卷二八一《循吏传·赵豫》,中华书局 1976 年版,第 7204—7205 页。

⑲ (清)曹家驹:《说梦》卷一《方郡守批斥捐田肋役》。

⑳ (明)徐光启:《农政全书》卷八引。

㉑ (清)叶梦珠:《阅世编》卷六《赋税》,中华书局 2007 年版。

㉒ 梁方仲：《中国历代户口、田地、田赋统计》。

㉓㉔㊿〔日〕西嶋定生撰、冯佐哲等译：《中国经济史研究》。

㉕ (明) 顾清：正德《松江府志》卷七《田赋中》，《上海府县旧志丛书·松江府卷》，上海古籍出版社 2011 年版；(明) 陈继儒：崇祯《松江府志》卷八《田赋一》，《上海府县旧志丛书·松江府卷》，上海古籍出版社 2011 年版。

㉖ (清) 姚光发：光绪《重修华亭县志》卷八《田赋下》，《上海府县旧志丛书·松江县卷》，上海古籍出版社 2011 年版。

㉗ (明) 顾清：正德《松江府志》卷八《田赋下·税课》，上海古籍出版社 2011 年版。

㉘ (明) 陈继儒：崇祯《松江府志》卷一一《役法一》，《上海府县旧志丛书·松江府卷》，上海古籍出版社 2011 年版。

㉙ (明) 何良俊：《四友斋丛说》卷一三《史九》，第 111 页。

㉚㊱(明) 范濂：《云间据目抄》卷四《纪赋役》，1928 年铅印本。

㉛ (明) 林景旸：《上巡抚胡公书》，(清) 孙星衍：嘉庆《松江府志》卷二七《田赋志·役法》，《上海府县旧志丛书·松江府卷》，上海古籍出版社 2011 年版。

㉜ (明) 朱元璋：《高皇帝御制文集》卷一《免两浙秋粮诏》，明刻本。

㉝ (清) 孙星衍：嘉庆《松江府志》卷二〇《田赋志》，《上海府县旧志丛书·松江府卷》，上海古籍出版社 2011 年版。

㉞ (明) 王圻：《续文献通考》卷二《田赋二》。

㉟《明仁宗实录》卷三，永乐二十二年十月壬寅。

㊲ (清) 孙星衍：嘉庆《松江府志》卷二〇《田赋志》，《上海府县旧志丛书·松江府卷》，上海古籍出版社 2011 年版。

㊳《明会典》卷二八《会计四·京粮》。

㊴ (明) 刘士义：《新知录摘抄·一条边》，《丛书集成新编》第 88 册，新文丰出版公司 1985 年版。

㊵ (清) 张廷玉等：《明史》卷七十八《食货志二》。

㊶ (清) 顾炎武《天下郡国利病书》。

㊷ (明) 顾清：正德《松江府志》卷之四《风俗》，《上海府县旧志丛书·松江府卷》，上海古籍出版社 2011 年版，第 66 页。

㊸㊹（明）徐光启：《农政全书》卷三十五。

㊺ 樊树志：《苏松布业市镇的盛衰》，《中国经济史研究》1987 年第 4 期。

㊻（明）顾清：正德《松江府志》卷四《风俗》，《上海府县旧志丛书·松江府卷》，上海古籍出版社 2011 年版。

㊼（清）褚华：《木棉谱》。

㊽（明）陈继儒：崇祯《松江府志》卷八《田赋一》，《上海府县旧志丛书·松江府卷》，上海古籍出版社 2011 年版。

㊾（明）范濂：《云间据目抄》卷四《纪赋役》，1928 年铅印本。

㊿（清）顾公燮：《消夏闲记摘抄》卷中《芙蓉塘》。

○52（清）叶梦珠：《阅世编》卷七《食货五》，中华书局 2007 年版，第 179—180 页。

○53（明）陈继儒：《向徐中丞救荒书》，《眉公先生晚香堂小品》卷二三，明崇祯刻本。

○54○55（明）范濂：《云间据目抄》卷五《纪土木》，1928 年铅印本。

○56（明）陈继儒：崇祯《松江府志》卷一九《城池》，《上海府县旧志丛书·松江府卷》，上海古籍出版社 2011 年版。

○57（明）范濂：《云间据目抄》卷三《纪祥异》，1928 年铅印本。

○58（明）陈子龙：《六子诗序》，《陈忠裕公全集》卷七。

○59 宋琬：《抱真堂集序》

○60 杜骐徵等辑：《几社壬申合稿》。

第五章

清代：
从繁华走向衰落

　　清顺治初年,清兵南下,松江地方官大多弃城而去。地方名士夏允彝、陈子龙等共推沈犹龙为松江城主,在李待问、章简等协助下守城抗清,不久松江府城失陷。清军入城后,血洗松江城,居民伤亡惨重,时景惨不忍睹。清兵占领松江全境后,本地军民仍然不断掀起反清浪潮,遭到清廷重兵镇压。此番战乱兵火四起,使城内很多建筑被毁,城市商贸遭受重创,地区人口锐减,经济凋敝。清政府接管松江地方政权后,统治者一方面以高压政策动员全部资源,助力于清军在全国范围内的征伐;另一方面,由于松江地处滨海,又直接受到海上明郑势力的威胁,因此驻以重兵把守。因此,松江地区一度似成为"准军事化"社会,人民如在"樊笼"中,生活艰难困苦。

　　清康熙二十三年(1684年)平定台湾之后,清政府开始将精力转向关注经济社会的发展。其间,康熙帝对经济文化重地松江府似乎格外关注,康熙四十四年、四十六年曾两次南巡来到松江视察。这一时期清政府采取了鼓励人口增长与开垦土地的政策,推进改革赋役制度,松江府经济呈现恢复与发展的态势。粮棉生产与棉纺织业、沙船业等均有一定的发展。府城重现繁华景象,这一时期特别是府城周边特别是西部发展较快,商业兴旺,新建的豪宅名园不在少数。但是好景不长,清中期后随着上海港贸易兴盛,松江府的经济中心逐渐东移,特别是鸦片战争以后,上海成了开埠口岸,西方殖民主义势力如决堤之潮汹涌而进,外国的棉纺织品开始大量输入上海。由于洋布的价格只有土布的三分之一,加之花色较美,这就很快挤垮了曾兴盛四百余年的松江布市,松江地区的棉纺织业遭到了惨重的打击。当时上海港初具规模,沿黄浦江一带开辟成商业区,上海县城内外商贸活跃,商人会馆、公所纷纷建立,呈现一派欣欣向荣的景象,松江府经济地位迅速下降。当时上海县城是江南海关关署的所在地,而且比府衙门更高一级的苏松太兵备道衙门,也设在上海县城。上海城的政治经济地位逐渐超越松江府城。加之太平天国战火几度在松燃起,府城内外损毁严重,这更使府城加快了衰落。

文化教育方面。清代松江教育体系承袭明制,依次有府学、州学、县学,县以下的城乡有社学与义学。另外有受政府统辖的各府、县书院,还有就是私学,培养了不少人才。清末光绪年间,变法维新的浪潮冲击松江,废科举而兴新学。光绪三十年,松江府中学堂创立,同时,华亭、娄县各开设高等小学和初级小学,新学发展特色鲜明。清代松江在文学艺术上涌现出一大批文化名人,著名的有书法家张照,受康熙、雍正、乾隆三朝皇帝喜爱,乾隆帝称他是"羲之后一人",名重当时。书写《岳阳楼记》被镌刻在岳阳楼上,人称"名楼、妙文、好字",合为"三绝"。曾是康熙帝书法老师的沈荃,其楷书《春夜宴桃李园序》墨迹,现藏北京故宫博物院。云间诗派的主要作者宋徵舆,与其从兄宋存标、宋徵璧以及三人之子嗣也均享有文名,对于地方文学流派及文学风气的转向都起到了举足轻重的作用。还有王广心和他的三个儿子王顼龄、王九龄、王鸿绪一家父子四登科,三入词林,成为一段佳话。还有清后期,娄县人韩邦庆创造《海上花列传》长篇古典社会人情小说,鲁迅曾在《中国小说史略》中评述此书,并推为"清之狭邪小说"的压卷之作。

第一节　改朝换代与新政新事

一、抗清起义

清顺治二年(1645 年)五月,豫亲王多铎统清兵下江南,弘光政权覆灭。接着破苏州,进逼松江。松江知府姚士序弃官逃走,华亭知县张大年举城降清。多铎派参将洪恩炳为安抚使入驻松江。张大年匍匐进见,甚为府城士族们所不齿。明兵科给事中陈子龙同吏部考功司主事夏允彝等商议起义。他们除分头联络忠义之士数百人外,并由夏允彝写信给他的门生吴淞总兵吴志葵,约他共同起兵抗清。吴志葵接到夏允彝的信后,立即率领部下水师由黄浦江直抵松江府城,松江乃得光复。接着,在陈子龙的主持下作出决定：由吴志葵率部去攻苏州,夏允彝随在志葵军中参赞军务;陈子龙、徐孚远、李待问、张密等统筹松江军政要务;招募义勇民丁,扩大义军,提拔蔡乔枝为义军队长。当时兵部右侍郎、总督两广军务的沈犹龙,因葬亲回到原籍地松江,看到松江反清形势,有意参加抗清,陈子龙等推选他为主松江城守,沈犹龙有名望但不谙方略,唯倚赖李待问、章简等人。再次招募义军,扩充队伍,并选定闰六月初十日,在西仓城广场上举行起义誓师大典。陈子龙见起义军虽有数千之众,但大多从市井中来,未经训练,难以克敌制胜,为建一支劲旅,他亲自到泖滨及家乡一带招募青壮年,用兵法部勒,勤加操练,结营于泖滨,号"振武军"。子龙短衣草履,与士卒同饮食,共起居,并以忠义激励部下,期以三月有成。

图 43　夏允彝、夏完淳父子像

此时，吴志葵领兵进攻苏州，夏允彝劝吴志葵："趁暮夜出其不意袭击苏州，必能得手。"任先锋的参将鲁之玙统率了 300 名决死军去打头阵，一鼓作气斩胥门而入。夏允彝急催志葵出动大军继进，但吴志葵犹豫不决，以致坐失良机，鲁之玙和 300 名勇士被清兵关起城门击杀，壮烈牺牲。苏州未能攻下，清军反攻，吴志葵败走。恰有长江水师提督黄蜚，率战船千艘，士卒 2 万人，从无锡来与吴志葵合军。他们就在淀山湖、泖湖一带结寨，连营数里，与松江府城互为犄角，以遏阻清兵东进。夏允彝见继续留在吴志葵军中已无必要，就同儿子夏完淳回到小昆山西的曹浜老家。

松江起义军已控有府属华亭、上海、青浦三县之地，西有黄蜚、吴志葵水军作屏障，南有金山卫城的有力支持，于是沈犹龙认为形势好转，思想上麻痹大意。清军仿制了黄蜚军的装束，派人穿了混入松江府城潜伏着，当乔装改扮的清军入城门之后，击掌为号，大呼登城，拔去明军的黄龙旗，竖起清朝的青龙旗。城上守军急起搏斗，混战成团。城下大队清军人马趁势由北门、南门蜂拥入城。巷战中守城将士大多壮烈牺牲。沈犹龙于慌乱中冲出北门，中箭而死。守东门的李待问和守南门的章简都遭被俘，劝降不屈，慷慨就义。李待问守城英勇顽强，为松江人民崇敬，后被尊封为松江城隍，塑像奉祀于方塔之北的谷水桥庙堂之内。清军入城后，血洗松江城，居民十不脱一。不少妇女闻城破，或投水，或自缢，也有举家自焚的，一时惨不忍睹。

陈子龙闻松江府城失守的消息，考虑到振武军为新练之师，无法与强敌交锋，因此未能前去救援。他立即解散徒众，叫他们先各自隐蔽起来，以后有用时再行召集。陈子龙因祖母年高，不忍割舍，就携家匿居小昆山乡间。黄蜚、吴志葵得到松江府城失守的消息，大惊，就决定从黄浦江出海去浙、闽。清军在黄浦江中用火攻，烧尽黄、吴水军船只，黄蜚、吴志葵都做了俘虏，后来被杀于南京。其后清廷官员前来劝降夏允彝，允彝坚拒不见，他说："谋人之军，师败则死之。"作绝命辞："人谁无死，不泯者心；修身俟命，敬励后人。"自沉于松江西郊花园浜松塘殉节。陈子龙得到夏允彝自沉的消息，悲痛至极，随即写了一封3 000余言的长信，表达了彼此的情谊和自己所以后死之故，焚烧在夏允彝的墓前。

陈子龙以祖母年九十，不忍割舍，隐身于湖泖间，但仍同夏允彝儿子夏完淳，或密疏鲁王，或驰表隆武（唐王），向南明政权效忠，子龙并受兵部侍郎职。他积极联系太湖抗清武装，准备起义。顺治四年（1647年），机密败露，两人先后被执，陈子龙被从水路押解进城，将到松江跨塘桥时，乘守卒不备，投水自尽。一代文星，与世长辞。少年英雄夏完淳也是英雄可嘉。他为自己壮志未酬悲愤不已："从军未遂平生志，遗恨千秋愧请缨。"身陷囹圄仍不忘自己家乡，并把希望寄予下一

图44　陈子龙墓

代，他寄家书给已有身孕的妻子说："大仇俱未报，仗尔后生贤。"而对自己的前途，却抱定"英雄生死路，却似壮游时"的信念。在最后一次受讯时，他严词痛斥卖国求荣的主审官洪承畴，在刑场上更是大义凛然，杀头时拒不下跪，长笑就刑，视死如归。[①]

二、乙酉兵火之灾与战后"准军事化"状态

清顺治二年(1645 年)清兵攻下松江府城的那场兵火,摧毁了部分松江府城内商贸街市和第宅园林精粹。清代叶梦珠《阅世编》云"次年八月,大兵下松城,府前一带直及西郊街市俱毁……。""一旦逢遭兵火,始而劫尽飞灰,继之列营牧马。昔年歌舞之地,皆化为荆榛瓦砾之场。"清代姚廷遴称当年兵火"自秀野桥起火,直烧至东门外。南门起火,直烧至府前谯楼,俱为灰烬。北门四周俱烧尽,存者只有十分之一二。杀戮之惨,较别郡更甚。余幼年到郡,看城中风俗,池郭虽小,名宦甚多,旗杆稠密,牌坊满路。至如极小之户,极贫之弄,住房间者,必有金漆桌椅、名画古炉、花瓶茶具,而铺设整齐。无论大家小户,早必松萝芫荽,暮必竹叶青状元红。毋论贵贱男女,华其首而雅其服焉;饮食供奉,必洁其器而美其味焉。真所谓云间锦绣,顷刻化为瓦砾之区"②。另外,这场鼎革使松江的一些富豪望族家道中落,许多名门之后,因没有雄厚的经济实力来保持私园的常年维修,以致废弃或售与他姓。如:闻名江南的熙园,就落得个"花草楼台一梦中"的结局。叶梦珠《阅世编》记述熙园云"鼎革以后。顾氏聚族而居,游人罕得入矣。裔孙承富厚之余,但习豪华,操家无术。驯至顺治之季,反因义田通赋,毁家卖宅以偿,堂宇尽废,而山水桥梁,犹如故也。康熙之初,积逋愈甚,征输益严,遂并花石而弃之……"

明代陈子龙的学生王沄《云间第宅志》云"乙酉兵火之余,惟东西大道官署民居有仅存者,其他皆为瓦砾。老者过而陨涕,少年皆迷失道"。位于邱家湾北的,曾盛极一时的芝园"自兵丁蹂躏,而所谓桐月蕉天,柳浪者悦然在目,今马矢高于肩,几不能复识其处,起园主人于九泉,得几亦笑其一梦乎?"顾正心在城内的"江南第一精

舍"也在那次兵火中几乎全部化为灰烬，"顺治乙酉八月，毁于兵，中堂及西庑诸佐室犹存。其后流为营兵所居，马矢瓦砾，几与山等"③。至于那些尚存的大家居第，则亦多为军将所占据。因此，在松江府城内，当时处理这些园林宅邸的最佳途径莫过于典卖给官府，即可免除税粮之累。

　　清初战火过后的松江府城，一是为经济萧条所笼罩，二是到处可见军人，诚然为一个军事之地。当时城中设立提督府，顺治间"驻扎衙门在府后朱宦大宅内……周围铁桶把守，白日尚且提铃喝号，里边天井上用木栅遮架，装钉坚固，恐防奸细行刺"④。此前在城中难得一见的带甲兵戎，至此充盈城市，"百姓见兵丁，无不称兵爷爷者"，"兵马丛聚街道驰驱，风景大不相同"。⑤此后，洪承畴"议设提督一员，宿重兵于松江"。顺治四年（1647年），"提督马逢善移镇松江"。驻松军队初为2 000余人，后增至6 000余人，达到顶峰。⑥当时，兵拥城乡，问题甚多。如松江府官用布名为官办官解，实则由吏胥包揽，百般构诈，"滥取布匹，或几千，或几百"，布商、牙行均负重不堪，也经常不得不揭借营债，以求暂渡难关。⑦又如营兵盘放营债，或因拖欠赋税而揭债，或因充役官府而赔补，再或由于被诱赌博而破家，都不得不前往军中揭借营债，惨遭兵丁盘剥。这一情形直到康熙二十年（1681年）后才稍有改观，当时松江地区客兵撤尽，提督杨元凯下令"禁营兵重利吞剥小民"⑧。清初松江，由于军兴频繁，不久后又有滇饷、秦饷、闽饷等诸多名目，加之本地军需日增，因此地方负担益形沉重。正如叶梦珠《阅世编》中所言："其如不急者裁去，则额编者皆万不可已，万不可缓之需，有司挪缓济急之方穷矣。况照额编之赋，往往拨充军饷，军饷不可分厘少，则征粮不可丝毫缺矣。"

　　顺治初年，清廷统治尚未完全稳固，就江南而言，主要威胁来自海上的南明残余势力以及乘时而起的所谓湖泖盗贼，尤其是松

171

江地区,"地处湖泖水乡,盗贼最易窃发"。如顺治十六年(1659年)"海逆犯顺"时,华邑、娄邑都封借数千余石"运至提督军前交纳"⑨。对于普通民众来说,负担更重的还有各类杂役。根据《阅世编》记载:"如顺治初年,剿泖寇则派水手,调客兵则备马草、马豆、马槽、草刀,造战舰则有水夫、钻夫、买树……"等等。当时杂役很大部分都与战事有关。清廷征战大计高于一切,江南资源都服于于征调。正如宋徵舆所描绘的那样,清初的松江城乡"无岁不卖,无家不役,郭以内皆列伍也,郭以外百金之家可藉而计也,江南诸郡,松难深矣"⑩洵非虚言。

为了满足军需供应,地方官员更是疲于奔命,特别是基层官员,因协饷不力而遭革职者比比皆是。如康熙初年初任娄县县令的李复兴在任时"附郭满、汉大臣不时巡历,军伍充斥,供顿迎送不遑,治岁余,殊无异绩,后失爱于巡醢使者,因公诖误,被参罢职去"⑪。

站在地方人士的角度,他们自然希望尽快结束准军事化的状态,因此普遍反对在府县强军。其后军队先后撤出府城,不过松江地区真正从战时政府、战时社会转变为一个正常的社会治理状态,恐怕还是要等到康熙年间三藩之乱的渐次平定以后。

三、清初区划与行政情形

行政区划与施政　清军占领江南后,明代的南直隶改为江南省,其下辖的行政区划也随之调整。江南省分左、右布政使,顺治十七年(1660年)以右布政使驻扎苏州,专管松江等5府。⑫清顺治十三年(1656年)二月,松江府新设娄县,从华亭县划出,府治与两县县治同城。⑬雍正二年至四年(1724—1726),松江府下增设奉贤、金山、福泉、南汇4县。此次松江地区分县也是清代前半期重要的行政区划调整中的重要体现。两江总督查弼纳在上奏题本中指出，松江人口众多，经济繁荣，本就是社会秩序较难维持的地方，增加县份，有利于地方官员管理。通过分县来减少当时仍然比较重的征税负担。雍正三年（1725年），查弼纳受到隆科多案牵连，暂时免职。续任两江总督张楷考察松江沿海一带后认为：从华亭、娄县、上海三县分出的奉贤、金山、南汇应当设置新的县治。此后不久，松江府属新设各县多建造了新的县治与衙署。清代松江府、县衙职官设置基本沿袭明代。府、县官衙施政主要职责是税收与治安。一是赋税压力较大。清顺治时期主要是清军平定南方各地军事行动，至康熙十三年（1674年）三藩战争开始，赋税不断加重。面对赋税问题，官员如履薄冰，但仍时有工作不够到位而遭惩处。有一时期，松江府属各县几乎都因拖欠钱粮遭到惩处，特别严重的如娄县先后三名知县被惩处。一时常闻有松江知府、知县被革职查处。⑭可见松江地方官员承受的巨大赋税压力。分析当时情况，地方官员处于两难之中，上级官员看重的是能否完成钱粮任务，而地方社会的民众则希望缓和当地赋税压力。利益角色不同，评价后果不一。如娄县推行均田役改革的知县李复兴，他在当地广泛受到士绅、民众的支持，也被上级官员树立为赋役改革的典型。然而，成功推行均田均役改革之前，李复兴却被江南巡抚韩世琦评定为"贪庸成性"而予以革职。当时李遭弹劾的罪名，首要是地方上拖欠钱粮问题。其次是当时治安方面问题突出。最直接控制地方治安的是巡检司。府属各县都建有巡检司，有的县根据镇市情况设置多个巡检司。巡检司的驻扎地大多是松江府、县所属各重要的市镇，负责地方防卫，与地方社会的关系比较密切，他们的驻地、活动也随着地方社会的变化而变化。在地方官员看来，商业繁荣、人员庞杂的市镇较容易出现治安问题。佐贰官驻扎于市镇中，法定职责只是负责治安与

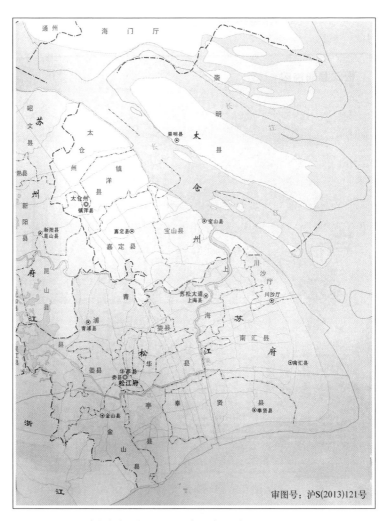

图 45　清嘉庆十五年(1810年)松江府、华亭县等7县1厅行政区
划示意图(引自上海市松江区规划和土地管理局编
《松江地名志》,上海社会科学院出版社2014年版)

水利,但实际行政中,也常常涉入当地的诉讼及文教等诸多事务中。

"奏销案"及其他　清初,改朝换代的战火停熄之后,新生的清朝统治者开始着手巩固统治,重建常态化的社会秩序,其间与旧有的利益集团必然产生矛盾,为此,清初统治者陆续掀起若干大案以打压江南地方士绅。首先是顺治十六年(1659 年)发生在苏州的"哭庙案"。⑮事情发生是当时鉴于赋税催缴的严酷现实,以金圣叹为首的几个文人撰写《哭庙文》到苏州文庙灵堂控告县令,并将矛头指向当时的江苏巡抚朱国治。这其实是江南士绅以哭庙为名对清廷追缴钱粮一事予以示威和反抗。对此,以朱国治为首的地方官员大为震怒,为掩饰他们在赋税钱粮上的侵没情况,反而诬陷士绅哭庙惊动圣灵,乃蓄意谋反,借此打压江南地方士绅,对相关人员全部判处死刑,此即"哭庙案"。

"哭庙案"的发生地虽然是苏州,但其影响波及松江府等地。案发后不久,清政府就以追缴钱粮为理由,将上年未完成钱粮交纳的苏州、松江、常州、镇江府以及江宁府溧阳县的数万官绅士子革黜,且大多加以逮捕,对整个江南士绅的打击甚重,这就是当时震惊朝野的"奏销案"。所谓"奏销"者,"凡绅衿欠粮者,无论多寡,一概奏请褫革,名曰奏销"⑯。据《清史稿》记载:"苏、松、常、镇四府钱粮,抗欠者多,分别造册,绅士一万三千五百余人,衙役二百四十人,请敕部察议。部议现任官降二级调用,衿士褫革,衙役照赃治罪有差。"⑰在清初轰动全国的"奏销案"中,松江地区的士绅也同样饱受打击,很多人在"奏销案"中破产;举贡生监等士人,也尽数被革除功名。据曾羽王《乙酉笔记》记述:"凡绅衿于二月后输纳者,概行革职,苏常四府,共革进士举人贡监生员一万三千零。仍提解来京,从重议罪,我松约二千有余,一时人皆胆落。""奏销案"的具体操作尺度当然也与地方官员的把握有关,据说当时的松江知府刘洪宗行之甚严,所以"顺治辛丑江南奏销案,我郡(松江)较他郡尤多"⑱。此后数年之间,上海地区文风不振,松江知府张升衡上疏说:"一经题参,玉石不分,淹滞至今,几近数载。遂致怀才抱璞之士,沦落无光,家弦户诵之风,忽焉中辍,一方文运,顿觉索然。"⑲

"奏销案"和"哭庙案"之后,接着又是雍正时的清查亏空钱粮案。从雍正三年(1725年)开始,朝廷着手清查江苏拖欠赋税钱粮,前三年为地方自清自查,后三年则成为"钦案专项"。当时松江府积欠数量极为突出,达到224万余两,分查大员王溯维令下属府县"详为搜查","择其尤点中产加惩创,以儆其余"。⑳雍正初年的大规模清查积欠钱粮给包括松江地区在内的江南士绅人群造成了进一步的压力,据乾隆后期的苏州生员顾公燮的看法,江南绅衿势焰嚣张,至康熙时仍沿此陋习,"迨我世宗宪皇帝整纲饬纪,一洗从前积习,绅衿皆知敛迹。非公不至,绝无坐大轿者矣"㉑。可以说经此一事,使得士绅群体进一步意识到问题的严重性,变得更加遵守法度,率先输纳。

除上述三大案之外,随着清廷政局的渐趋稳定,新朝统治者在文化上的整顿措施也接二连三到来。一是禁革文社和整顿风习。松江几社也遭禁停社。二是屡次兴起文字狱。松江地区发生的"闲闲录案"影响颇大之例,娄县人蔡显《闲渔闲闲录》中所引古人描绘牡丹的诗句"风雨从所好,南北杳难分""莫教行化乌肠国,风雨龙王欲怒嗔"等被指为含有诽谤之意,是"有心隐约其词,甘为恶逆为伍",从而掀起一场大狱,蔡显被杀。㉒

总之,在经过易代战乱的摧残后,加以"三大案"打击和文化上的钳制政策,松江士绅从意志、心态到行为各个方面都有了很大变化。此后一是江南地区士绅地位一落千丈。二是士绅自保心理滋生,颇知自我约束,尽量不涉官家事。三是为求生计,表现出对新

朝的认同,其后对人生进取目标发生了转向。这些可从松江一些
士绅文人表现中看到。以松江人董含为例,他出身世家,顺治十八
年(1661年)中二甲进士,时年36岁,旋以江南"奏销案"被黜,放归
田里。"于是益修无惨,幽忧侘傺,酒酣以往,悲歌慷慨,遇夫高山
广谷,精蓝名梵,乔松嘉卉,草虫沙鸟,凡可以解其郁陶者,莫不
有诗。"㉓

赋役制度的变革 明代松江府被称为全国赋役最重区域,同
时也是赋役改革最深刻的地方。清初经过短暂的调整后,延续了
明代中期以来赋役改革趋势,这一趋势是以解决明末遗留的矛盾
为方向的。明末所遗留的赋役制度矛盾,主要是里甲应役与税粮
解运。在松江,解决这两个问题主要通过"均田均役"改革实现。
《清史稿》记载:康熙元年,令江南苏、松两府行均田均役法。户科
给事中柯耸言:"任土作赋,因田起差,此古今不易常法。但人户消
长不同,田亩盈缩亦异,所以定十年编审之法,役随田转,册因时
更,富者无兔脱之弊,贫者无虫负之累。臣每见官役之侵渔,差徭
之繁重,其源皆由于金点不公,积弊未剔。查一县田额若干,应审
里长若干,每里十甲,每甲田若干,田多者独充一名,田少者串充一
名,其最零星者附于甲尾,名曰花户,此定例也。各项差役,俱由里
长挨甲充当,故力不劳而事易集。独苏、松两府,名为金报殷实,竟
不稽查田亩,有田已卖尽而报里役者,有田连阡陌全不应差者。年
年小审,挪移脱换,丛弊多端。田归不役之家,役累无田之户,以致
贫民竭骨难支,逃徙隔属。今当大造之年,请饬抚臣通行两府,按
田起役,毋得凭空金报,以滋卖富差贫之弊。其他花分子户、诡寄
优免、隔属立户、买充册书诸弊,宜严加禁革。"下部议行。㉔《清史
稿》的记载可以归纳出几个要点。第一,均田均役改革始自康熙元
年(1662年),最初仅在苏州、松江两府施行。第二,此法由户科给
事中柯耸提议。第三,改革的核心政策是"按田起役",也就是按照

田亩派征徭役。据考《清史稿》说法来自《均役成书》，此书又称《松郡均役成书》，是编纂于康熙初年，乾隆后期广泛刊刻传布的一种文件汇编。该书汇集了康熙初年均田均役改革中形成的各种政策，及当时人对改革实施的记录。从《均役成书》可知，松江均田均役改革，最先从松江府娄县开始，由当时的知县李复兴发起。他改革的方法，是"家自催赋"以及"以田从人"。这些改革的情况，此后编集为《均役成书》，并由沈荃作序。值得注意的是，此序言与李复兴所撰的《均田均役议》一同被收入《清经世文编》⑥，嘉道之际的经世学学者们，也将李复兴的改革视作重要的思想资源。

总之，清代前期松江府属各州县经历了一次赋役制度转型。这场转型经历三个阶段：首先通过均田均役解决明代一条鞭法改革的遗留问题，建立了通过田亩、银两计算，摊派地方政府支出的经费体系；其次开始着手解决"重赋"问题，苏州、松江士绅从朝廷、地方多重入手，推动政府逐渐降低赋额；最后，新的赋役制度确立。但新的困境与弊端也出现了，税粮包揽是清代的赋役制度中必然伴生的社会矛盾，在松江，以"捆垫"的形式为表现，自乾隆时期出现后，一直持续到清末，未得到根本解决。

第二节　清前中期经济社会发展与清中后期的衰退

一、康熙帝对松江府的重视

入清战乱过后，明代打下雄厚基础的松江府地位还是比较高的，康熙帝两次南巡都到了松江府。第一次是康熙四十四年（1705

年)农历三月二十七日至四月初二,共驻跸 5 天。康熙帝先到苏州,从苏州到松江船行两天,御舟才到府城北面 20 余里处的钟贾山。在钟贾山一带的河面上过夜。二十六日抵松。江南提督张云翼、松江知府郭朝祚、提督江南学政张廷枢及在松江的高级文武官员都出城迎接。当天,康熙帝住进了为他特设的行宫内。行宫设在江南提督府东南。第二天,皇帝开始阅兵。是校阅驻军的射箭,靶场就设在行宫前的小校场里。这校射也不能"僭礼",开始是随驾来的诸皇子射箭,接着康熙帝射箭,而后命侍卫人员射箭;后边才轮到驻江苏的将军、副都统、总督、巡抚、提督、总兵;最后才是下属官兵射箭。

二十八日康熙帝接见了提督江南学政张廷枢、两江总督哈山、江苏巡抚宋荦等。接着康熙帝和臣下谈了来松江路上看到的情况:"百姓虽不能比户丰饶,幸安居乐业,无憔悴之色。……(每天)扶老携幼,日计数万,随舟拥道,欢声洋溢。"皇帝担心"人多路隘,菜蔬苗麦,弥漫田野,不能保其无损"。因而要求地方官"出示晓谕,万勿踏坏田禾,有负朕恤民之意"。

康熙帝此行之暇,还驾幸侍郎王顼龄及户部尚书王鸿绪的两个别业。王家两兄弟都是康熙时中进士在京为官,都曾参与纂修《明史》,王顼龄别业名秀甲园,原是明代徐尔铉的宜园,王购得后改为秀甲园。康熙帝到达时,园中紫藤盛开,引起康熙帝雅兴,立即为之题赠"蒸霞"两字;又临了董其昌字一幅"青天蜀道不难攀,运思微茫杳霭间。稍着一区杨子宅,居然秀甲九州山"书法赐他。兴犹未尽,又写了"深林人不知,明月来相照"联语赐予。王鸿绪的别业名赐金园,在竹竿汇,园中竹苞松茂,亭台幽雅,别具秀色。康熙一到就为之题写"松竹"两字;接着又为他写了《御制三江口诗》:"满眼湖山丽,九峰负海隅。沃野吴淞境,横云馆驿衢。观风来泽国,非是喜灵区。雨过泊舟处,星连映水珠。"在进入一座厅堂时,又写了"万物静观皆自得,四时佳兴与人同"的对联一副。在这一天,康熙帝还为方孝孺祠题了"忠烈名臣"匾,为董其昌祠题了"芝英云气"四字。康熙帝非常喜欢董其昌的书法,在题了上述四字后,意犹未尽,又为董其昌书法写了一段评语,称其书法天资迥异,其高秀圆润之致,流行于楮墨间,非诸家所能及也。

康熙四十六年(1707年),康熙帝第二次巡幸松江。迎送的场面如旧。三月甲戌,从苏州启行,当晚御舟停泊昆山青阳江。第二天停泊青浦柘泽驿。第三天抵松江,仍驻在当年行宫内。至松江的第二天仍到小校场演武厅阅兵,仪式如旧。第三天接见文武官员,亲口宣布了两个武官升迁的命令,并表扬了江南按察使张伯行,赞扬他:"居官甚清,此名最不易得。"又召地方官近前,训谕他们:"江南钱粮既多,火耗虽轻,断无不足。养廉者清,乃居官之常。清官每多残酷,清而能宽,斯为尽善。"当日还批准了闽浙总督奏请的出洋渔船要照商船式样改为两桅。此后康熙帝又再次临幸了王项龄、王鸿绪的两个别业。还为小昆山"泗洲塔院"题名。第八天才登舟启行离开松江。㉖

康熙帝还曾为风景名胜佘山题名。也许康熙帝在松时答应了地方官员,第二次南巡松江十余年之后,康熙五十九年(1720年)春杭州织造员外郎孙成从北京带来康熙帝御书"兰笋山"三字,赐予佘山。三月十一日,松江府合府官员和地方士绅前往佘山迎接,司库手擎御书墨宝,交给右副都御史吴存礼。提督军务、固山额驸赵珀把匾安放在宣妙讲寺佛殿上。孙成告诉地方官要好好保存,万勿遗失。为了长期保存,不知何时,这"兰笋山"三字被雕在一座石碑上,立在佘山的脚下御碑亭中。后亭塌,碑移在宣妙讲寺旧址"栖碧山房"山门前的空地上了。从那以后,佘山就有了"兰笋山"的别名。

二、清朝前中期松江经济社会发展

清代，松江府的经济社会就总体而言，呈现出恢复与缓慢发展的趋势。清兵南下战争的创伤治愈以后，清政府采取了鼓励人口增长与开垦土地的政策，改革赋役制度，经济逐年有所回升。清政府还比较重视农业水利建设，史载清代大规模的水利兴修工程应该是从康熙初年后逐渐展开的。松江地区首先得到大力疏通的是吴淞江。康熙九年（1670年）松江地区发生一次大水灾，"田庐之漂没，男妇之死徙，不可胜数"㉗。正是这样的背景，又在各方吁请下，朝廷批准疏通吴淞江，工程规模较大，花费工银14万两。㉘"其后近二江郡县颇受其利"㉙康熙四十七年秋又一次大水灾后，经朝廷批准，对松江地区蒲汇等7处塘浦进行较大规模的疏浚。"以时蓄泄，用御天灾。"㉚乾隆年间，松江地区还开展一次大规模的治水工程，由江苏巡抚庄有恭主持的三江水利疏浚。所谓"三江"，即指吴淞江、娄江和东江，此三江交错经过松江府属华亭、青浦等县。此次疏浚"凡有浅狭阻滞处所，相度情形，疏浚宽深，务与上源所泄之数足相容纳。"另外，当时吴淞江上还有很多水闸也得以修缮。"务令启闭得宜，足资蓄泄"㉛。上述工程使得松江地区的水道淤塞等得到较大疏通。此后道光年间，在江苏巡抚林则徐主持下，在松江地区又开展过一次大规模的水利兴修工程。上述这些水利工程，都取得了较大成效，对农业生产发展起到了重要保障作用。

同时在这一时期，松江地区开展海塘建设，其中有雍正五年（1727年）江苏巡抚陈时夏奏请雍正允准后，花重资筑石塘，使华亭海塘全改为石塘，"以求一劳永逸"㉜。雍正八年，江苏巡抚尹继善主持修海塘时，又首创"护塘坝"，别名"玲珑坝"，这是一种从塘脚向滩地延伸的阶梯形多层桩石护塘工，对于消能防冲、保护塘身安全起到了很大的作用。其后松江府境内还修筑了"捍海土塘""钦公塘""护滩坝"等，真正起到了抵御海潮的作用，促进了松江府内垦田面积持续扩大，大大推动了松江府沿海地区农田水利的发展，为松江境内农业生产发展提供了较好的条件。

清代松江农业发展还是比较平稳的，"华亭县、娄县：接壤青浦及浙江之嘉善，水区弥漫，地尽膏腴，环泖而耕者交称乐利"③。当时松江府西部华亭县、娄县，包括青浦县都是长江三角洲水稻生产中心。水稻种类有香粳、箭子稻、红莲稻等数十个品种。③李伯重根据《四友斋乡丛说》《阅世编》《浦泖农咨》等资料的记载，经过研究认为，清代前中期松江西部的华亭、娄县和青浦等地，水稻亩产量有所增加，与16世纪中叶的2.5石相比，到了17世纪后期，每亩产量当在2～3.2石之间，平均为2.6石，而到了19世纪初，一般亩产量为3石。③随着"男耕女织"作为一种重要的分工模式在江南地区的确立，清代前中期松江府西部种稻农户形成了"人耕十亩"的格局，因此劳动生产率大大提高，一个劳动日的净产值为1.4斗米，比明代中期高出40％。③

从耕作方法上看，至迟到19世纪早期，松江地区大部分耕地都已实行复种制。③同时期小麦在松江地区也获得较大丰收。"一亩田，收两斛。"③在松江府西部稻麦丰收之时，东部棉花生产也取得较好收成。松江一带一直保持着全国的棉花种植优势。清代中期，松江府属地的棉花亩产量明显提高。明正德时"（松江）滨海下田，不过可种棉花五六十斤"③，此后应该有逐步的增加。李伯重根据姚廷遴《历年记》关于康熙八年至康熙三十五年（1669—1696）松江棉产量的记载，计算出清初棉花亩产量约为籽棉80斤。到了清代中期，棉花亩产量有明显的提高，上海地区的棉田在"嘉道前，每亩得收一二百斤"④。

清代中期时，松江地区棉布加工业还是有较大发展的。主要表现在三个方面：一是纺车技术革新，由手摇改为脚踏，这样就可以解放双手，加多锭的数量。二是棉布织造工艺在清代也进一步提高，紫花布、药斑布、飞花布、缣丝布等种类花样日繁，到光绪初，"称七十二种"[41]。三是纺纱织布效率有一定提高。《古今图书集成·职方典》据松江府风俗考云：当地织布"率日成一匹"。《沪城岁事衢歌》亦云："有极一日半夜之力得布两匹者。"[42]正因为清中期棉花种植面积扩大，棉花亩产量提高，棉布加工业技术的提高，使松江在清中期较长一个时期内仍然保持全国棉布业中心的地位。清中叶，松江地区年产棉花约 8 000 万斤，年产棉布 4 500万～5 000 万匹，大量销往东北、山东等地，紫花布等经广州口岸输出西方各国，被称作"南京布"。高峰年间，每年向国内外市场输出布匹 3 500 万～4 000 万匹，年贸易额白银 700 万～800 万两。清前中期，染踹坊和染踹加工技术得到进一步发展，大量生产印染布和踏光布。明代，染踹坊主要集中在松江府城和朱泾、风泾（今枫泾）等地。明末，松江府城的染坊能染红、绿、蓝、褐、黄、黑、紫七大类近 40 种颜色。清中叶起，染踹坊逐渐向东转移至上海县城等地。

三、清朝中后期松江政治经济中心地位的东移

清代松江府的经济与社会发展就总体而言，呈现出恢复与缓慢增长的趋势。清兵南下战争的创伤治愈以后，清政府采取了鼓励人口增长与开垦土地的政策，改革赋役制度，经济逐年有所回升。清代松江府城承明代之遗绪，其商贸、居住中心仍然是在松江城西。比如乾隆元年（1736 年）时，有一方碑刻特别提到，当时有徽商吴舆璠自称，"切璠原籍新安，投治西外开张富有字号，在郡门市居多"[43]，说明在当时府城西门外还有较大的布商字号，应该比

较繁荣,这与晚明以来的发展趋势是一脉相承的。与之相对应的是,当时城外士绅的聚居地也多在西门外一带。[44] 所以,清代中期松江府城西郭之繁盛是可以确认的。不过总体而言,随着清代以来棉布业中心逐步向苏州、上海转移,再加上清代织染局的裁撤,松江府城作为棉纺织业中心和丝织业重要生产地的地位双双消失。松江城逐渐衰落。

关于松江政治经济中心东移之例,最明显的是康熙二十三年(1684 年)六月初五,康熙帝初步决定开海贸易。嘉庆《松江府志》载:"国朝康熙二十四年设江海关于上海,专司海舶税纱。"叶梦珠在《阅世编》中记"上海之榷关,始于康熙二十四年乙丑。关使者初至松,驻扎漴阙(今奉贤区境内);后因公廨窄陋,移驻邑城(上海县城小东门内)。往来海舶,俱入黄浦编号。"随着上海港加快发展,至雍正三年(1725 年)巡抚张楷上奏要求将苏松道驻地从苏州移往上海,并管理海关税务。[45] 自海关设立后,"凡远近贸易者皆由吴淞江进泊黄浦,城东门外,舳舻相接,帆樯比栉"。至雍正八年,因上海已是"通洋口岸",日趋繁华,苏松道便移驻上海,改为苏松太道,管辖苏州、松江、太仓三府州。史籍中较多记上海开埠后,商贸兴起,松江市场逐渐转移上海,其实这种转移大约在乾隆年间已开始,松江府东北部市场上海县已成为松江棉布重要的销售市场。与此同时,刘河淤塞,上海港崛起为南北洋贸易的中心,松江棉布已成重要出港货物。因运输方便,棉纺织生产基地便逐步靠向上海港方向。据记载,至乾隆三十三年(1768 年),松江府上海县城已有青蓝布号 23 家,每年销售青蓝布匹 7 500 多包。其中大部分便是通过沙船销往东北的,当时"办染青蓝大布的手工业中心,已逐渐从苏、松转移上海"[46]。嘉庆年间沙船聚于上海约有 3 500 号,大的沙船可载官斛 3 000 石,小的沙船可载官斛五六百石。这么多的沙船之所以聚集上海,其主要原因就是要把收购的商品棉布装载出海,运往天津、牛庄、关东等地,然后从北方再运回其他物资,所以清代学者包世臣说:"沙船之集于上海,实缘布市。"松江棉纺织的兴盛促进了上海沙船航运业的兴盛,推动了海上贸易的发展,提高了上海港口的地位,从而加速了上海城的繁华。

嘉庆年间,随着海外贸易往来频繁,上海县城已是"闽广辽沈之货鳞萃羽集,远及西洋暹罗之舟,岁亦间至",成为"江海之通津,东南之都会"了。鸦片战争后,外国资本主义以上海为开埠口岸,将大量机制棉布输入中国,松江府手工制作的土布无论在质量上,还是在价格上都无法与机制棉布相竞争。洋布盛行,经营土布的商店或倒闭,或改经营洋布,松太布市消减大半。由于洋布的价格只有土布的三分之一,这就压倒了曾兴盛四百余年的土布,使松江布市削减大半,松江地区的棉纺织业遭到了惨重的打击。随着布市的削减,许多手工作坊的工人和家庭手工业者纷纷破产,成为失业者,于是为寻求生计被迫向开埠大港上海城流动。上海在19世纪50年代初就出现了外商办的工厂企业,60年代出现了官僚资本经营的工厂企业。80年代,上海的民族资本主义也逐步兴起。19世纪末20世纪初,帝国主义加紧对中国资本输出,上海作为帝国主义侵略的中心,对华贸易的首港,成为列强对华资本输出的主要城市。光绪二十三年(1897年),即《马关条约》签订后的第三年,外商在上海一下子就开办了四爿纱厂,以后又陆续开办了许多大型的工厂企业。在这同一时期,中国的民族资本也开始发展起来。民族资本在上海先后建立了轧花、纺纱、织染、制绒、织麻、织绸、袜衫、面粉、榨油、制烟等多种类型的工厂企业。值得注意的是当时民族资本的很大一部分力量,是来自松江地区长期从事棉纺织业而发家致富的手工业作坊主和一些富商。他们人数众多,遍布在松江地区的各大小城镇,他们当年在从事棉纺织业的经营中,积累了雄厚资金,为上海民族资本发展打下了一定的基础。其中不少人逐步跨入民族资本家行列,成为民族资本的代表。松江府地区棉纺织业在外国商品的沉重打击下已濒临绝境。无数棉纺织手工业作坊的工人和家庭手工业者不得不放弃世代相沿的纺织劳动,就近迁入上海城,首先投入到这些工厂充当雇佣工人,如川沙的"女工本事纺织,今则洋布、洋纱盛行,土布因之减销,多有迁至沪地洋纱厂、洋布局为女工者"。如上海县的法华乡,"光绪中叶以后开拓市场,机厂林立,丁男妇女赴厂做工……专事纺织者日见其少矣"。松江城镇地区众多的棉纺手工业者,大规模地脱离手工业作坊和家庭棉纺织生产劳动,进入近代工厂企业充当雇佣工人,这应该说是松江府棉纺织兴盛给予上海繁荣的最后一些影响了。

四、太平天国三战松江城市遭受重创

鸦片战争后松江府政治经济地位不断下降,此间发生在松江的太平天国战事,战火使松江府城损毁又很严重。

清咸丰十年(1860 年)二三月间,太平军忠王李秀成率部攻克了杭州,随后又杀向上海,青浦、松江等地告急。地方政府为防御太平军的进攻,除在各府、县城外围增加防御工事外,主要采取两条措施:一是由苏松太道吴煦委任美国人华尔为统领,募集款项,组织洋枪队,协同清兵,与太平军作战;二是由各县知县督令各地组织"团练",实行地方自保。时值太平军势力向江南扩张,上海形势吃紧,"孔夫子"号炮艇统领美国人谷夫就向上海道候补道员杨坊推荐华尔。华尔(F. T. Ward,1831—1862),美国人,出生在马萨诸塞州塞勒姆城一个船主和水手世家,1849 年便到其父亲指挥的"鲁塞尔·戈娄沃"号(Russell Glover)上任大副。后曾在一艘由上海钱业公所购置的专为抵御海盗的小炮船任二副,由此与上海钱业的"大亨"——泰记银号的老板杨坊搭上了关系。"在联军允诺

防卫上海以前,泰记主人杨坊会同上海的其他几名商人,由于不愿听任上海落入太平军手中,曾经和苏松太道吴煦商定,由商界供应资金,设法招募外国人组成军队,攻打太平军。因此,他聘用华尔和白齐文(H. A. Burgevine, 1836—1865)两个美国人为这支洋枪队的正副领队。"⑫ 随后,华尔又与苏松太道吴煦接上了关系。华尔颇得两位道员的欣赏。杨坊还将自己的女儿嫁给华尔。

咸丰十年(1860 年)四月,太平军攻占了苏州,忠王李秀成决定乘胜进攻上海。五月初五攻克嘉定,次日又退出。五月十二日占领青浦。五月十三日太平军从天马山方向进逼松江。华亭县赵知县、娄县卞知县率 500 余官兵,在秀野桥北三里的广济桥(俗称大桥)抵抗。太平军势如破竹,清军溃败,赵、卞两知县皆负伤逃走。太平军一举攻下松江府城,卞知县在乱军中被杀。

清政府于是派华尔的洋枪队向松江城反攻,试图夺回府城。华尔第一次攻城没有得逞,被太平军大败而归。华尔到上海稍作休整,并招兵买马,增添武器,准备发起第二次反攻。当时太平军正计划攻打上海城,五月二十七日晨,驻守松江的太平军出城,准备暗袭上海,部队行进至泗泾、七宝时,遭民团袭击,太平军退回青浦。五月二十八日,华尔率领洋枪队,在清军配合下,趁机攻陷松江府城。

六月十三日,华尔率洋枪队进攻青浦,清军李恒嵩部万人接应,遭李秀成及青浦太平军守将周文嘉痛击,洋枪队死伤三分之一,败退松江。华尔在进攻青浦时受了重伤,旋赴法国疗伤。李秀成部乘胜追击,六月二十六日再次攻占松江府城。七月初一,李秀成准备集中兵力攻打上海,再次撤出松江城。

咸丰十一年(1861 年)四月,华尔在松江设立"教练局",扩充武装,大批中国人进入洋枪队,由外国军官担任教练,洋枪队人数迅速增加,到第二年春天,即同治元年(1862 年),洋枪队已发展到

5 000人左右,并且得到最新式的水陆武器装备。洋枪队的总部设在松江城中,华尔将邱家湾里仓沈氏宅(今方塔路东侧、邱家湾北侧)作为公馆。同时,清政府批准华尔加入中国籍,并正式下令将洋枪队改名为"常胜军",升华尔为副将。

咸丰十一年(1861年)十二月初八,李秀成督令谭绍光、郜永宽、李容发等部发起第二次进攻上海战役。同时,驻苏州的太平军也在刘肇均率领下,经嘉定进逼宝山、吴淞。至十二月二十一日,各路太平军分别占领青浦、奉贤、南汇、川沙、高桥镇,将上海包围。

同治元年(1862年)正月初一,太平军在松江、天马山一带与洋枪队、清军遭遇,双方展开激战,恶战数日,太平军不敌,退回青浦。

同治元年(1862年)正月初七,驻嘉兴的太平军向上海进发,华尔率洋枪队联合清军,将太平军打败在天马山、辰山一带。至正月中旬,太平军扎营王家寺,沿江湾、大场、蕰藻浜一线,再逼吴淞,进攻宝山。正月二十三日,英法联军、洋枪队、清军联合围剿高桥镇太平军,太平军败退,清军占领了高桥镇。二月初一,英法联军、洋枪队再败太平军于南桥、萧塘、闵行。三月初六,又向上海西南王家寺、龙珠庵进攻,太平军不支,被迫退至华漕、诸翟一带。战斗中,太平军击伤英军提督何伯及华尔"常胜军"洋将5人。三月十九日,太平军失守周浦。三月二十四日,英、法侵略军头目何伯、士迪佛立、卜罗德等商定联合进攻太平军。三月二十九日,英法联军溯吴淞江北上,四月初一占领南翔,四月初三占领嘉定,四月十四日占领青浦。至四月二十三日,先后占领南桥、柘林。在南桥战斗中,法国海军司令卜罗德被太平军击毙。

嘉定、青浦等地失守后,李秀成率苏州太平军万余人前来增援。四月十九日,太平军在太仓大败清军,取得太仓大捷。四月二十八日,李秀成乘胜追击,收复嘉定、南翔。五月初一,占领泗泾。

五月十三日，再克青浦，生擒"常胜军"副领队法尔思德。

五月二十一日，李秀成亲率大军 3 万余人，分五路进逼松江城，在白龙潭设总指挥部，在妙严寺后面的土墩（俗称"和尚坟"）上修筑炮台，在大涨泾结营。后来，又在大涨泾增筑炮台，赶扎云梯。华尔为遏制太平军的进攻，将西门外菜花泾至竹竿汇一带的所有民房全部烧毁。李秀成久攻不下，遂率太平军撤围松江府城，督率谭绍光、陈炳文、郜永宽等所部五六万人进逼上海县城。在九里亭、虹桥等处遭李鸿章督率的淮军抵抗，遂退回泗泾。

是时，太平军首都天京（今南京）告急，洪秀全严令李秀成回援天京。李秀成回师解围，将嘉定、青浦、太仓等地的防务交由慕王谭绍光负责。同治元年（1862 年）秋天，华尔被调赴浙江慈溪与太平军作战，中弹身亡。太平天国在松江的战事至此结束。太平军三打松江，以失败告终。主要原因是英法联军与清军的联手抗击，双方在武器、战法上的巨大差异。驻守松江的华尔洋枪队武器先进，致使太平军屡屡失利。而太平军在松江地区军事行动的失败，随之牵动浙东战场的瓦解，对于太平天国的命运影响巨大。

太平军在松江的三次战役，战争城伤，废墟又起，对已开始走向衰弱的松江府又是一次沉重打击。

第三节　前中期清文化成就和晚清西方文化入侵的影响

一、前中期清文化成就

文学之风　入清之后，松江士人仍然沿袭明末之习，结社盟誓，大举文会。清初结社活动还是一种普遍性的社会现象，有学者研究,"清初社团达 70 多个,分布范围很广,参与人数众多,是清初一大奇异现象,历史罕见"㊽。松江地区的文人结社活动以继承复社而起的惊隐诗社最为著名,它是以松江人为主的清初江南人士组成的重要社团之一,创始于清顺治七年(1650 年),成员多为学养深厚、名动三吴的高士,如叶桓奏、吴炎、吴在瑜、潘柽章、顾炎武等,吴越间"高蹈能文之士,闻声相应而来者得数十百人"。他们在江山易主之际,眷怀故国,耻事新朝,于是退隐山林,保持其气节。"乐志林泉,跌荡文酒,角巾野服,啸歌于五湖三泖之间,亦月泉吟社之流亚也。"㊾但在江南抗清浪潮影响下,惊隐诗社也难免有人受到牵连,著名的南浔庄廷珑"史狱案"就株连到吴炎、潘柽章等人。在统治者的重重打击下,惊隐诗社只能于康熙三年(1664 年)无形中解散了。顺治十年,在文坛领袖太仓人吴伟业的倡导下,还成立过一个以苏松二郡为主并联合诸郡人士的"十郡大社",举行了几次轰轰烈烈的集会,达到了复社、幾社以来文人集会的最高水平。但随着吴伟业赴京为官后声誉大跌,失去了领袖群伦的号召力,不久便自然消亡。

到康熙后朝至雍正间,随着易代影响的渐远,又有一批文人继之而起,其中著名者如黄之隽、焦袁喜等。他们也开始经常组织各种规模大小不等的文会、诗社活动,比如松江醉白池于清初归顾大申后,顾与黄之隽、徐明府、李茂才、蔡孝廉等"结诗社于此"㊿。除了不同文人之间的结社活动外,清代前期承晚明之遗绪,在松江地区还形成了若干以文学见长的望族,比较有影响的包括松江王氏家族和宋氏家族等。㉛其中宋氏家族于南宋初年占籍华亭,代有才人,至明末清初最重要的人物则为宋徵舆。徵舆字辕文,号直方,为明诸生,入清后中顺治四年(1647 年)进士,官至都察院左副都御史。他诗文词曲俱佳,为云间词派的首创者,同时也是云间诗派的主要作者之一。沈德潜云:"云间诗家推卧子、宋辕文、李舒章。

卧子蹈海后,宋李并名于世,未尝有所轩轾。"㉜宋徵舆而外,其从兄宋存标、宋徵璧以及三人之子嗣也均享有文名,因此宋氏家族为明清易代之际松江最负盛名的文学望族,对于"地方文学流派及文学风气的转向都起到了举足轻重的作用"㉝。王氏家族是清代前期松江府的另一个文学望族,前文已有所提及。这一家族同样是在宋室南渡时占籍华亭的,但在清代以前一直默默无闻,直到清初由于王广心于顺治六年高中进士,家族命运方才发生转折,从此人才辈出。尤其是王广心和他的三个儿子王顼龄、王九龄、王鸿绪"一家父子四登科,三入词林"㉞成为一段佳话。在诗歌创作方面,从王广心到他的三个儿子,都追步盛唐,"出入开元、大历"㉟,"力挽江河日下的云间诗风,体现了对于云间诗学的继承和发展"。而在父子两代人之间,其诗风又有所不同。王广心由于亲身经历了王朝鼎革,因此其诗歌中往往弥漫着一种亡国之悲。而他的三个儿子则自幼生长于新朝,生逢太平之世,所以所作诗文大多文字雍容,歌咏升平气象。有学者认为,他们的诗歌是"清初诗学风向的见证和清初诗坛的典范"㊱。

　　不过,总体而言,清代前期松江地区的文风已经无法与明代相比,正如乾隆间沈大成所说"吾郡自幾社后,风流消歇百年于兹"㊲。直至乾隆后期才又有"吴中七子"的出现。吴中七子中最具代表性的为青浦人王昶。著述甚丰,有诗集 21 卷。㊳稍晚于"吴中七子"有娄县人姚椿,诗、文、词皆有造诣。王昶称赞其诗才情宏放,直书所见。其词则以"清豪"称,"实为近代别见生面之一家"㊴。

　　书画艺术　从清初起,松江书画艺术显方兴未艾之势,松江画派亦然。代表人物顾大申,顺治九年(1652 年)进士,官至工部郎中。博雅诗文乐府,尤擅书画。原家住城内试院旁,后购别墅,即今醉白池,以此仿"韩范先声"醉白飞觞;又效香光遗风,以园林楼阁为诗文书画之所。此处原为隋唐鹤馆,宋时朱之纯孝母堂,至明为董其昌挂颊山房,历来为文士书画吟唱雅聚名地。池成,文士倾动,画师云集。名士王广心、彭宾等相携泼墨走笔,书家画师为顾公烘云托月,尊为盟主,宾朋以获其片纸为荣。所画山水,融汇松江画派文人笔致,笔力苍劲,用墨淋漓,并善设色,萧然远俗。其绘画理论著有《画尘》(8卷)、《图经》(28篇)。传世作品有《秋日山居图》(图录于《中国历代名画集》)、《老松飞瀑图》、《寒林高士图》,均流入日本。沈宗敬,康熙进士,官至太仆卿,也系一位松江画派由明入清、承上启下的宗师,尤善山水,受圣祖御赞,收入内府,或悬殿御赏等。传世画迹有《仿元人画册》(10幅)、《仿王孟端山水图》、《乔松书屋图》扇面等。

图46 《邦彦画像》

徐璋,为清代松江画派以画传史、材料创新的肖像画极手,娄县人。乾隆元年(1736年)由织造图拉荐入画院。特工肖像,能用生纸(生宣),善用生纸之洇,因势走线,使构图设色人物特别鲜活,栩栩如生,呼之欲出。传世作品有《云间圣哲像》(一名《松江邦彦画像》)册,凡110人(现存99人)。徐璋尚有《晦翁垂钓图》卷,图录于《西京金名书画集》。又有《倚马图》,著录于《国朝画识》。

改琦(1773—1828)是松江画派清季的白描大师,人物画一时旷世大家。字伯蕴,号香白,又号七芗、七香,别号玉壶山人、玉壶外史、沥东居士等。先世是新疆维吾尔族人,信奉伊斯兰教。祖父改光宗在松江任武官,遂为松江人,家住祈雪街西。工书法,擅画人物、肖像，尤工仕女。少年天资，倾心临摹唐寅、仇英真迹，尽得其妙。又掺以吴带当风、曹衣出水之法、终成白描大家，一时无双，迄今无比肩妙手。落墨洁净，设色妍雅。论者谓"愈拙愈媚、跌宕入古"。亦画花卉、兰竹、山水、书卷雅致，人比之为"华嵒"。尝取蒋竹山句，绘《少年听雨图》，题者甚众。《红楼梦》初版仅二十来年，经反复研读，得另一读红文士李筠嘉启示，绘《红楼梦图咏》50幅，绘主要人物55人。画面切合人物性格，刻工精细流畅，为清代插图版画之上品。

清代松江书法家最著名者堪称张照（1691—1745），19岁中进士，入直南书房，官至刑部尚书，死后加封太子太保，谥文敏。张照通才达识，能诗，善画，尤工书法。其书初从董香光入手。继乃出入颜米，气魄浑厚，极备韵致，深为帝赏。内府收藏董文敏《争坐位帖》。他曾书宋代范仲淹《岳阳楼记》，被镌刻悬于岳阳楼上，人称"名楼、妙文、好字"为"三绝"。其书被康熙、雍正、乾隆三代皇帝赏识。乾隆有诗赞曰："书有米之雄，而无米之略。复又董之整，而无董之弱。羲之后一人，舍照谁能若。"

清代松江书法第二人为沈荃（1624—1684），中顺治九年（1652年）第三名进士（探花），授编修，累官詹事府詹事，兼翰林院侍读学士，颇称治迹，谥文恪。工书。清方苞《望溪集外文》里说："公学行醇洁，好奖进士类，书法尤有名。圣祖尝召入内殿赐坐，论古今书，凡御制碑版及殿廷屏障御座箴铭，辄命公书之。""上自元公巨卿碑版之文，下至遐陬荒徼琳宫梵宇，争得公书以为荣，以是公名动天下，与赵承旨、董文敏相埒。"康熙也曾说："朕初学书，宗敬之父实侍。屡指陈得失，至今每作书，未尝不思荃之勤也。"宗敬是沈荃的次子。康熙进士，官太仆卿。《江南通志》说："宗敬兼工书画。"上段引文说明，沈荃曾是康熙帝的书法老师。他的楷书《春夜宴桃李园序》墨迹，现藏北京故宫博物院。

二、晚清西方文化入侵的影响

教育方面 上海开埠后,西方思想文化也随之传来。松江因毗邻上海,又是府治所在地,因此得风气之先,兴新学较早,声势较大。早在清光绪二十一年(1895 年),松江已建立了第一所新式学堂——私立中西学堂。城中蒙学堂、私立养正小学,以及基督教会创办的乐恩学校也早在松江呈准办新学前已创立。光绪二十八年,松江知府和华亭、娄知县呈准办新学。原有书院、义塾、私塾相继改办学堂。兴新学前夕,松江有书院四所,府、县议定,除融斋书院、求忠书院保留外,云间书院于光绪三十年改设为松江府中学堂(今松江二中、松江一中前身),景贤书院于光绪二十九年改设为华亭、娄两县高等小学堂(今中山小学前身),并将松江境内义塾均改蒙养学堂(初等小学堂)。光绪二十八年正月,创办东区第一初等小学和西区第二初等小学,这是松江最早的官立新式学堂。同年,全县由旧书院、义塾等改办的和新创立的小学堂有 6 所。今松江

图 47　松江府中学堂

二中、松江一中、中山小学、西林小学、岳阳小学、华阳桥小学、泗泾小学、小昆山小学等学校都发端于兴新学早期。至宣统三年（1911年），松江城厢有小学38所。松江兴新学时期，府、县鼓励社会热心公益士绅兴学堂，公立、私立学堂纷纷创立，学校日见林立。公立中学有"公立学堂"，该校于光绪三十年由何东、马超群、杜炎等在祭江亭创建。松江创办最早的私立学堂为中西学堂、城中蒙学堂和私立养正小学。中西学堂于光绪二十一年由王柳生创办，校址在秀野桥畔（该校后迁上海，为上海南洋中学前身）。光绪二十七年，史量才、马相伯、吴雪斋在泗泾创办了私立养正小学。光绪三十三年，清政府颁《女子小学堂章程》，赋予女子接受学校教育的权利。其时，松江女学渐兴，松江城厢和六个乡的64所小学中，共有女子小学8所，占小学总数的12.5%。

　　19世纪下半叶，洋务派主张"中学为体、西学为用"，新学兴起，一方面奠定了以学校教育为主、科技教育与文化教育并重的现代教育制度的基础。另一方面它注重实业教育，重视教育为经济发展服务。松江在兴新学中，除了兴办一批普通教育的学堂之外，还创办了云间师范学堂、清华女校附设师范科、松筠女子职业学校、府立松江农业学堂、松江劝学会附设体操传习所等一批职业技术和师范一类的学堂。当时学校教育贯彻"中学为体、西学为用"的宗旨。新的教育制度采用了资本主义国家的教育内容和教育方法，曾先学日本，后学德国、瑞典，对封建教育略作改良。课程设置一般设读经、国文、修身、历史、地理、理科、体操、图画、手工、唱歌等科目，也有根据学校、学生实际，补充松江历史、地理等乡土教材。有些理科教材，如物理、化学、博物、算学等基本照搬外国教材，唯独国文基本保持原有体系、内容和教学方法。松江兴新学后，从教育教学到行政管理，初步形成了现代教育制度的雏形。

　　宗教方面　鸦片战争后，清政府被迫和西方列强订立不平等条约,外国传教士在这些不平等条约的保护下从"幕后"走向了前台。松江的天主教也从此迅速发展起来。清同治二年(1863 年)九月,法国传教士以《中法北京条约》所许特权,购置佘山一部分山地在山腰建造房屋 5 间,中间为一小堂,供神甫疗养之用;继在山

图48 教堂远景

顶造六角亭一座,供圣母像并祭台。同治十年春拆去六角亭,改建教堂。此堂呈正十字形,面向南,中西结合建筑风格,名为圣母进教之佑堂,可容 800 人。同治十二年四月由郎主教主持"公拜圣母",参加教徒约两万人。从此,佘山成为天主教的朝圣地。据《江南传教史》记载,1864 年已形成在教区下面由院长、本堂神父构成的管理体制。松江邱家湾教堂是院长神父的驻地,是上海天主教的重要教堂。

1880 年(光绪六年)基督教派中国牧师曹子实来松江传福音,基督教开始传入松江。1886 年美国监理公会派遣美国传教士麦乐恩到松江。麦乐恩来松江以后,向清政府圈购了一大片土地,南临大街,西至寺基弄,北面至新西街和十字街,东面到西塔弄佛学会。麦乐恩在华不到一年,就回美国。1887 年监理公会派遣步惠廉到松江。1888 年由韦理生会督主持年议会议,会上决议将上海化善堂(在八仙桥附近)出售,得洋 350 元,拨给松江补充建堂之用。1889 年步惠廉在松江西门外馆驿开始建堂,名"乐恩堂",以纪念第一位到松江的传教士麦乐恩。步惠廉在松江前后有 50 多年,建

造了礼拜堂、传教士住宅、教区长、牧师住宅,创办了男、女圣经学校,又办了东吴大学第五附中、慕卫女中、贫孤儿院等,奠定了基督教在松江的基业。至清末,松江出现了佛教、道教、伊斯兰教、天主教、基督教五教并举的局面。㊿

注 释

① 本目中详参何惠明编《华亭旧闻》(方志出版社 2008 年版)有关史料。

② (清) 姚廷遴:《历年记》,《清代日记汇抄》,上海人民出版社 1982 年版。

③ (清) 叶梦珠:《阅世编》,中华书局 2007 年版。

④ (清) 姚廷遴:《历年记》,《清代日记汇抄》,上海人民出版社 1982 年版,第 64—65 页。

⑤ (清) 曾羽王:《乙酉笔记》,《清代日记汇抄》,上海人民出版社 1982 年版,第 21 页。

⑥ (清) 叶梦珠:《阅世编》卷三《建设》,中华书局 2007 年版。(清) 周建鼎:康熙《松江府志》卷二十一《兵防》,《上海府县旧志丛书·松江府卷》,上海古籍出版社 2011 年版。

⑦ 《官用布匹委官办解禁扰布行告示碑》(康熙十一年),上海博物馆图书资料室编:《上海碑刻资料选辑》,上海人民出版社 1980 年版,第 94—96 页。

⑧ (清) 叶映榴:康熙《上海县志》卷六《兵防》,上海图书馆藏康熙二十二年刻本。

⑨ (清) 韩世琦:《王允文等招由疏》,《抚吴疏草》卷二十一,《四库未收书辑刊》第 8 辑第 5—8 册,北京出版社 1998 年版,第 511、513 页。

⑩ (清) 宋徵舆:《上钱牧斋先生书》,《林屋文稿》卷一六,《清代诗文集汇编》第 58 册,上海古籍出版社 2010 年版,第 240 页。

⑪ (清) 叶梦珠:《阅世编》卷四《宦迹一》,中华书局 2007 年版,第 106 页。

⑫ 《清实录》第三册《世祖章皇帝实录》,顺治二年闰六月乙巳,中华书局

1985 年版,第 164 页;傅林祥等:《中国行政区划通史·清代卷》,复旦大学出版社 2013 年版,第 252 页。

⑬《清实录》第三册《世祖章皇帝实录》,顺治十三年二月己未,中华书局 1985 年版,第 761 页。

⑭ (清)韩世琦:《题覆涠开乡绅疏》,《抚吴疏草》卷四,《四库未收书辑刊》第 8 辑第 5 册,北京出版社 1998 年版,第 422—424 页。韩世琦:《陆宗赟开复疏》,同上书,卷六,第 544 页。

⑮ 详参范金民:《鼎革与变迁:明清之际江南士人行为方式的转向》,《清华大学学报(哲学社会科学版)》2010 年第 2 期。

⑯ (清)顾公燮:《丹午笔记》,江苏古籍出版社 1985 年版,第 154 页。

⑰ 赵尔巽等:《清史稿》卷四八八《朱国治传》,中华书局 1977 年版。

⑱ (清)章鸣鹤著,范械士校:《谷水旧闻》,《明清松江稀见文献丛刊》第 1 辑,上海古籍出版社 2015 年版,第 20 页。

⑲ (清)叶梦珠:《阅世编》卷六《赋税》,中华书局 2007 年版,第 160 页。

⑳ 范金民:《清朝雍正时期江苏赋税钱粮积欠之清查》,《中国经济史研究》2015 年第 2 期。

㉑ (清)顾公燮:《消夏闲记摘钞》卷上,《涵芬楼秘笈》第 2 集,商务印书馆 1917 年石印本。

㉒ 孟森:《心史丛刊三集》,河洛图书出版社 1980 年据 1935 年原本影印,第 57—66 页。《高宗纯皇帝实录(十)》卷七六八,乾隆三十二年六月丁酉,中华书局 1986 年影印本《清实录》第 18 册,第 666—667 页。

㉓ (清)宋琬:《安雅堂文集》卷一《董阆石诗序》,《续修四库全书》第 1404 册,上海古籍出版社 1995 年版,第 604 页。

㉔ 赵尔巽等:《清史稿》卷一二七《食货二》,《续修四库全书》第 296 册,上海古籍出版社 1995 年版,第 439—440 页。

㉕ 参见贺长龄辑:《清朝经世文编》卷三二《户政五》,收入沈云龙主编:《近代中国史料丛刊》第七十四辑,(台北)文海出版有限公司 1972 年版。

㉖ (清)孙星衍:嘉庆《松江府志》卷上《巡幸》,《上海府县旧志丛书·松江府卷》,上海古籍出版社 2011 年版。

㉗ (清)张宸:《再陈吴淞江应浚条议》,贺长龄辑:《清朝经世文编》卷一

一三《工政一九》，收入沈云龙主编：《近代中国史料丛刊》第七十四辑，（台北）文海出版有限公司 1972 年版，第 3959 页。

㉘ （清）玛祜：《报浚河完工疏》，嘉庆《松江府志》卷一一《山川志五·水利》，嘉庆二十三年松江府学刻本。

㉙ （清）许承宣：《浚渠塘以备旱潦疏》，贺长龄辑：《清朝经世文编》卷一一一《工政十七》，收入沈云龙主编：《近代中国史料丛刊》第七十四辑，（台北）文海出版有限公司 1972 年版，第 3881—3885 页。

㉚ （清）王铸恭：《纪圣恩浚河碑》，嘉庆《松江府志》卷一一《山川志五·水利》，嘉庆二十三年松江府学刻本。

㉛ （清）庄有恭：《奏浚三江水利疏》，贺长龄辑：《清朝经世文编》卷一一三《工政十九》，收入沈云龙主编：《近代中国史料丛刊》第 74 辑，（台北）文海出版有限公司 1972 年版，第 3955—3956 页。

㉜㉝㉞ 嘉庆《松江府志》，嘉庆二十三年松江府学刻本。

㉟ 李伯重著，王湘云译：《江南农业的发展（1620—1850）》，上海古籍出版社 2007 年版，第 139 页。

㊱ 李伯重：《清代前中期江南农民的劳动生产率》，《多视角看江南经济史（1250—1850）》，生活·读书·新知三联书店 2003 年版，第 337 页。

㊲ 李伯重：《中国的早期近代经济：1820 年代华亭-娄县地区 GDP 研究》，中华书局 2010 年版，第 70 页。

㊳ （清）张锡爵：《打麦词》，乾隆《续外冈志》卷一之《风俗》，《上海乡镇旧志丛书》第 2 册，上海社会科学院出版社 2006 年版，第 9 页。

㊴ （明）张凤：《复旧规革弊便民案》，崇祯《松江府志》卷八《田赋》，《日本藏中国罕见地方志丛刊》第 22 册，书目文献出版社 1991 年版，第 198 页。

㊵ 《申报》光绪六年六月二十一日。

㊶ （清）光绪《川沙厅志》卷四《物产·服用之属条》，光绪五年刻本。

㊷ （清）张春华：《沪城岁事衢歌》，顾炳权编著：《上海历代竹枝词》，上海书店出版社 2001 年版，第 122 页。

㊸ 《松江府为禁苏郡布商冒立字号招牌告示碑》（乾隆元年），上海博物馆图书资料室编：《上海碑刻资料选辑》，上海人民出版社 1980 年版，第 87 页。

㊹ 此据黄敬斌对嘉庆《松江府志》所载士绅居第的统计,参见黄敬斌:《郡邑之盛:明清松江城的空间形态与经济职能》,《史林》2016年第6期。

㊺ (清) 应宝时:同治《上海县志》卷二《建置·海关》,光绪八年刻本。

㊻ 杜黎:《鸦片战争前上海行会性质之嬗变》,南京大学历史系明清史研究室编:《中国资本主义萌芽问题论文集》,江苏人民出版社1983年版。

㊼ 《李鸿章全集》第1册,安徽教育出版社2007年版,第176—177页。

㊽ 何宗美:《明末清初文人结社研究》,南开大学出版社2003年版,第309页。

㊾ (清) 杨凤苞:《书南山草堂遗集后》,《秋室集》卷一,《续修四库全书》第1476册,上海古籍出版社1995年版,第11页。

㊿ (清) 章鸣鹤著,范械士校:《谷水旧闻》,《明清松江稀见文献丛刊》第1辑,上海古籍出版社2015年版,第30页。

51 53 56 参见朱丽霞:《清代松江府望族与文学研究》,上海古籍出版社2006年版。

52 (清) 沈德潜:《国朝诗别裁集》,中华书局1975年影印版。

54 (清) 叶梦珠:《阅世编》卷五《门祚一》,中华书局2007年版,第139页。

55 汪懋麟:《世恩堂集序》。

57 黄达:《一楼集》,沈大成序,《四库未收书辑刊》第10辑第15册,北京出版社1997年版,第560页。

58 (清) 汪祖绶:光绪《青浦县志》卷一七《人物一·列传》,光绪五年刊本。

59 严迪昌:《近代词钞》,江苏古籍出版社1996年版,第66页。

60 本章中"改朝换代与新政新事""清朝前中期松江经济社会发展""文学之风"等节、目中详参熊月之主编,王健、申浩、赵思渊著《上海通史·第5卷·清代前中期(1644—1843)》(上海辞书出版社2017年版)中部分资料。

第六章　民国时期：战乱中人民革命和社会变迁

　　1911 年 10 月，辛亥革命爆发后，"上海先动，苏杭应之"宣布起义，随后松江士绅积极响应，发布通电，成立松江军政分府，宣布松江光复。1913 年，袁世凯实行专制统治，引起全国人民愤慨，各地发表通电反袁，史称"二次革命"。钮永建和松江国民党人响应讨袁，7 月 18 日成立松江临时军政府，召集旧部，组建学生军、敢死队。何嘉禄为松军总指挥，开赴上海攻打北洋军重要据点江南制造局，攻击失败。讨袁军失利后，8 月 25 日，钮永建偕何嘉禄从上海乘海轮出国。

　　民国初起，松江人民的革命斗争开始兴起。1919 年五四运动爆发。松江各界响应北京行动，学生罢课、商店罢市，积极投入到反帝爱国运动之中。1921 年中国共产党成立，党的一大精神很快影响到松江。侯绍裘等成为松江最早的一批共产党员，创办《问题周刊》《松江评论》等进步刊物。1926 年 9 月，松江县第一个中共组织——中共松江支部建立，成为领导松江革命运动的中坚力量。党的创立和大革命时期、土地革命战争时期，松江党组织在严重的白色恐怖下，虽迭遭破坏，仍坚持斗争，不断发展。特别是农民运动，蓬勃兴起，成为江苏省农民运动的重要地区之一。1928 年 1

月，曾经爆发了震撼沪杭一带的"枫泾暴动"。从1928年9月浦南县委建立到1929年1月，在东至奉贤、南至东海、西至浙江平湖、北至黄浦江的广大浦南地区，组织了农民协会、渔民协会、盐民协会，开展了抗租抗税、镇压地主豪绅的斗争。抗日战争时期，中共松江地区党组织坚持国共合作和"发展进步势力、争取中间势力、孤立顽固势力"的方针，领导着淞沪游击部队、浙东游击部队等抗日力量打击日本侵略者，一直坚持到抗战胜利。解放战争时期，党的地下组织在白色恐怖下发展壮大，在中共淞沪工委领导下，与国民党反动派作斗争。1947年起，组建路南武工队等部队，打击敌人，直至1949年5月松江解放。

民国时期在战乱不止的情况下，松江工农业还是有所发展。农业方面，1933—1935年，松江县共有耕地928 830亩，全县粮田面积800 914亩，粮食播种面积827 314亩，总产22 629万斤，平均亩产274斤。工业方面，20世纪二三十年代现代工业萌生，建立有松江最早的机械工业明锠铁工厂、松江县第一家机织毛巾厂勤益毛巾厂、松江第一家电灯厂、最早的民生化学工业社等百余家工厂。商业方面，以米粮业为主，绸布呢绒、百货、杂货、南北货、地货、中西医药、饮食服务等业较为发达。但此景不长，1937年侵华日军连续对松江城大轰炸，大批工厂、大量商铺、众多宅院及文化体育设施被毁，全县社会经济各方面都遭到重创。

民国时期在文化方面松江人士还是有所建树。五四运动后，松江出现现代小说等新文学作品，作家施蛰存是中国现代主义小说派中新感觉派的创始人之一，代表作品有《梅雨之夕》《春阳》《将军底头》等。这一时期的著、译作家朱雯，出版著作有《旋涡中的人物》《不愿做奴隶的人们》等长短篇小说、散文等。其夫人罗洪是写入中国现代文学史的上海地区唯一女作家，全面抗战前夕的5年间，她在家乡松江创作发表了《春王正月》等近百篇小说、散文、杂文。著名编辑赵家璧,30年代便在上海良友图书公司担任文艺编辑,曾主编《一角丛书》80种、《良友文学丛书》47种、《良友文库》16种、《中篇创作新集》10种和《中国新文学大系(1917—1927年)》10卷(该书在30年代出版)。特别值得提及的是时称"无松不成报"。松江人士一度成为上海报业主力军,上海《申报》总经理史量才及总主笔等均为松籍或寓居松江人士。其次还有一批书画艺术家先后脱颖而出,创作宏富。教育方面,民国初期松江新学除了高等教育外,其他各类教育齐全,不仅普通教育、中小学堂大量创办,还有各类专门教育机构,例如女子学堂、师范学堂、体操传习所、职业学堂等。1912年,孙中山先生到松江视察清华女校和蒙养院等,并在清华女校发表演说,盛赞松江教育界对革命有功,鼓励推广女子教育。

第一节　松江光复与战争动乱

一、松江光复与讨袁之战

1911年10月10日,辛亥革命爆发,此后全国响应,各地纷纷宣布独立。10月下旬,松江起义风声日紧,驻扎在松江城内的江南提督刘光才见清政府大势已去,10月27日向两江总督张人俊提出辞呈,欲携家眷避居上海租界,没有得到准许。当时刘光才所辖驻防军队仅有三个营,分兵驻守在松江府七县四乡,而其中驻防守卫松江府城的兵力不到一半。当时,上海形势吃紧,清政府听到革命军要攻打上海制造局和龙华火药厂的消息,万分紧张,张人俊令松江调一营兵力去防守。刘光才派出第二营增援。第二营行军刚过新桥,未到莘庄,忽又接到命令回松驻防。此时刘光才也不顾上司的一再恳留,于 10 月 29 日挂印开溜。松江商会见时局混乱,商议自救办法,一致同意组织商团,保护地方的治安。11 月 1 日,上海同盟会决定"上海先动,苏杭应之"。上海县人钮永建赴松江策动起义,以为犄角。钮永建,字惕生,光绪十五年(1889 年)以第一名入庠,就学于江阴南菁书院,与同学吴稚晖成为莫逆之交。后曾考入湖北武备学堂。光绪二十八年在横滨结识孙中山。后被推为"清国留学生学生会会馆"干事。翌年发起组织留日学生"拒俄义勇队",任区队长。因行为激进,与蔡元培等同被清政府列入黑名单,钮永建潜避家乡,办紫冈学舍以培养革命军事人才。光绪三十一年加入中国同盟会。翌年赴广西以训练新军为掩护,从事反清活动,暗助西南边疆革命起义。宣统元年(1909 年)事泄被通缉,流亡德国。1911 年回国参加辛亥革命,上海、松江光复后任沪军都督府军务部部长、松江军政分府军政部部长。

1911 年 11 月 3 日,上海的同盟会、光复会、商团联合组织起义,陈其美宣布上海光复。在上海同盟会决定起义的同日,华娄城自治所邀请地方人士 20 名,召开谈话会,以时局紧张,商议筹办民团。大家对筹办民团都没有异议,但经费无处可支,颇为为难。经商议,一面委派雷继新等人去上海道商借;一面推选谢宰平、郑子松、钱选青等人拜见府、县长官、城内外富户士绅,劝说他们出资维持。公推雷谱桐主持民团事务,钮永建全面负责教练工作。民团筹备处设在华娄城自治所内。松江府守戚扬闻得上海光复消息后,立刻召集华亭、娄县两县令以及飞划营管带等到府署中商议对策。戚扬太守此时既不愿交出权印,又无心留守松江,当天给府署中每个丁役发了 20 块银洋,自己则将府署内粗细各物,搬迁藏匿。当晚,戚扬谎称查街,夹在前后卫队中,步行出北门后换乘小轿,躲藏在生生桥河边的枪船中。太守逃匿的消息传开后,松江城内外一片哗然,富户士绅人家纷纷转移财物,眷属他迁。群众自发地聚集到松江府署前，围观者如潮。华娄城自治所担心形势失控，一面派人到府署前劝说群众离去；一面查实了戚扬藏匿处后，软硬兼施，将他逼回府署。

11月5日，程德全在苏州宣布光复。消息传到松江，群情更加激奋，松江城内外店铺居民连夜赶制白旗，以便在松江宣布光复时悬挂庆祝。11月6日，松江士绅不约而聚，集中在华娄城自治所，一致决定，响应上海、苏州起义，发布通电，成立松江军政分府，宣布松江光复。同时，确定了松江军政分府的人事安排，暂以江南提督署为松江军政分府机关办公地点。随即，徐锡之等人急往松江府署，徐手挟布包炸药，直冲署内，威逼戚扬太守，要他马上交出松江府大印，限三日之内交出公款账目、文书档案，并限期搬出府署。戚扬唯唯应诺，交出印信。松江军政分府贴出安民告示："照得武昌起义，同胞万众一心。凡我义旗所指，罔不踊跃欢迎。各省各城恢复，从未妨碍安宁。松江毗连上海，铁路交通著名，一经大兵云集，损害自必匪轻。今奉军政府命，但令各界输诚。兹已纷纷归顺，具见敌忾同仇，惟愿亲爱同胞，仍各安分营生，洋人生命财产，切勿乘此相侵。转瞬民国成立，人人共享太平。"布告上仍用松江府旧印，只是删去了满文的一面。华亭县沈县令、娄县李县令同时以县令具名，出示安民告示，署衔为中华民国华亭、娄县民政长。松江城内遍挂白旗，庆祝光复。同日，青浦、金山宣告光复；次日，南汇、奉贤、川沙宣告光复，至此，松江府属各县均宣告光复。本约定在公务结交清楚之前，戚扬不能离开府署，但11月6日晚上，戚扬却乘机逃逸，后被骑兵追回。11月12日戚扬把事务交代清楚后，由盐捕营管带沈葆义护送他出府署，登船去上海。军政分府随即派员接收府署。11月13日，军政分府各部迁入原松江府署办公。

松江军政分府下设4部，分别是军政部、民政部、财政部、司法部,各部设部长一人。各部人事任命为：军政部部长钮永建；民政部部长谢宰平,科长马超群、倪伯英,警务长扬兆椿；财政部部长钱选青,助理张开圻,科长夏允麐、李芑香、周作孚、周铁桥、吴维馨；司法部部长沈思齐,科长蔡光辉、陆龙翔、符庆林、姜文傅。原属松江府的三营军队,由军政分府管辖。驻松的旧防营军队,纪律一向不好,长官克扣军饷时有发生。松江宣布光复当天晚上,第一营管带余志斌因克扣军饷,被士兵群起而殴打,事态严重。11 月 7 日,钮永建亲自到小校场,集合士兵,平息事态。钮永建一面指出持众犯上,军纪不容；一面批评余志斌的错误,同时答应今后按上海士兵待遇按月发放军饷,士兵们都表示诚服。钮永建还要求士兵自己先推选什长,再推选哨长,撤换了原第一营、第二营的管带,第三营管带刘世奎与士兵感情尚融洽,继续留任。参谋长杨了公当场发给每个士兵 1 元银圆,士兵们个个欢喜,事态得以平息。

听到松江光复的消息后,在南京陆军中小学就读的松江府籍学生 20 余人回到家乡,一起到松江军政分府司令处,呈递志愿书,要求加入敢死队、巡逻队,当场由部员徐锡之检验身体后,分编团队。同时,马昌其、邹竞、徐桂八、叶桐圭 4 人,发起组织松江学生军,编成一队,共 126 人,接受军政分府领导,由钮永建亲自训练督操。

松江光复前后,市场混乱,多次发生金融危机,市面上银根紧缺,1912 年 2 月,德裕、惠大、通源、裕泰四家钱庄同时倒闭。士兵高价强迫典当衣物,低价强买货物,闹事的情况屡屡发生。土匪横行乡里,抢劫富户大室,欺压平民百姓；流氓无赖聚众闹事,扰乱社会治安。贩运私盐猖獗,公然与军警枪战。城乡居民人心惶惶,要求政府加强治安,但军政分府财力匮乏,管控无力,只能以加征赋税维持运转,但这样更引起人民不满。

1913 年 3 月,国会开会前夕,临时大总统袁世凯派人暗杀国民党代理理事长宋教仁，企图排除议会势力，背弃民主，实行专制统治，引起全国人民愤慨。国民党在沪要人原沪军都督陈其美等通电全国，发起讨袁战争，陈其美任讨袁军总司令，举行"二次革命"。辛亥革命时曾任松江军政分府司令的钮永建和松江的国民党人，响应讨袁，7 月 18 日成立松江临时军政府，召集旧部，组建学生军、敢死队。松江许多热血青年本着"以身许国"的宗旨，纷纷报名参军，松江学生军兵力达到千余人，组成 1 个团。何嘉禄为松军总指挥，开赴上海攻打北洋军重要据点江南制造局。7 月 22 日半夜，松江学生军向江南制造局发动进攻，北洋军退守栅门，凭借围墙抵抗。北洋军见军情紧急，调动黄浦江中的海军兵舰前来助战。松江学生军、敢死队在战斗中表现最为勇敢，猛攻多次，死伤众多，未能攻下阵地。双方相持至 7 月底，松军败退，撤退至七宝，后一路至宝山，一路至青浦。8 月中旬，队伍被当地政府遣散。讨袁军失利，江苏省宣布取消独立，转而依附袁世凯，时局急转直下。浙江都督朱瑞乘机派浙军进驻松江。钮永建本拟率松军经七宝回松，闻浙军已驻松，恐不见容，乃绕道至吴淞与陈其美会合。陈命其守江湾及宝山。8 月 13 日，北洋军占领吴淞炮台，松军残部西撤，一部走嘉定、太仓，另一部到青浦，都被当地政府收缴枪械，给资遣散。8 月 25 日，钮永建自沪乘轮船偕何嘉禄等出国。

二、军阀混战和北伐军攻克松江

1924 年 8 月间，江苏督军齐燮元与浙江督军卢永祥为争夺地盘，酝酿战争。松江各界联电北京政府及苏、浙当局，呼吁和平无效。9 月 5 日，江浙军阀开战。松江为浙军重要后方，军队拉夫封船，军运繁忙。松民纷纷逃难，学校停课，商店大半歇业。浙军马良部驻守叶榭。苏军陈调元部 2 000 人发起攻击，两军在佘来庙

(今泖港)交战后相持。福建督军孙传芳率部乘虚入浙,沿沪杭铁路从枫泾直扑松江,10 月 3 日在 31 号桥附近与浙军激战受阻,被击毙 200 余人。浙军在闵行一线布防。9 日,闽军迂回偷袭明星桥(松江东门外)得逞。12 日,松江防守司令王宾弃城潜逃,县城为闽军所据。浙督卢永祥兵败下野,浙军大部经小昆山向上海方向撤退。27 日,江浙战争结束。

1925 年 1 月 3 日,浙(孙传芳占)沪(张宗昌占)战争爆发。驻松孙传芳部卢香亭师日夜调兵东进,由谢鸿勋接替卢香亭任松江守备司令,形势再度紧张,松民又逃难。2 月中旬,孙传芳与直鲁联军司令张宗昌达成妥协,浙沪战争结束。9 月下旬,奉军南下,孙传芳增兵松江布防。10 月上旬,松江驻军拉夫封船,连夜东调,形势又紧,商店闭门。10 月 15 日,浙奉战争爆发,孙军迅速占领上海,松江局势转稳,市面恢复。

1927 年初,北伐军向浙江挺进。2 月 17 日,孙传芳命令在浙各军开往嘉兴布防,孙的司令部设在松江。23 日,北伐军东路军总指挥何应钦占领杭州,前敌总指挥白崇禧率部攻克嘉兴。孙传芳军在松江县西境 31 号铁路桥布防。24 日直鲁联军五路总指挥兼第 8 军军长毕庶澄率部援孙,派军进驻松江;孙传芳部各路败兵麇集松江,军纪败坏,部分败兵抢掠东岳庙街商店,西门外至马路桥大街商铺一度罢市。

3 月 20 日,北伐军发动进攻,第 1 师薛岳部正面攻取松江、上海;26 军第 2 师斯烈部及新编第 16 师何嘉禄部为右翼,由金山卫、张堰、松隐至得胜港渡黄浦,经闵行直抄莘庄、明星桥;另派刘峙、李明扬部为左翼,攻取苏州、青浦,以截归路。当日,何嘉禄在山阳战斗中中弹阵亡。斯烈率部由浦南直趋明星桥,切断直鲁军与上海的联络;薛岳部抵达 31 号桥。21 日斯烈部渡过黄浦江,占领松江,俘获直鲁军毕庶澄部二三千人,其中有旅长 2 人,白俄炮手数人。

三、全面抗战爆发

1937 年 7 月 7 日卢沟桥事变发生后，日本全面发动侵华战争。八一三事变不久，松江县成为日机轰炸的重要目标。8 月 16 日，日军飞机首次轰炸松江。此后，每日有日机数架或十数架到松江轰炸，造成生命财产惨重损失，城厢居民纷纷向四乡避难。20 日，弹落光启中学，该校全毁。26 日，向松江火车站投弹，死数十人。29 日，莫家弄、菜花泾等处被炸，民房多处被毁，死伤众多。9 月 3 日，斜塘铁路桥被日机炸毁。9 月 8 日，日机轰炸松江火车站，难民客车 1 列亦被炸，死 300 余人，伤 500 余人。10 月 18 日，日机三次轰炸难民车，死伤妇幼 700 余人。10 月 24 日，日机向西门外钱泾桥、仓桥一带居民区投燃烧弹，造成重大伤亡。10 月 28、29 日，日机向城厢投弹 200 余枚，毁屋极多，死伤平民 400 余人。11 月 1 日，钱泾桥、小仓桥一带又遭猛炸，大火延烧甚广；西门外北起菜花泾，西抵小仓桥均落有炸弹，死伤 200 余人。松江红十字分会也被炸。11 月 1 日，日机三批轰炸松江，炸弹集中落在府前街、三公街、大吴桥、艾家桥、普照寺桥、丰乐桥、佛字桥一带，以及城外诸行街，莫家弄也被炸，毁屋无数，伤亡 60 余人。2 日上午又有轰炸机 5 架，在新东门一带轰炸，每遇竹园、树林，则用机枪扫射；城内法院起向西至超果寺均有弹落。4 日，又有轰炸机分 2 批到松轰炸，米市渡轮渡码头被毁。11 月 5 日，大批日军趁金山卫沿线防务空虚，突然发动进攻。日军舰 30 余艘在金山卫海面，以飞机、重炮作掩护，以三个师团兵力，在浙江省平湖县的全公亭、金丝娘桥，江苏省松江县的金山嘴、漕泾镇沿海岸一带强行登陆。随即向张堰等地进犯，午刻，金山县的张堰镇沦陷，又陷松江亭林镇。次日，敌先头部队已抵距黄浦江上游水路要冲余来庙(今名泖港)和松隐镇。松江城已岌岌可危!

日军在金山卫一带强行登陆,使上海战局发生巨变。当时防守松江的只有江苏省第二区保安司令部所属的一些保安队,还有40军残部500余人,力量单薄,无法阻挡日军进攻,日军一旦占领松江,切断上海60万守军的退路,其后果不堪设想。此时,任第八集团军总司令的张发奎(司令部驻扎在松江县北面的北竿山)当即决定,急调驻扎在青浦的67军赶赴松江布防,而且命令必须"死守松江三日",以确保上海我军的撤退后路。那时,67军刚从华北前线南调,久战疲惫,长途劳累,枪弹尚未得到补充。67军军长吴克仁接到命令后,当即决定由副军长贺奎率军部机关和直属队继续留守青浦。军长吴克仁亲自率第107、108师,以强行军速度冒雨向松江县城进发。11月6日晚,吴克仁部队赶到松江北门,随即在松江保安司令部安营,了解敌情,部署接防。此时敌军已推进至黄浦江米市渡一线。吴克仁严令108师师长张文清率部队防堵城西之日军进犯,令107师金奎璧率部从新东门出击,以攻为守,堵截进犯之敌,敌人在飞机掩护下,猛烈向松江城区进攻。经过一夜激烈战斗,于7日拂晓前将日军击退。此役毙敌500余人,107师也有较大伤亡,师长金奎璧负伤。7日午后,日军增援部队抵达,进行猛烈反扑,战斗更为激烈。军长吴克仁亲自指挥部队在县城南门外同日军往返冲杀,将敌击退。是役,107师少将参谋长邓玉琢殉职。当时在场的王公玙和40军军长郭汝栋感慨地说:"此战役如果不是吴军长这样硬拼死守,此城此夜早已失陷了"。另一路,由108师在松江城西抗击敌军进犯,师长张文清命令所属322旅迅速占领松江到石湖荡铁路沿线之阵地,敌我就在铁路沿线之阵地,展开激烈战斗。8日凌晨3时许,敌大批后续部队从黄浦江登上北岸,逼近城西李塔汇。李塔汇阵地三失三得,战斗极为激烈,那时,敌军在松江到石湖荡铁路中间突破我防线,迂回至县城西部,菜花泾以西已见敌踪。张师长速调 324 旅在西郊一带阻敌入城,展开激烈巷战,敌我伤亡都很大,我军 322 旅旅长刘启文殉职。8 日上午 10 时许,敌机数十架向我一线部队大肆轰炸扫射。下午 1 时左右,日军发起猛攻,107 师官兵伤亡增多,情况危急,军长吴克仁走出指挥所,数次出城督战,身先士卒,带头冲锋,部队官兵看到军长冲在前头,顿时勇气倍增,个个奋勇杀敌,连连击退敌人的强攻。是日晚,日军攻入小南门,双方展开白刃战。军长即命 319 旅旅长吴谦(吴克仁之亲属)率部阻敌,激战 2 小时,吴旅长小腹部中弹受伤。于是吴军长亲自率部队与敌激战,又一次打退敌人进攻,稳住了战局。8 日深夜,吴克仁在完成"死守松江三日"的任务后,部署部队后撤。此时,松江县城的东、南、西三面均已被敌人控制,仅北门尚可通行,于是吴克仁率部出北门沿公路向佘山、昆山方向撤退。此时,我上海守军已纷纷撤下,大量人群车马涌上公路,加之日军迂回部队堵截要道,情况极度混乱。吴克仁拒绝了随行人员要另择小路撤走的建议,坚持指挥部队攻占敌人阵地、打通公路,使部队得以通过。9 日傍晚,吴克仁部队撤至青浦和昆山交界处之白鹤港,原苏州河上的木质公路桥已被敌机炸断而受阻,吴军长指挥官兵渡河,因缺船只,命令会游泳的游过河去,不会游泳的借用木板等物划过河去。吴军长正待渡河时,南来的日军便衣队赶到,一阵枪声,吴军长倒下了,同时牺牲者还有军参谋长吴桐岗等人。

　　吴克仁性格刚毅,为人正直,是位典型的爱国军人,他是抗日战争初期最早牺牲在战场上的国民党高级将领之一,理应受到厚重的优抚和奖励。但是国民党当局以缺少确证为借口,仅仅宣布为"下落不明",并且撤销了 67 军的番号,当年,与吴克仁将军共同作战的原松江地区行政督察专员兼保安司令的王公玙仗义执言,多次公开出面证明吴克仁将军战死的详情,真相乃大白。

王公玙提供了这样的证言:"我因和吴军长有约,愿共生死,决不分离。在我们行进到离松江县城30华里的佘山山坡,遇到敌人的埋伏,一阵紧急枪声,我便和吴军长分散了,这是9日清晨约在2～3小时内,直到傍晚,我们准备渡河,在我刚上木板,离岸三两丈远,便看到吴军长站在那里,我又和他会合了,不禁狂喜。谁知竟在这时,南来的敌人便衣队赶到,一阵枪声,我再也看不到吴军长的踪影了,最后,一泗水过来的青年告诉我,说他一直追随吴军长行动的,头一阵枪声中,吴军长便倒下了……"

为了褒奖吴克仁军长的英勇战绩,中华人民共和国民政部于1987年2月追认吴克仁军长为革命烈士,并向其子女颁发了烈士证书。107师参谋长邓玉琢也由辽宁省人民政府于1993年3月追认为革命烈士。

第二节　现代工业萌生与经济社会诸多变化

一、现代工业萌生

20世纪初,现代工业在松江逐渐发展起来。清光绪三十一年(1905年),松江县开设第一家机织毛巾厂——勤益毛巾厂,位于县城寿安街,年产"鼎牌"毛巾数千打。宣统二年(1910年),施亦政在县城东门外开设履和袜厂,备有织机400台,雇工500人,年产丝袜12万打。全面抗战前夕,松江县已有布厂11家、袜厂13家、织毯厂3家、毛巾厂5家,拥有各类布机400余台,各类手摇袜机1630部,年产布近4万匹、袜子60万打、印花被单18万码、线毯0.66万条、毛巾4.5万打。其中履和、晋和袜厂所织丝袜,在历届嘉年华会、画艺展览会、江苏地方物品展览会评比中,均得有奖章和奖状。民国初创建松江电灯厂，厂址在松江镇竹竿汇29号，创办人徐锡之，投资5万元，购置120匹蒸汽机1台，与西门子83千瓦发电机配套发电。1912年松江电灯厂正式发电，照明范围自平桥至秀野桥大街。次年，徐锡之招股扩建，增资7万元，添置250匹蒸汽机1台、善盛洋行175千瓦发电机1台，配套发电，扩建后，电灯厂改名松江电气股份有限公司，1914年投运发电，照明范围扩大到东外街至跨塘桥。发电容量为258千瓦，送电时间每天6小时，下午6时至半夜12时。每年发电50.9万度。1920年，朱银辉在松江妙严寺内创设成章印刷所，为松江县最早的脚踏机器印刷所。几年后，大中国、工商、商务、大中、中华、云间、锦文印刷所先后开业，至全面抗战前夕，全县有大小印刷所9家，半机械化设备逐步取代手工作业，能承印报刊。1937年，锦文、工商、云间等印刷所的厂房设备毁于日机轰炸，中华、大中、商务等印刷所相继歇业；幸免于难的成章等印刷所业务清淡。1940年，县城和泗泾分别开设文书斋、开明印刷所。1941年后，松江、家庭、美盛3家印刷所相继开业，原有的成章、云间等印刷所也有所发展。当时印刷业务除印刷零件制品外，还承印《茸报》《大光明报》《新松汇报》《青年报》等5种地方报刊，至1949年，全县有印刷所8家。1924年，在松江西门外大街建立的民生化学工业社，是松江县最早的生产日用化工产品的工业企业，不久，江生化学工业社又在松江竹竿汇创建。"民生""江生"两家化学工业社，主要生产"双喜牌""四福牌"牙膏（牙粉）、雪花膏、香水、生发油等日用化妆品，年产量均在10万件左右，两社营业颇盛，产品畅销苏浙沪。1946年，徐荔青、陈彬周、陈周等合资大米250石，在松江蒋经桥1号开设合成火柴厂，雇工21人，生产"南洋""南国""前门"三种牌号安全火柴，产品除供应松江县外，还销至上海市区及邻近各县，年生产能力300箱左右。1930年，无锡人王宝祥在秀水浜开设王永昌铜锡作，雇工六七人,浇铸铜锡器及铸铁零件。以后,又有王明庆、陆文炳、陈昌祥、陈书林等 5 家翻砂作开业,地址分别在佛字桥、斜桥、里馆驿、景家堰等地。主要铸制 1~4 毫米铜板材,供各钢匠以制作各种器皿。1934 年,王莲清和项志新合资六七十石大米,选址缸甏行,创办明锠铁工厂,雇佣徒工 3 人,项任经理,初期仅有 2 台人力传动的旧式车床和 70 平方米旧厂房,只能从事简单的机械修理和零件制作;嗣后,由于项志新既善于经营,又肯钻研技术,利用报废的汽车引擎改装为柴油机,研制柴油机"以炭代油"的木炭炉均获成功,一时名蜚江浙,业务渐趋兴旺。40 年代后期,雇员近 80 人,已能制造手抬和拖拉式机动消防车及碾米机、砻谷机。据统计,1935 年松江县共有纺针织、碾米、轧花、石灰、采石、电力、机械、日用化工等行业的大小工厂 103 家,职工 3 583 人。全面抗战爆发后,日军对县城狂轰滥炸,县城内外 54 家工厂毁于一旦,后虽历尽艰辛陆续开工,然元气大伤,远不及战前水平。抗战胜利后,松江县工业恢复缓慢。值得一记有 1945 年周友根独资开办利达机器厂,备有 6 寸车床 1 台、钻床 1 台、2.5 千瓦交流发电机 1 台,从业人员 6 人,从事机械修理和零件加工。1946 年开设合成火柴厂。至松江解放前夕,全县有纺织、碾米、轧花、机械等厂 144 家,大多是 5~30 人的小厂,设备陈旧简陋、技术落后;有手工业户约 5 000 户,全年工业、手工业产值 1 222 万元。

二、社会经济诸多变化

农业科技方面。1919 年,松江县公署实业科筹建松江县农业试验场,场址在松江西门外秀野桥西北。1923 年由吴履刚接办,名为私立大有农场,始有土地 26 亩,以栽桑及种植园艺作物为主。1928 年沈叔贤接手经营,改称大有蚕种场,以栽桑、养蚕及制蚕种为主。1930 年高君藩接手经营,面积扩大为 80 亩,侧重水稻和树苗,抗战初毁于战火。抗战胜利后,先由高君藩集资再度经营,后由邵霖生代表上海新农出版社投资经营,面积扩大为 111.99 亩,主要经营花卉苗木、果树和猪禽良种。中华人民共和国成立后接受国家委托,繁殖水稻"八五三"、小麦"二四一九"和岱字棉等良种,并兼营苗木业务。松江县农业改良场于 1928 年建立,总场设亭林镇东首,占地 60 余亩,设有农民教育馆,农业技术推广部等,主要开展农作物的小型实验和新品种的推广工作。分场设于松江城内小北庵,占地 30 余亩。1933 年,松江县农业改良场分场改名松江县农业推广所,隶属于县公署建设科。同时,将总场改为种苗场,分场改为树苗场。松江县农业推广所办公地点设于小北庵树苗场内。主要培育树种,推广种植。1929 年在松江南门外,购置原大校场土地 260 余亩,作为江苏省稻作试验场松江分场,次年开始种植。1935 年,松江分场改为江苏省稻作试验总场。试验场除繁育稻、棉、麦良种外,还养鸡、养蜂,并建立鱼苗养殖场,试验稻田养鱼等。松江稻作试验场有水稻品种 215 个(粳稻 109、籼稻 44 个、糯稻 62 个)。其中香粳稻、薄稻等名产享有隆誉。全面抗战爆发,试验停顿。1946 年 4 月,试验场恢复,面积 284 余亩,工作人员 33 人。由于经费、设备及试验材料缺乏,仅进行少量育种及栽培试验,繁育良种稻"二六一"及"矮绿种"等。同时进行品种观察试验,共 41 个品系。上述农业科技的探索,对松江农业的发展还是起到了很好作用。

商业方面。民国时期,松江县商业以米粮业为主,绸布呢绒、百货、杂货、南北货、地货、中西医药、饮食服务等业较为发达。全县 23 个大小集镇,有坐商 4 126 户,从业人员 12 268 人;摊贩 2 293 户,从业人员 3 360 人;行商 471 户,从业人员 503 人。按行业性质划分,纯商业 6 330 户,服务业 403 户,饮食业 157 户。松江城是全县的商业中心,纯商业网点集中在松江西门外至马路桥一段。秀野桥以西的秀塘滩是水产、瓜果、蔬菜的集散地。较有特色的商店有三新公司,九丰、天丰、和丰三大绸缎局,余天成国药店,张同兴、恒兴、长茂南货店,松江烟业公司,山阳泰食品店,稻香村茶食店,松鹤楼、天寿斋、新雅饭菜店,赵洪兴、徐同兴清真馆,金都饭店,金涂记肉店等。

交通方面。民国时期,松江县内主要航道有 57 条,其中通航能力 1 000 吨级以上的航道 2 条(黄浦江自千步泾至毛竹港,竖潦泾、横潦泾自毛竹港至分水龙王庙)、100 吨级的 10 条(斜塘自分水龙王庙至界泾,泖河自界泾至青浦界,圆泄泾自分水龙王庙至 37 号铁路桥,毛竹港自黄浦江至坝河南,北石港自圆泄泾至茹塘,五库港自圆泄泾至茹塘,茹塘自北石港到香荡港,南界泾自茹塘至甪钓湾,湾良港自茹塘至甪钓湾,坝河自姚泾港至毛竹港)。民国初停泊于马路桥经营客运小船达百余艘。1930 年始有改装汽油船。客运航线达 18 条。公路方面,1932 年,松江县第一条公路松汇路筑成,1935 年建成松泗路。1936 年建成砖佘路,三条公路都是殷石笙筹建,1937 年"八一三"前夕,因国防需要,松江、金山两县征工抢筑松金公路,解放前共建成 4 条泥结碎石路,总长 36.19 千米,路面均宽 1～5 米,公路桥全是木桥。公路客运可通上海、闵行、金山等地。松江县汽车客运始于 1932 年 10 月 10 日,私营上松长途汽车股份有限公司成立,有大客车 6 辆。路线自松江至北桥,长 18 千米。1935 年,松江至泗泾线通车,全程 12 千米。是年,全县有大汽车 12 辆,小汽车 5 辆。1937 年设立浦南长途汽车公司,经米市渡、泖港、松隐等站,通金山、吕巷、亭林等处。

其他:学校方面,1913 年创办县立第一女子高等学校,1917 年创办女子职业学校。1922 年创办松奉金上南青川七县共立女子师范学校。1927 年,省立松江女子中学成立。医院方面,1916

年时疫医院开业，1925年济众医院开业，1919年临时救疫医院开业（后改名松江地方医院），1920年湘宗医院开业，1939年云间慈善时疫医院开业。金融方面，1921年第一家商办银行松江典业银行开业，松江证券交易所开业，1929年江苏省农民银行松江分行开业。1930年柳家塘、东库乡成立首批农村信用合作社。文化方面，1915年创办县教育图书博物馆，创刊《松江报》《云间报》《九峰报》。1916年放映"影戏"，为松江电影放映之始。1929年松江县第一家民众教育馆开馆。1931年松江第一家影剧院——松江大戏院开幕。1923年《新松江社》成立。1930年，沈松仙设"松声"电台于县城西秀南街。1946年松江广播电台开业。

第三节　中国共产党领导的革命斗争

一、松江党组织的建立与早期革命活动

1919年5月4日，伟大的五四爱国运动爆发，很快影响到松江，在松江人民中特别是青年中产生了巨大波澜。5月9日，松江县中、小学学生举旗游行，响应北京五四爱国运动，省三中学生赵富基啮指血书"毋忘国耻"。松江县城和各镇商店相继罢市。当时，松江青年侯绍裘、赵祖康在上海南洋公学读书，在反帝爱国运动中成为南洋公学有名的先进分子。侯绍裘当选为学生会本年级的评议员，不久又担任上海学生联合会教育科书记、全国学联文牍等职。他负责起草宣言口号和各种文件，参与组织上海学生联合会响应北京学生实行的总同盟罢课。他还在同学中组织"救国十人团"，创办"九人书报贩卖处"，积极介绍《新青年》《星期评论》等进步书刊，成为学生运动的重要领导人。这一时期，侯绍裘联络志

同道合的进步青年先后编辑发行《劳动界》《问题周刊》等进步报刊，为传播新思想、新文化作出重大的贡献，在松江人民中产生了很大的影响。

1921年夏，侯绍裘与朱季恂等接办松江景贤女校，后又创办松江初中，宣传革命思想，开展革命活动。1922年至1925年，景贤女中连续举办暑期学术讲习会，共产党员恽代英、萧楚女、杨贤江、沈雁冰等先后到松江演讲，传播革命思想。1922年秋，侯绍裘由朱季恂介绍，加入中国国民党。1923年5月，侯绍裘与朱季恂、高尔松、姜长林等创办革命刊物《松江评论》，以"批评地方时事，唤起革命精神，介绍新的思想，提高民众常识"为宗旨，大力宣传社会主义，介绍十月革命和列宁的光辉事迹。除了以教学、演讲、办刊等形式宣传革命真理，侯绍裘等人还联络松江各界爱国人士，发展进步组织。6月，由侯绍裘发起在醉白池成立"松江救国同志会"，公开提出四项信条："打倒军阀，打倒国际帝国主义，铲除官僚政治，提倡社会服务"，反对北洋政府，宣传国民革命。同月，与沈联璧等创办"新松江社"，社名寓意为激浊扬清，弃旧图新，使旧松江出现新面貌，参加者有本地青年40余人。建社后，积极开展各种政治活动，经常组织群众举行反帝反封建集会、游行和演讲等活动。侯绍裘在松江开展的一系列革命活动，引起了中共上海地方兼区执行委员会的重视，决定由邓中夏和王荷波负责松江地区的建党工作。他们几次来到景贤女中，同侯绍裘建立联系。1923年秋，侯绍裘加入中国共产党。

1924年1月，中国国民党一大召开。孙中山在中国共产党的帮助和推动下，成功改组国民党，确定了"联俄、联共、扶助农工"的三大政策，国共合作的新形势促进了松江革命运动的发展。侯绍裘同国民党左派朱季恂一起，积极团结进步青年和进步人士，发展国民党党员，积极开展以国共合作为中心的统一战线工作。1924

年 5 月、6 月，以国民党左派为核心的国民党江苏省临时党部和松江县临时党部先后在松江建立。1925 年 3 月，孙中山逝世后，侯绍裘针对国民党右派活动猖獗的情况，先后到张堰、枫泾、练塘、丹阳等地发表演讲，揭露国民党右派背叛孙中山三大政策的丑恶行径，并发展中共党员和国民党员(左派人士)。1925 年 8 月，国民党江苏省党部在上海成立，侯绍裘当选为执委常委兼宣传部副部长，后兼任省党部中共党团书记。与此同时，以办学和开展国民革命活动为掩护，秘密从事共产党和共青团的发展工作。1923 年冬，侯绍裘陪同中共中央局秘书罗章龙和团中央负责人恽代英以国民党党员的公开身份，从上海到松江、嘉兴进行党的革命活动。1925 年秋，中共党员、国民党嘉兴县临时县党部执委王贯三转到松江景贤女中任教，协助侯绍裘开展国民革命和工农运动，发展党团组织。这一时期侯绍裘团结广大知识分子和进步人士，进行了一系列革命活动，为松江及邻近地区党组织的建立打下了基础。

1925 年，姜兆麟入上海大学政治训练班学习，加入中国共产党，成为松江第一位女共产党员。同年，受中共上海区委妇委委员张应春的派遣回到家乡，在松江妇女中培养了骨干力量。1926 年 9 月，在中共上海区委的领导下，松江县第一个中共组织——中共松江支部在松江城厢建立，有党员 4 名，祝国音任书记，到 12 月发展到 7 名党员，其中 3 名为景贤女中教职员。同月，中共枫泾独立支部建立，其后成立了枫泾、新浜地区农民协会，提出"减租减息"的口号，跟地主豪绅进行斗争，农会会员发展到数百人。这一时期，在松江党组织的领导下，枫泾、新浜地区农民运动迅猛发展。在袁世钊等人领导下，广大农会会员开展抗租抗税斗争。在松江、金山毗邻的浦南地区，共产党员李一谔等组织了农民协会和盐民协会，开展抗租抗税斗争。1926 年 11 月，松江全县有数百农民自发进行抗租斗争，党组织即派人前往联系指导，得到农民拥护。

1927 年 1 月，中共上海区委决定加紧破坏铁路，配合北伐军进军。此后，中共枫泾独立支部书记袁世钊等带领农会会员在沪杭线枫泾一带割电线、撬铁轨，破坏孙传芳的军运。3 月，北伐军向松江进军时，松江地方党组织发动沿途农民为部队做好向导和供应工作。侯绍裘以国民党江苏省党部执委常委的名义，派人到松江与国民党县党部常委王济才（中共党员）等一起做好迎接北伐军的准备。1927 年 3 月，中共浦南特别支部建立。3 月 21 日，北伐军由浦南进抵松江。由共产党员王济才、金子文和国民党左派主持的国民党松江县党部立即公开活动。次日，国民党松江县党部在公共体育场召开万人军民联欢大会，庆祝北伐胜利。松江各界纷纷组织团体，25 日召开农民示威大会，各乡农会会员近万人参加。大会宣布成立县农民协会，提出了农民武装自卫、实行减租、打倒恶霸地主等 10 项农民总要求。26 日，松江妇女解放协会在县图书馆召开成立大会，各界妇女 1 000 余人出席。正当革命运动胜利发展之时，蒋介石发动了四一二反革命政变，血腥屠杀共产党人和革命群众。时任国民党江苏省党部中共党团书记侯绍裘在南京被敌人逮捕，在狱中他坚贞不屈，坚持斗争，后遭秘密杀害。"清党"活动很快扩展到松江，白色恐怖笼罩，松江党的组织和活动转入隐蔽状态。

图 49　侯绍裘像

二、土地革命战争时期

1927 年秋初，中共中央召开八七会议，确定了实行土地革命和武装起义的方针。同年 9 月，中共江苏省委发出《江苏农民运动计划》，省委认为松江"农运极可发展"，先后派吴志喜、陈云回家乡青浦贯彻"八七"会议精神，开展农民运动，部署秋收暴动。四一二反革命政变后，转移在枫泾乡下大方庵、屈家浜、界字圩一带活动的中共枫泾独立支部，不久与上级党组织取得联系。同年10月，中共松江独立支部建立，有党员8名，负责人胡五根，归省委领导。12月，建立中共松江特别支部，省委巡视员陈云任松江区农民运动领导人，还建立了松江区农民革命军，吴志喜任总指挥。1928年1月11日，继"小蒸暴动"后，袁世钊、吴志喜、陆龙飞、顾桂龙等率领约30名农民军，按预定路线，由蒋家浜出发，处决了塘南、塘北的金海琴、李新发、李善庆等7名恶霸地主，群众称此为"杀七狼"。1月15日，陈云在草长浜何明金茶馆召开大会，号召农民起来与豪绅地主、统治阶级斗争；与会的农会会员400余人。会后，陈云又与吴志喜、陆龙飞、顾桂龙研究，部署暴动计划，决定1月21日（农历十二月二十九日）攻打枫泾。正当农民军准备进军时，枫泾豪绅地主已向松江、嘉兴国民党军队密告。1月19日黎明，大雾弥漫，农民革命军遭到国民党军三个连的包围，吴志喜、陆龙飞指挥农民军从蒋家浜突围时不幸被捕。顾桂龙从库浪边打边撤，向青浦小蒸方向转移。反动军警大肆搜捕，被捕的农民军和群众60多人。陈云等在出事后第二天，即到松江，通过秘密关系营救吴志喜、陆飞龙未成。1928年1月26日，吴志喜、陆龙飞分别在松江小校场、枫泾文昌阁英勇就义。陈云、袁世钊、顾桂龙等几十位同志被"悬赏通缉"。震撼沪杭的"枫泾暴动"被镇压后，部分区委领导成员转移到上海。1928年9月，中共浦南县委建立，管辖松江、金山两县毗邻地区。根据淞浦特委决定，中共松江县委于1928年冬建立，袁世钊任书记，分工负责枫泾工作。党组织再度发展，建立52个支部，党员和农会骨干合计有六七百人。随着革命力量的发展，白色恐怖再度袭来。1929年上半年，袁世钊等在有农运基础的嘉善、姚庄、里泽一带,第二次重建枫泾区委,下辖15个支部、67名党员。其中松江境内有5个支部,19名党员,陶铭为书记。1929年冬,枫泾区委发动对敌斗争,不久又遇挫折,枫泾区委遭到破坏。

浦南地区的农民,在党的领导下,开展坚持不懈的斗争,与枫泾、新浜地区的农民运动相呼应,从1928年9月浦南县委建立到1929年1月,在东至奉贤、南至东海、西至浙江平湖、北至黄浦江的广大浦南地区,组织了农民协会、渔民协会、盐民协会。开展抗租抗税、镇压地主豪绅的斗争,建立了4个区、164个支部,发展党员1 751名。1932年8月钮振群出任松江中心县委(松金县委)书记,隐蔽在松江邮务工会,到职近半年被敌人逮捕。省委又派吴明东任书记,县委通过各种秘密形式,继续发动松江各界支援东北义勇军抗日爱国斗争;在浦南农村通过28个党支部的300余名党员,发动50余个村庄数以千计的农民,开展"秋收斗争",影响很大。尽管松江地方党组织利用一切机会,坚持开展斗争,但终因白色恐怖越来越严重,加上党内"左"倾盲动主义错误的影响,在1933年3月,松江中心县委主要领导人被敌逮捕,县委遭到全面破坏,此后松江地方党的活动就此中断,直到1939年才恢复重建。然而,党的影响仍存在,松江城乡群众反抗反动当局和抗息的斗争仍时有出现。

三、抗日战争时期

1937年,侵华日军从松江金山嘴登陆。11月8日,松江沦陷,日军肆意烧杀掳掠后,严密控制了松江。面对日军暴行,中共青浦工作委员会于1939年春建立后,同年底即派出干部,冲破重重困难,在松江与青浦交界地区,通过隐蔽的"点线"活动,发展党员,从此恢复了因屡遭敌人严重破坏,中断六年之久的松江地区党组织。嗣后不断发展壮大,成为松江沦陷区内同日军作斗争的中坚力量。

青浦工委于1939年冬派黄竞之、黄平之姐妹俩和徐虹(女)等到松江泗泾西北的和尚泾地区,以小学教师为掩护开展党的工作,至1940年,先后发展党员4名,建立党的支部,黄竞之为首任支部书记;1940年5月,青浦工委派肖望(黄自能)负责莘庄、七宝地区,任莘七区委书记;1940年11月,在华阳桥、新桥发展党员3名,1941年3月建立了党的支部,奚天然任支部书记;1940年2月,青浦工委派余明(俞学仁)到松江西部地区(包括青浦练塘、小蒸)任天昆(又称松江)区委书记,先后在唐家浜、东库村、仓桥等地发展党员20多名,为以后在唐家浜、东库村建立党支部打下了基础。

正当青浦工委领导的青东抗日武装斗争和游击区向松江和上海县毗邻地区迅速发展之时,日军于1940年4月14日至28日,集结4 000余人对青东,包括松江和上海县的部分地区,进行了闻名淞沪的青东大屠杀。青浦工委及其领导的淞沪抗日游击纵队第三支队损失很大。1940年7月,东路军政会决定将中共青浦工委改建为中共昆(山)嘉(定)青(浦)中心县委,顾德欢任书记,周达明、吕炳奎、谢永康任委员。同年10月,中共昆嘉青中心县委扩建为淞沪中心县委。不久,又组建200多人的淞沪游击纵队(一般称昆青支队),活动范围从淀山湖向松江天昆地区发展。1941年3月,昆青支队一部突袭小昆山伪军据点,全歼伪军一个排。与此同时,中心县委派肖望、黄竞之到浦南开展工作,不久在叶榭地区发展党员4名,建立了中共叶榭支部。

1941年"皖南事变"后,形势更趋恶化,党的组织作了调整,淞沪中心县委扩建为路南特委。1941年夏,根据路南特委决定,建立了中共淀山湖工作委员会(辖松江西部、青浦南部、昆山南部至吴江县)、中共青东工作委员会(辖松江东部、青浦东部、上海县西部、嘉定南部)和浦南工作委员会(辖奉贤西部、松江浦南和金山地区),还有浦东和海北工委。淀山湖工委机关始驻松江景家堰,领导人诸敏,周奋在松江合股开设烟杂店,以股东身份为掩护开展活动,后迁往吴江芦墟、黎里。青东工委机关始驻松江得胜港,领导人陈正之(华逸民)以兴华米行老板作掩护开展活动,后迁往春申庙、上海县等地。浦南工委机关驻泖港独圩小学,领导人朱纪(王省三)以教师为掩护领导浦南地区。这一时期,松江的基层党组织已经建成莘七、天昆 2 个区委与和尚泾、华阳桥新桥、唐家浜、东库村、叶榭 5 个党支部,并在松江县城内建立淀山湖工委交通联络站和路南特委联络点。

1942 年 7 月,中共浙东区党委成立,路南特委划归浙东区党委领导,易名浦东地委。1943 年 9 月,淀山湖工委和青东工委合并,改称浦(沪)西工委,陈正之任书记(又称特派员)。1944 年 9 月,莘七区委易称松江中心区委。在 1942 年 7 月至 1944 年的两年多时间里,日伪发动了三期"清乡"。党组织在极其艰险的环境里,坚持秘密点线活动。1943 年底,莘七区委针对农民普遍不堪承受日伪军大征军米等压榨,通过地下党员的发动,在新桥、华阳桥、泗泾、莘庄等地,先后组织了有 5 000 多农民参加的抗交军米斗争,取得了减征军米的胜利。叶榭党支部参与领导了张泽地区的反饥饿斗争,数千农民参加斗争,处死了张泽伪镇长徐行之;党支部还派党员处决了叶榭镇死心塌地为日寇效劳的恶霸汉奸蒋步青。唐家浜支部派党员参加了浦西工委锄奸组,处决了刺探军情的日寇密探,打击了汪伪汉奸的嚣张气焰。党组织在斗争中经受了考验,扩大了队伍,1943 年 12 月建立了大浦港党支部。

1944 年下半年,党领导的武装斗争又获发展。是年 11 月,中共浦东地委易称中共淞沪地委。1945年1月，淞沪地委决定：地委机关和淞沪支队由浦东移浦西青东地区。为打通浦东移浦西的通道，浦西工委派陈正华、黄友梅率武工队近20人，由青东移至松江新桥和七宝之间的朱泾浜、西河浜、青东园（今属九亭镇）地区，在地下党组织的配合下，建立了游击点和交通联络站。这个地区，以后成为泗宝区公所、区中队和松江工委、衡山大队北撤前的游击活动基地。

1945年4月，淞沪地委对浦西地区党的领导机构作了调整，建立了青东工作委员会（辖青东、嘉南、松北地区）和松江工作委员会（辖上海县西部、松江浦北、青浦南部地区）。地委和淞沪支队派衡山大队活动于松江地区，大队政委雷敏兼任松江工委书记，松江工委的主要任务是在衡山大队的帮助下，以泗宝地区为基地，向西扩大建立根据地，发展武装斗争。同年6月，经淞沪地区行政专员公署批准，成立了抗战时期松江地区第一个民主政府——泗宝区公所。党内相应组建了中共泗宝区委，同时还组建了泗宝区中队，在衡山大队帮助下，消灭了方家窑伪区公所和自卫队，还多次伏击了下乡收捐的日伪军。武装斗争的开展，扩大了党在松江地区的影响。

到抗战胜利，松江党组织的领导机构有松江工委、青东工委和浦南工委，属其领导的有和尚泾、华阳桥新桥、唐家浜、东库村、大浦港、叶榭6个党支部和单线领导的党员。党员人数由1940年初开创时的4人，发展到1945年9月时的116人。

四、解放战争时期

抗战胜利后，为了国内和平，中共中央决定让出长江以南的解放区。1945年10月初，松江县、区党的领导机构和已经暴露身份的领导干部,奉命随淞沪地委、淞沪支队北撤。6 个基层党支部的党员,除个别已暴露身份的随军北撤外,余都留原地继续隐蔽,坚持斗争。

这一时期,在松江境内党的活动,有两个系统进行单线领导。一是淞沪工委:1945 年 10 月,中共中央华中分局城工部派以王克刚为书记,鞠耐秋、陈伯亮为委员,组成中共淞沪地区工作委员会(简称淞沪工委,归华中分局城工部领导),继续领导淞沪地区各县坚持原地斗争的基层党组织和党员,开展党的工作。1946 年 2 月,增派张凡任书记,王克刚改任副书记,张云曾为委员,组织关系移交上海地下党领导。淞沪工委成立后,根据新的斗争形势,按照"整顿组织,建立阵地,长期隐蔽,合法斗争"的方针,对县、区级党的领导改为单线联系的特派员。先后派 4 名特派员与松江县 4 个地区 6 个党支部分头接上组织关系。各支部的活动方式也相应转变,支部与小组,小组与党员,都单线联系。二是上海市学委外县工委:1947 年将市区学校的 6 名党员先后转移到松江和泗泾两地的学校,由学委外县工委特派员直接领导。

1947 年 5 月,中共中央上海局成立。10 月,上海局外县工作委员会成立。此后,松江县党的上级领导机构是中共淞沪工委和中共上海市学委外县工委(1947 年 7 月改称昆嘉青松太工委,1948 年 10 月分建为中共青松金工委),都划归上海局外县工作委员会领导。但对下属党组织,仍然两个系统分头进行,一直延续至松江解放。

1946 年 9 月,淞沪工委拟在青浦、松江和青浦、嘉定交界的青东地区开展武装斗争,增派沈肖方(又名肖方、陈志华)为特派员。11 月 29 日,沈肖方与原特派员孙平心在李浦桥党员张新元家住宿,突遭敌黄渡自卫队包围被捕,搜去党员名单和枪支弹药。随后,敌人进行了几次大搜捕,先后被捕 36 人,其中党员 32 人,包括松江和尚泾支部负责人梁鉴明。不久,孙平心、梁鉴明等5名党员遭敌杀害。事发后,淞沪工委决定青东党组织活动暂停,由陆文杰个别联系。

1947年5—7月,淞沪工委派陆文杰(袁天光)、祝发初(方诚)、张震言(金全福)等多人,分批由浦东调青东,筹建"江南人民反三征总队第一大队",又称"青松独立大队"。大队长陆文杰,下设基干班和三个地区武工队,每队近20人,共60余人,50多支枪。其中路南武工队活动在北竿山、佘山、泗泾、塘桥之间,成立不久,在队长张震言、副队长曹文雄带领下,夜袭塘桥自卫队获胜,缴获长短枪数支。

1947年9月,为发展青松地区的武装斗争,淞沪工委决定成立浦西工委,陆文杰任书记。当时,淞沪工委和浦西工委准备打通浦南向西发展,以路南武工队活动地区为基点,活动范围向南扩展到新桥、茜蒲泾至黄浦江边;向西由天昆地区到吴江县连成一片。浦西工委派钟秀回天昆地区联系唐家浜、东厍村、大浦港的地下党组织开展活动。10月17日,陆文杰率近20人的武工队到天马山南面的吴求庄宿营,第二天下午4时被国民党天昆区警察和自卫队包围,武工队员趁傍晚闯过多条河流,突围到唐家浜,先后分散转移。

青东地区的武装活动在吴求庄事件后,国民党以青年军一个团和青松两县的军、警、宪、特2 000余人,对武工队活动地区进行"驻剿"。至1948年初,各武工队同敌大小交战20余次,还曾多次遭敌包围。在突围战斗中,祝发初(方诚)等21人牺牲,7人被俘。为保存革命力量,上海局外县工委指示:浦西地区公开的武装活动暂停。1948年6月,陆文杰调离,浦西工委随之撤销,钟秀任青浦(包括松江天昆、和尚泾地区)特派员。这时,浦西各县(包括吴江、嘉兴)党的工作由淞沪工委委员陈伯亮负责,还直接兼任华阳桥、新桥和莘庄、七宝地区的特派员。

　　为配合解放军强渡长江,迎接解放,防止敌人失败前的破坏,浦南地区武工队扩编为"浦东人民解放总队第四中队",中队长王承昭,指导员肖斧(吴品章),活动于奉(贤)金(山)松(江)交界的浦南地区;叶榭党支部也积极支持并派党员参与活动。华阳桥党支部在特派员胡训谟领导下争取了自卫队教官范履欣(范正良),控制了华阳桥自卫队常备班的人员和枪支;不久又争取到了当地的一些人和枪,形成一支有 20 多人的武装队伍,定名为"浦东人民解放总队松江大队",并抽调 6 名党员加强大队领导。这支武装活动于得胜港、中渡桥、荷巷桥之间的松江、上海县交界地区。在解放大军渡江前后,松江大队先后收缴和争取了得胜港保安队、新桥交通警察队、泗泾自卫队的部分人员和枪支,部队迅速扩大,至 5 月初,松江大队发展为 120 多人的武装队伍。5 月 12 日,驻华阳桥国民党军队撤退逃跑,胡训谟、奚天然等率领松江大队接管了华阳桥。翌日,密切配合和迎接中国人民解放军进抵华阳桥,并做好政策宣传与维护治安等工作。

　　中共青松金工委,所属松江地区的党员较少,1947 年先后转入松江和泗泾两地的党员 6 名,1948 年在松江地区发展了 3 名,但在同年底就调走了 6 名,留下 3 名党员均由工委特派员直接单线领导。1949 年初,工委委员缪鹏负责松江,在松江丁冠平(女)、赵宁渌两名党员的帮助下,于是年 3 月缪鹏打入松江国民党中统外围组织办的《力行日报》,当了一星期多的外勤记者。他利用这个"身份",通过社会关系,搜集了松江国民党党政军组织机构、人员和驻军情况,以及上层人物和松江的政治、经济、文教、卫生、交通等各种资料,报送党的上级组织,这对解放松江时的接管工作起了一定作用。

　　至松江解放,淞沪工委和青松金工委领导的松江县 6 个基层党支部、跨地区的党小组及单线领导的党员,共 128 名。

第四节　新文化运动对松江的影响及
松江作家、报人群体

一、新文化新思想

陈景韩与《催醒术》　陈景韩(1878—1965),又名陈冷,笔名冷、冷血等。松江县人,中国同盟会会员,家住西城门内,清季秀才,光绪二十六年(1900 年)经钮永建介绍,进武昌武备学校,后因参加革命会党,被清政府侦知,由两湖总督张之洞饬松江知府捉拿,陈父闻讯,恳请松江士绅设法向张之洞疏通,才得免于缉捕,乃赴日本暂避。1903 年在日本东京出版的、由江苏同乡会编辑发行的《江苏》,就连载过他的译作《明日之战争》。光绪三十年回国,初任上海《大陆报》记者。1904 年,他在上海主编《新新小说》。后《时报》在上海创刊,受聘为该报主笔。他锐意进行业务革新,除创设"专电"《特约通讯》等专栏外,还开辟"时评"专栏,每日写一短评,针对当时收回粤汉铁路权的斗争和抵制美货运动等事件,抒发议论,短小精悍,令人耳目一新,各报纷纷仿效。陈景韩又善写小说,1909 年 10 月与包天笑在上海共同主编的《小说时报》(月刊),创刊号的首篇是陈景韩的《催醒术》,该文思想内容与十年之后鲁迅发表的《狂人日记》较相似。虽与鲁迅的《狂人日记》相比有着很大差别,但这篇小说表明了陈景韩的思想已站在时代的前列。《催醒术》中写道:"我某一日被一个手持笔管一样的'竹梢'者一指,就像脱胎换骨似地从此心明、眼亮、耳聪……那时才看清自己身上竟是满身尘垢,而世人也遍体积秽。他赶快洗清了自己,再帮友人洗涤。可是朋友们根本看不到自己身上的污泥浊水,反而'群笑予(我)为狂'"。他在小说中责问的是"彼既能醒人,何独一予?"但是如果这位异人一下子能点醒所有的人,或者能点醒一大批人,使中国举国"顿然一振者",那还要"精神界战士"干什么呢? 在结尾时,"予"牢骚满腹,而不像鲁迅那样:"这种漆黑的染缸不打破,中国既无希望,但正在准备毁坏者,目下也仿佛有人,只可惜数目太少。然而既然已有,即可望之起来,一多,可就好玩了。"在分析陈景韩的《催醒术》时,不妨拿鲁迅的《狂人日记》来作一番比较。当然,这也是对陈景韩的苛求。因为鲁迅在 1907 年时所写的论文中的有些思想,与陈景韩在《催醒术》中所表达的思想是有相通之处的。虽然陈景韩的思想水平不及鲁迅在 20 世纪 20 年代的思想水平,但也不能否定,他在 1909 年能写出他自己的"狂人日记",是有一定价值的。作为《小说时报》的创刊号首篇,陈景韩恐怕也是自己"掂"过分量的。《小说时报》没有"发刊词",但陈景韩将《催醒术》放在第一篇,也就是他在主观上是想办一个刊物,它的宗旨就是"催醒"。他是一位很有贡献的早期启蒙者。

报界爱国志士 松江历史悠久,自古人才辈出;松江文化浓厚,涌现了众多文化名人。民国时期几十年间,松江城内先后出版发行了《茸报》《大光明报》《松江报》《云间报》《九峰报》《大松江报》《松江民报》《松江商报》等数十种报纸,涌现了一大批具有较高思想水平的办报人士。其间特别引人注目的 1912 年创办的上海《申报》,其开创后的两任总经理、三位总主笔都是松江籍人士,一时有"无松不成报"之说。初创时期总经理是著名的进步人士史量才,1934 年,史量才被国民党特务暗杀后,接任其位的同样是爱国人士马荫良。其间总主笔陈景韩、副总主笔张蕴和、总主笔协理张叔通(张蕴和胞弟),他们都是文化精英、爱国志士。史量才出任《申报》总经理后,即大胆提出办报以"言论自由,不偏不倚,人民喉舌"为

图50　史量才故居正门与内景

宗旨。他说:"人有人格、报有报格、国有国格,三格不存,人将非人,国将不国!"史量才是这样说的,也是这样做的。《申报》在九一八事变后第一天,就如实报道了由于蒋介石不抵抗政策使沈阳失陷情况。以后又在报上多次反对国民党的所谓"剿匪"内战,揭露一些事实真相。总之史量才在主政《申报》期间,以主持正义,反对邪恶,宣传爱国,弘扬进步为办报宗旨。《申报》总主笔陈景韩也是旗帜鲜明,积极主张"爱国爱民、独立不偏"的办报立场,他提出报纸要发布真实可靠的新闻和明白公正的评论。主张以爱国爱民、独立不偏为立场;以"确""速""博"三字为办报要点;慎选记者,发布真实可靠的新闻和明白公正的评论,同时他还锐意进行报纸业务方面的改革,除创设"专电""特约通讯"等专栏外,还开辟"时评",每日写一短评,揭露时弊,创导新政。由于《申报》主持人员爱国爱民的思想明确,思路清晰,报纸办出了水准和特色,深受民众的欢迎,因此成为舆论界权威之一。另外,同样值得人们重视的,是1934年接史量才担任《申报》馆代总经理(1937年任总经理)马荫良,仍坚持《申报》爱国主义立场和光明正大的方针,其间曾派记者赴延安采访。1938年在香港创办《申报》香港版,曾刊出毛泽东《论新阶段》一文等。

二、文化名人

出版大家赵家璧　清光绪三十四年（1908 年）生于松江城内石幢弄。1932 年进良友图书印刷公司，后任良友复兴图书公司总经理兼总编辑。1946 年创办晨光出版公司，任总经理、总编辑。20 年代初，赵家璧接受五四新文化影响，"发现课本外还有一个极大的天地"。五卅惨案发生后，积极参加"六三"爱国学生运动，还参与光华附中校刊《晨曦》的创刊及编辑，在新文化传播中经受洗练。1927 年，在光华大学读书期间，处女作《购林格莱之肖像画》发表于《小说月报》。是年夏，编辑《中国学生》杂志，为编辑生涯的开端。随之编辑第一套丛书，名为《一角丛书》，大量选入徐志摩、施蛰存、丁玲等左翼作家的作品，不到两年半时间，推出图书 80 种、销售近 60 万册。1932 年大学毕业后，在良友图书印刷公司主持编务，编辑《良友文学丛书》，共出版 40 种，丛书收录鲁迅、郑振铎、叶圣陶、丁玲、巴金、老舍等当时中国一流作家作品，被《现代》杂志评论为"1933 年中国文坛上最大的贡献"。1935 年 5 月，经他努力，中国最大的一部总集新文学开局十年的十集丛书——《中国新文学大系》编辑完成，分集编辑分别是胡适、郑振铎、茅盾、鲁迅、郑伯奇、周作人、郁达夫、朱自清、洪深等，开创了从"史"的角度编辑出版中国现代文学"大系"的先河，成为中国新文学史上的一个里程碑。1946 年起，在上海创办并主持晨光出版公司，先后编辑出版包括《四世同堂》《围城》等名著的《晨光文学丛书》，赵家璧由此被誉为"中国现代文学第一专业编辑家"。

英语教学先师平海澜　清光绪十一年（1885 年）生于松江叶榭镇。从小学习勤奋，成绩优异。后考入南洋学堂深造。毕业后，得亭林施端生老师提携，随同赴日本留学，用勤工俭学方式攻读。

曾面见孙中山先生,孙希望他学好英语,普及英语,为振兴中华作出贡献。回国后,先后在几所中学任英文教师。1912年,曾和几位学者在上海创办立达学社。后又和胡敦复、曹惠群等在上海南市创办大同学院(后改名大同大学),负责教务并担任英文教师。1918年应商务印书馆之聘,在编译所工作并兼任《英文杂志》主编。1927年,在南市蓬莱路独力创办海澜英文专门学校,延聘邹韬奋、林汉达、林语堂等名家任教,造就不少英语人才,后因经费短缺,而南京教育部又多方刁难,遂被迫于1930年停办,平海澜仍回大同大学任教,兼任秘书长及附中校长等职。抗战胜利后,同情学生运动,倾向中国共产党,常为被捕的进步学生奔走营救,设法保释。解放大军横渡长江,南京政府瓦解,他又积极投入护校工作,迎接解放,此时,校长胡刚复离职,乃由海澜接任。他好学不倦,英语造诣精深,被誉为"中国英语教学先师"。主要著作有《英语语法规范》《科学观之英文法》《英语文法》《高级英语读本》等。

土木工程专家杨孝述　　清光绪十五年(1889年)生于松江叶榭镇。松江府中学堂首届毕业生,考入清华大学学习,毕业后又考入美国康奈尔大学电工系,1914年毕业。次年全国水利局在南京创办河海工程专门学校,他毅然辞去美孚洋行的高薪职务,来校担任基础课的教授。当时尚无教材课本,杨孝述自编教材,用国语讲解,深入浅出,更受学生欢迎、注重实验,经常到实验室指导。凡有质疑问难,必耐心解释。1925年春,由教务主任升任河海工程大学校长。五四运动时,同情学生救国行动。河海学生张闻天、沈泽民等联合南京各大专学生组成南京学生联合会,从事爱国反帝斗争,都给予支持,上海"五卅"惨案发生后,南京学联举行罢课声援。恽代英、萧楚女等来南京,寄居于河海学生宿舍;晚间,他们向全校同学作形势报告,也得到支持。1927年6月,国民党政府教育部仿法国大学区制,将原河海师生编入第四中山大学工学院土木工程系,杨被任为秘书长,因不满当时国民党政府白色恐怖,愤而辞职。1929年2月,到上海担任中国科学社总干事。早在留美期间,为提倡科学,振兴中华,与好友杨杏佛、竺可桢、胡明复等发起组织中国科学社。回国后,又与任鸿绣、卢于道等努力发展社务,并取得美国退还庚子赔款的资助,在上海成立总社,创办明复科学图书馆、中国科学图书仪器公司,任常务董事兼总经理,先后创刊《科学杂志》《科学画报》,兼任总编辑。华罗庚的第一篇数学论文,经他推荐,发表在早期的《科学杂志》上。《科学画报》为国内第一本图文并茂的综合性科普期刊,拥有广大读者,全面抗战期间又组织出版《土木工程丛书》《电工技术丛书》等大量科技书刊。

古典文学专家余冠英 清光绪三十二年(1906年)生于松江,其父余道生曾任清江苏省松江府江南中军提标参将。6岁随父亲举家迁居扬州。13岁入高等小学,15岁考入江苏省立第八中学。在学期间,积极参加学生运动。五卅运动时,当选扬州市学生联合会首任委员长,曾邀请恽代英到校宣传马列主义。1926年考入清华大学中文系,常在《清华周刊》发表小品、散文,毕业后留校任教。全面抗战期间,曾任昆明西南联合大学教授,主编开明书店出版的《国文月刊》。被该校最大的学生进步组织群社聘为导师,参与组织闻一多公祭,整理闻一多遗著,冒险掩护中共地下人士。1946年起任清华大学中文系教授。1948年6月18日,与朱自清、吴晗、钱伟长等在"百十师长"严正声明(即《抗议美国扶日政策并拒绝领取美援面粉宣言》)上签名。1949年初,与清华大学进步教职员一起,不顾反动势力威胁,组成临时管理机构,护校迎接解放军。余冠英毕生致力于古典文学的教学和研究,主要著作有《乐府诗选》《诗经选》《诗经选译》《三曹诗选》《汉魏六朝诗论丛》《汉魏六朝诗选》《古代文学杂论》等。

文学教育大家施蛰存 清光绪三十一年（1905年）出生于杭州，7岁时随父母迁居松江。从松江县立第一高等小学毕业，升入江苏省立第三中学（即今松江二中），中学毕业后考入杭州之江大学，翌年与戴望舒进上海大学，后又转入大同大学，再后又改入震旦大学专修法文。施先生曾自谓是"四个大学的肄业生"。早在中学时代，施蛰存就在《申报》副刊《自由读》《半月》等报刊上发表作品；18岁时就刊印了第一部短篇小说集《江干集》，这部处女作的出版标志着他从此走上文学创作的道路。20世纪30年代施蛰存开辟心理分析小说的蹊径，成为中国最早运用现代主义手法进行文学创作的新锐作家，被海内外学术界誉为"中国现代派小说的先驱者"。曾创办并主编《新文艺》《现代》《文艺风景》等5种刊物，其中他在27岁时创办的纯文学月刊《现代》历史最长，这份刊物侧重为中国读者介绍西方新时代文学，包括苏联文学。《现代》初创时，施向他的老师瞿秋白约稿，"先生及时寄来文章，使创刊号增色"。《现代》还曾刊出鲁迅纪念柔石等左联五烈士的文章《为了忘却的记念》。在创作、翻译和编辑的同时，施蛰存还在多所大学执教。施先生自谓平生治学开了"四扇窗户"——东窗，是对中国古典文学的研究；西窗，是外国文学的翻译；南窗，是文艺创作；北窗，是对金石碑版的整理和研究。数十年来，他游刃于这"四扇窗户"，笔耕不辍，著述颇丰；可以说他是集作家、学者、教授于一身。

作家和翻译家朱雯 清宣统三年（1911年）生于松江，原名朱世霖，1928年改名朱雯，曾用笔名王坟、蒙夫、司马圣等。幼年就读于松江白龙潭小学，毕业后考入江苏省立第三中学（今松江二中），后转入苏州东吴大学附属中学，附中毕业升入东吴大学读文科。在东吴大学，课余从事写作，出版短篇小说集《现代作家》、中篇集《漩涡中的人物》等。1929年10月，和几位朋友在苏州创办白华文艺研究社，出版文艺旬刊《白华》。1932年大学毕业后，回母校省立松江三中任国文教员。全面抗战爆发后，全家离开家乡，先到青浦练塘镇暂住。后来辗转至浙江桐庐、湖南长沙，其间出版过短篇小说集《逾越节》《不愿做奴隶的人们》等，反映了人民群众抗战斗争的英勇事迹。朱雯从1946年开始，主要力量转移到外国文学的翻译和研究。曾翻译苏联作家阿·托尔斯泰《苦难的历程》和《彼得大帝》，德国作家雷马克的《西线无战事》《凯旋门》等长篇小说。这些作品都是外国文学中的名著，以他忠实而流畅的译笔得以在中国读者中广泛流传，产生了很大的影响。除上述翻译作品外，他先后还翻译过美国赛珍珠的长篇小说《爱国者》（与人合译）、德国列普曼的报告文学《地下火》、美国陶德的报告文学《使德日记》、美国歇贝尔的报告文学《地下的巴黎》、德国雷马克的长篇小说《流亡曲》《生死存亡的时代》《里斯本之夜》、苏联阿·托尔斯泰的短篇小说集《妄自尊大的人》等。

南社才子姚鹓雏　清光绪十八年（1892年）生于松江，家住西门外祭江亭西。幼时迟钝，至十三四岁开窍，下笔千言立就；应童子试，得第一名。入松江府中学堂，博闻强记，好学不倦。在京师大学堂学习，师事林纾（琴南），为文婉约风华。又善诗词，与同学林庚白齐名，曾刊有《太学二子集》。辛亥革命后，学堂解散，南归，加入南社，为南社"四才子"之一，诗词誉满东南。曾与社友陈匪石组织"七襄社"，编《七襄》刊物；还与高吹万、姚石子等发起创建"国学商兑会"，参加编辑《国学丛选》，该刊物被称为松江派刊物，后得陈陶遗介绍，任上海《太平洋报》编辑。后历任《民国日报》、上海《申报》及《江东》《春声》等杂志编辑，经常发表小说、诗词，蜚声当时。才思敏捷，能日写数千言，各体无不工妙，被称为"松江才子"，兼工书法，常乘兴挥毫，得者宝之。著述甚多，有《榆眉室文存》（5卷）《鹓雏杂著》《止观室诗话》《桐花萝月馆随笔》《檐曝余闻录》《大乘起信论参注》《春衣艳影》《燕蹴筝弦录》《沈家园传奇》《鸿雪影》《龙套人语》(即《江左十年目睹记》)《恬养链诗》(5 卷)、《苍雪词》(3 卷)等。又与邑人朱鸳雏合著《二雏余墨》行世。

作家罗洪 清宣统二年(1910 年)生于松江。自 1930 年发表第一篇长篇小说《平行线》至解放初,先后出版短篇小说 6 部、长篇小说 2 部。她的作品题材广阔、人物多样、文字朴素,郑树森在《谈罗洪小说札记》中写道:"和新时期不少女作家相比,罗洪的作品是能够突破所谓闺秀派的作风,题材也不限于家庭生活、个人情绪等茶杯里风波。"1931 年至 1937 年卢沟桥事变,是罗洪创作的第一个时期。这一时期的作品有短篇小说集《腐鼠集》《儿童节》和长篇小说《春王正月》等。这些作品反映的社会问题内容有三:一写乡镇居民的苦闷矛盾和愿望幻灭;二写农村日益凋敝,民不聊生;三写青年的爱国热情和牺牲精神。卢沟桥事变后,罗洪在创作中多表现祖国的命运和抗战的前途。她写了散文小说合集《为了祖国的成长》、短篇小说集《活路》等。罗洪这时期的作品,篇幅短小,情绪强烈。作品所抒写的情思,都是作者从耳闻目睹中撷取的。在她这个时期的小说中,赞美了应该赞美的人,也批判了应该批判的人。在上海沦为孤岛时,她创作了长篇小说《孤岛时代》、短篇小说集《鬼影》和《这时代》。这些小说思想内容和艺术水平都大大超过她以前的任何作品,赢得许多读者的好评。这是罗洪创作的成熟期,她对现实主义创作方法运用娴熟,小说的题材愈益扩大。作品有批判市民性格的,有歌颂抗日战士的,有控诉汉奸罪恶的,又有表现战争灾难的。

文学研究名家浦江清 清光绪三十年(1904 年)生于松江,1922 年,毕业于江苏省立第三中学,由松江教育界几位前辈,资助入东南大学学习。毕业后,经吴宓教授推荐,到清华学校研究院国学门任陈寅恪教授的助教,后升讲师、教授,钻研不少古籍,并在《大公报》文学副刊上经常撰文,曾代吴宓任该副刊主编一年。八一三事变后,避难松江乡下,这时,清华已迁校长沙,朱自清等函电催他快去,乃只身赴湘返校。1938 年,清华迁昆明,与北大、南开两校合并为西南联合大学,乃任教于西南联大,曾和朱自清等创办《国文月刊》,一度担任主编。1946 年夏,西南联大结束,仍回北平清华任教。在"反内战""反饥饿"运动中,曾参加"罢教",1948 年朱自清病逝后,由他担任清华大学中文系代理主任,并负责《朱自清全集》的编辑和出版。

浦江清在 1929 年写了引人注目的《论王静安先生之自沉》与《王静安先生之文学批评》,是最早出现的对王国维的系统研究。《论王静安先生之自沉》一文从哲学思想、世界观的角度结合王先生当时处境,分析其自沉原因,并驳斥外界一些误传,可谓知人论世,切中关键。早年浦江清评介文章,类型属作家评述、人物纪念与图书评论,内容涉及文学、艺术、语言、历史、考古、宗教、民俗等各方面。20 世纪 30 年代初,他专心致力于中国古典文学研究。他中西贯通,又广泛涉猎文史哲等科典籍,因而撰文具有独特的风采。

第七章　当代松江：阔步迈向伟大的复兴

　　1949 年 5 月 13 日,松江解放,松江人民在中国共产党和人民政府正确领导下,艰苦努力,奋发有为,迅速恢复遭到严重破坏的松江经济。土地改革废除了封建土地剥削制度,实现了"耕者有其田",全县 26 万多无地少地的雇农、贫下中农分到了约 45 万亩土地,劳动者真正成了土地的主人。1951 年起,经过互助组、初级社,到 1956 年春天出现了农业合作化高潮,松江全县农民几乎全部加入了高级社,完成了对农业的社会主义改造。1958 年,全县各农业社组建为 17 个政社合一的人民公社。集体力量从无到有,逐步壮大。解放后,松江经济建设逐步发展起来,把发展农业、兴修水利放在首要地位。对多年失修的海塘及有关河道进行大修和治理,并逐年疏浚水害严重的河道,农村的水利建设和农田基本建设取得了显著成效。农业机械开始发展起来,农业生产力有了较快提高。然而就在农业形势看好时,却发生了所谓的"大跃进",在"高指标、瞎指挥、浮夸风"和"共产风"盛行之时,经济工作出现了严重失误,在农业生产中盲目提出"亩产万斤粮"等口号,严重挫伤了农民群众的生产积极性,阻碍了农业发展步伐。随之出现了"三年困难时期"。1960 年贯彻中央北戴河会议"大办农业,大办粮食"的方针,在正确路线指引下,农民鼓起了干劲,农业形势又逐步好转。松江县农业生产在继续治水改土的同时,积极发展机械化,改良品种,提高复种指数。1963 年开始推行"麦、稻、稻"三熟制,当年粮食亩产达 351 千克,使全县粮食总产有较大幅度上升。1964 年突破《全国农业发展纲要》的要求,粮食亩产达到 402 千克。棉花、油菜也因改良品种等,产量也大为增加。

松江工业从解放初期十分薄弱逐渐发展起来,1956 年 1 月,全县工业实现全行业公私合营,个体手工业实现全行业合作化,共建立合营工厂 22 家,手工合作社(小组)80 个。工业、手工业出现较快发展的态势。1958 年松江县划归上海市后,县城被规划、辟建为市郊工业卫星城镇之一,一批部、市属工厂陆续迁入松江县。这些工厂分属冶金、铸造、机床、照相机等工业门类,通过联营、加工协作、技术指导、设备转让等形式,对县属和乡镇工业的发展起到了支持促进的作用。1965 年松江县工业总产值达到 7 216 万元。从 1966 年起的"文化大革命"十年动乱时期,在"造反有理""打倒走资派""全面夺权"口号声中,松江武斗频繁,打砸严重,直至出现 1967 年 12 月 28 日万余农民进城参加武斗的严重事件,由此使松江社会经济遭受极大冲击。文教事业遭到严重摧残,经济发展缓慢。当时农村虽受到影响,但广大干部群众坚持农业生产、推进农业机械化,使农业产量仍有增长。1970 年,农村建立起三级农机修理网,社镇工业有所发展,工业产值有了回升。

1978 年中共十一届三中全会召开,其后社会进入了改革开放时代,松江人民解放思想,转变观念,大胆改革,锐意进取,经济发展逐步进入了快车道。一方面积极推行并逐步完善以家庭联产承包责任制为基础的统分结合的双层经营体制,提倡多种经营,重视规模效益,努力促进松江从传统农业向现代化农业发展;另一方面努力吸引上海市区大工业辐射,大力发展乡镇工业为主体的松江工业经济,形成了"工业向园区集中、农民居住向城镇集中、土地向适度规模经营集中"和"提高经济运行质量、人民生活质量、生态环境质量"的总体思路。在工作重点上,走发展外向型经济的路子,以外引外,以外促快;在发展步骤上,以松江工业区、上海佘山国家旅游度假区、松江新城区、G60科创走廊、私营经济区等建设为突破口,坚持基础设施先行,从制造迈向创造,带动松江经济发展。改革开放42年,松江经济快速发展。1985年,松江县工业总产值达10亿元。到2020年,松江区全年实现地区生产总值1 637.11亿元。其中,第一产业实现增加值6.39亿元,第二产业实现增加值825.75亿元,第三产业实现增加值804.97亿元。实现税收收入459.83亿元;实现财政总收入507.95亿元,其中,地方财政收入220.62亿元,地方一般公共预算支出319.01亿元。全区居民家庭人均可支配收入56 838元。

解放后松江各项社会事业也不断发展。劳动人民获得了受教育、看病的权利,群众性的文化体育活动逐步开展起来。特别是党的十一届三中全会后各项社会事业快速发展:一是通过改革管理体制、办学体制,努力创建一流教育,在抓好教育普及的同时进一步提升教育质量。不断加快农村综合教育改革,努力实施农科教结合,使农村教育从升学应试的束缚中解放出来,并向为当地经济建设服务转变。二是运用科学技术发展特色农业、推进工业发展。以科技助推、培育企业上等级、上水平,改造老企业,开发新产品。通过科普之夏、科技节等大型主题性活动向群众普及科技知识。三是加快发展文化体育事业。在城乡建立起一大批文化活动设施。社区群众性文化活动蓬勃发展,广泛开展"万部图书、千场电影、百场文艺下农村、进社区、到工地、入军营"活动。松江顾绣、龙舞(舞草龙)、十锦细锣鼓等非物质文化遗产得到有效保护。文学戏剧方面,徐林祥创作的《摇篮曲》,陆军创作的《定心丸》等沪剧小戏在全国产生极大影响。褚同庆创作 170 回《水浒新传》由花城出版社出版。民间文化方面,发掘整理有九峰三泖的传说,《孟姜女》等民间故事、《姚小二官》等长篇叙事诗、江南丝竹《小青班》等。体育方面,建成了市郊设施最先进的综合性体育场馆,各种适合居民锻炼的体育设施进入社区,全民健身运动蓬勃发展,不断承办高水准体育的国内外体育赛事。四是卫生改革不断深化。完成一大批公共卫生基础设施的建设,以及卫生院的标准化、社区卫生服务中心创建工作。完善卫生应急和疾病预防控制体系。五是做好社会保障。以社会保险、社会救济、社会互助等相结合的多层次社会保障制度正在形成。不断加大社会救助,推动社会慈善事业发展,加强安全生产,努力保障人民群众的健康和食品等安全。

松江解放 70 余年来,发展变化巨大,各项事业走在全国前列,城乡环境质量、生态品质不断提升。2003 年松江区被评为全国首家“国家生态水利风景区”,2004 年被评为全国园林绿化先进城区,2005 年被评为国际花园城市,2012 年被评为全国绿化模范城市,2020 年被评为全国文明城区;成功获批国家先进制造业和现代服务业融合发展试点区;成功列为全国市域社会治理现代化试点区;科技部等六部委联合印发《长三角 G60 科创走廊建设方案》,长三角 G60 科创走廊建设从国家战略进一步转化为国家方案、国家行动,列入了国家“十四五”发展规划。

松江区 2020 年常住人口 177.19 万人,其中户籍人口 67.45 万。辖中山、岳阳、永丰、方松、广富林、九里亭 6 个街道,九亭、泗泾、洞泾、佘山、新桥、车墩、石湖荡、小昆山、新浜、泖港、叶榭 11 个镇,另设有国家级松江经济技术开发区、国家级松江出口加工区、上海佘山国家旅游度假区。

第一节　迎来新生

一、松江解放

建立新生政权　1949 年 5 月 12 日，中国人民解放军 31 军以摧枯拉朽之势，由苏州、青浦一线向松江进军；27 军从浙江乌镇、嘉兴经枫泾向松江挺进。此时，驻守在松江的国民党军队已成惊弓之鸟，匆忙向上海近郊退缩。5 月 13 日上午，国民党松江县政府的主要官员和国民党军队的残部先后逃离松江。中国人民解放军 27 军 79 师 237 团率先进入松江，松江获得解放。5 月 13 日这一天被永远地记入松江的历史，松江人民从此获得新生。当天，松江一片欢腾，人民喜气洋洋，商铺照常营业，家家户户挂着红旗，居

图 51　1949 年松江人民庆祝中华人民共和国成立集会庆典

民涌上街头,欢庆解放。中国人民解放军进入松江城后,张贴《约法八章》,严守部队纪律,对百姓和商家等秋毫无犯。

5月16日,成立中国人民解放军松江市军事管制委员会,宣布实行军管。共接管了56个国民党县级党、政、军、经济单位和20个乡159个保,基本完成接管任务。实行军管的同时,成立了中共松江地方委员会、苏南行政区松江专员公署。成立中共松江市委员会、松江市人民政府。同时成立松江专区第一家国营企业——建中贸易公司。5月17日,松江县人民政府在泗泾镇成立。当时松江市下辖中山、永丰、岳阳、华阳4镇,松江县下辖6个乡镇联合办事处和泗泾、七宝两个镇(同年6月19日,七宝镇划归上海市龙华区管辖)。8月1日,松江市、县合并为松江县。松江县政府由泗泾镇迁至松江城区。

松江解放后,新生的人民政权百废待兴。地方党委和人民政府紧紧依靠人民群众,抢修县内被国民党军队破坏的铁路、桥梁;收容、教育、遣散国民党游兵散勇;打击金融投机活动,严禁倒卖银元,保证金融秩序稳定;开展剿匪肃特,维护社会治安。

解放了的松江人民,挺直了腰板,扬眉吐气,积极参与保护新生政权,打击反动势力的各项斗争。8月25日,松江县人民政府在泗泾召开5 000人大会,公审汉奸、土匪。9月26日,召开松江县农民代表大会,开展反对地主隐瞒土地斗争。1950年11月10日,全县先后逮捕封建恶霸、反革命分子285人,判处死刑的104人。12月7日,松江县人民政府在城区光启操场召开2万余人参加的公审大会,枪决罪大恶极的反革命犯张寰治、杨士杰、陈洪畴等8人。1951年5月17日,松江县人民政府召开1.5万余人参加公审大会,处决反革命分子蔡仲瑜、陆若仙等8人。

召开松江县第一届第一次各界人民代表会议 1949年9月30日—10月4日,松江县第一届第一次各界人民代表会议在县城举行。出席会议的有经过各界协商、选举产生的具有广泛代表性的代表286人。时任中共中央华东局第一书记饶漱石到会作《关于华东新解放区减租减息、合理负担与工商业政策》的报告。会议通过征粮、减租减息的决议。会议选举余克、范梅圃、潘林儒、柯德琼、项志新、钱锦华（女）、陆恂如、李崇等19人为本届常务委员会委员。会后，新华社发了报道和《学习松江的榜样，普遍召开市县人民代表会议》社论。《解放日报》发表《从松江各界人民代表会议得到些什么经验》社论；《苏南日报》报道了会议详情。会后，饶漱石将会议情况电告毛泽东主席。松江县召开各界人民代表会议在中国的历史上史无前例，当时是全国大部分已解放、中华人民共和国成立前夕，党中央正在谋划新解放区怎样开好县一级"人民代表会"，怎样更好地团结广大人民群众齐心协力开展新中国建设之时召开的。这是解放初共产党领导下实行民主建政的重大举动。为新中国探索建立人民民主制度提供了成功的经验。松江县召开各界人民代表会议这一创举，得到中共中央主席毛泽东的高度重视，毛主席很快就做出批示，在10月13日致电各中央局书记，转发松江县召开各界人民代表会议的经验，并要求全国各地"一律仿照办理"。毛泽东主席的"批示"，"松江经验"在全国产生了重大影响。松江之名也随之传遍华夏大地。

附录：

中共中央主席毛泽东关于《转发松江县召开各界人民代表会议经验》的电报全文如下：

德怀、仲勋、林彪、子恢、剑英、方方、小平、伯承、贺龙，一波、澜涛、高岗、富春、林枫，康生：

据饶漱石同志十月十一日电称："我们选择上海附近松江县，创造召开全县各界人民代表会议的经验。此种会议，已于九月三十日举行。我曾赶往参加，并作报告。会议结果良好。

经过各界代表的热烈讨论和辩论后,成立了减租减息,合理负担,处理劳资纠纷等实施办法。对党内党外,教育意义均甚大。证明在各县召开各界人民代表会议,不但有迫切需要,而且有充分可能。会议经过和经验,拟全部在《解放日报》上发表。计:(一)我在会议上的报告,关于减租减息,合理负担及工商业政策问题(已在十月六日《解放日报》上发表)。(二)松江县各界人民代表会议报道。(三)县委书记关于松江工作与任务的报告摘要。(四)介绍松江全县各界人民代表会议的经验(拟用《解放日报》社论发表)。上述文件,已于今日由新华社发给中央。如仍需由内部专门总结报告,请电示办理"等语。上述文件俟收到后即由新华总社广播,你们可以在报纸上看到。你们看了松江县的经验后,请即通令所属一律仿照办理。这是一件大事。如果一千几百个县都能开起全县代表大会来,并能开得好,那就会对于我党联系数万万人民的工作,对于使党内外广大干部获得教育,都是极重要的。务望仿照办理,抓紧去做。并请你们选择一个县,亲自出席,取得经验,指导所属。

毛泽东

1949 年 10 月 13 日

二、生产关系发生重大变革

土地改革 1950 年 3 月,中共松江县委作出"生产救灾,准备土改"的部署。3 月至 6 月,选择城东区的五龙、城东、新华 3 个乡,泗泾区的新农、民主、民乐 3 个乡为松江县土地改革(以下简称土改)实验乡。其中的新农、五龙、城东 3 乡列为松江专区土改先行乡。后城东区列为全县先行区。9 月,松江县完成五龙、新农、城东 3 个先行乡的土改实验。10 月，城东区其他 8 个乡全部完成土改实验。同年 10 月，松江县一届二次各界人民代表会议常务委员会议决定成立松江县土地改革委员会，土改委员会由党、政、农会和社会各界人士 15 人组成，潘林儒为主任委员。其职责是：根据上级的土改方针政策，拟订全县土改计划，提出切合实情的工作细则；审查通过各区报送的土改计划；处理土改工作中的日常事务。此后，县委派出土改工作队在各区工委领导下进驻各乡，召开农民代表大会，成立乡农民协会，全面开展土地改革。松江县土改人民法庭先期成立。松江县各乡土改大体经过以下步骤：一是召开村民大会，发动群众，宣传土改方针、政策。二是运用典型实例，进行划分阶级成分的标准教育。三是做好没收和征收土地的工作。四是召开农民代表会议，宣布没收、征收结果，进行土地分配工作。五是召开乡农民代表会议庆祝土改工作胜利结束。1951 年 3 月，松江全县土地改革工作胜利结束。共没收、征收地主、富农、工商地主等土地 448 851 亩，没收地主多余房屋 5 859 间，耕畜 605 头，农船、水车、犁耙等大农件 2 592 件，多余粮食 69.5 万千克。没收、征收的土地，没收的农具、房屋，分给了占农村 70% 以上的贫苦农民，消灭了农村封建土地所有制。土地改革胜利结束后，旋即转入整理地籍、颁发土地证，健全和发展农会组织、民兵组织等工作，把高涨的革命热情转化为生产干劲。获得了土地的农民以强烈的翻身感，积极投身丰产丰收运动，多打粮食，支援国家建设。

土改前夕松江县各阶层占有土地状况表

阶　层	户　数		人　口		耕　地		平均占有量(亩)	
	户数	占总户数(%)	人数	占总人口(%)	亩数	占总耕地(%)	每户	每人
合计	78 996	100	324 058	100	900 869	100	11.4	2.88
地主	2 727	3.5	15 265	4.7	528 092	58.6	193.65	34.60

阶层	户 数		人 口		耕 地		平均占有量(亩)	
	户数	占总户数(%)	人数	占总人口(%)	亩数	占总耕地(%)	每户	每人
富农	1 666	2.1	9 451	2.9	82 432	9.1	49.48	8.72
中农	23 664	29.9	107 928	33.3	140 565	15.6	5.94	1.30
贫农	36 738	46.5	141 368	43.6	60 114	6.7	1.64	0.43
雇农	4 940	6.3	13 536	4.2	2 519	0.3	0.51	0.19
工人	545	0.7	1 848	0.6	669	0.1	1.23	0.36
工商地主	781	1.0	3 632	1.1	30 198	3.4	38.67	8.31
小土地出租者	5 489	6.9	21 050	6.5	34 232	3.8	6.24	1.63
其他	2 446	3.1	9 980	3.1	22 048	2.4	9.01	2.21

土改后松江县各阶层土地占有状况表

（1951 年统计）

阶层	户 数		人 数		耕 地		人均(亩)
	户	%	人	%	亩	%	
合计	76 054	100	309 532	100	900 869	100	2.91
公留耕地	/	/	/	/	8 070	0.90	/
雇农	4 940	6.50	13 536	4.37	30 945	3.44	2.29
贫农	36 738	48.31	141 368	45.67	356 987	39.63	2.52
中农	23 664	31.11	107 928	34.87	367 214	40.76	3.40
富农	1 666	2.19	9 451	3.05	54 432	6.04	5.76
农村地主	1 111	1.46	6 219	2.01	16 169	1.79	2.60
其他阶层	2 446	3.21	9 980	3.23	39 812	4.42	3.99
小土地出租者	5 489	7.22	21 050	6.80	27 240	3.02	1.29

注：1. 城镇地主、工商地主，因未分得土地，不计在内。

2. 公留耕地，系全民所留耕地。

3. 资料来源于苏南土改文献及县统计局。

对农业生产资料所有制的社会主义改造 对农业生产资料所有制的社会主义改造萌发于建立农业生产互助合作社。土地改革以后,中共中央《关于农业生产互助合作的决议》得到松江广大农民的热烈响应。1952年1月,城东区长浜乡中心村中家桥自然村村民王梦来组织起松江县第一个实行集体劳动的常年互助组。同年3月,陈永康串联7户农民也办起了常年互助组。中共松江县委及时总结他们的经验,在全县推广。同时组织工作人员下乡帮助农民组织互助组和解决生产、生活等具体困难。1952年底,松江全县已建立互助组6298个,参加农户48492户,占总农户的61.3%。

1953年春,中共松江县委在城东区试办红星、长兴2个初级农业生产合作社,简称"初级社"。1954年春,全县初级社发展到71个,入社农户1876户,平均每社有26.5户。1955年12月16日,中共松江县委召开互助合作代表会议,会后在全县掀起互助合作高潮。至1956年春,松江全县已建立初级社2062个,参加农户71791户,占总农户的85.01%。初级社在生产资料私有制的基础上实行土地入股,耕牛、农具折价,生产资金统一使用,社内劳力统一调配,农副产品收入在扣除生产成本和缴纳农业税后提留公共积累,实行土劳分配,纯收入一般按照劳动收入占60%、土地收入占40%的比例分配。

1956年6月,松江县的初级农业生产合作社开始转并为高级农业生产合作社(简称"高级社")。当时,全县已成立高级社238个,入社农户61376户,占总农户87248户的70.35%。至1957年4月5日,全县有高级社341个,入社农户84434户,占总农户的99.14%。高级社实行土地等主要生产资料统一归集体所有,取消土地分红,实行"按劳分配,多劳多得"。同时允许社员拥有一部分生产资料和少量的自留地,经营家庭副业。高级社下设若干个生产队,在经营上社对生产队实行包工、包产、包本和超产降本奖励、减产超本赔偿的"三包一奖制"。按季度或年度制订"生产规划、劳动规划、财务规划",把集体经济逐步纳入国家计划经济轨道。在管理上采取劳力、土地、牲畜、农具固定给生产队(即四固定),纯收入部分由生产队按社员劳动工分分配。1957年春,松江县基本完成对农业生产资料所有制的社会主义改造。

实行互助合作、建立初级社,以后又转并为高级社,在四五年的时间内,松江的农业生产关系不断地发生变革。这一系列的变革,从今天的视角来看,当时确实存在要求过急、工作过粗、改变过快、形式也过于简单划一等不足,但这一系列的变革,把小农经济改造成为社会主义集体经济和社会主义大农业,把农民引上了共同富裕的道路。通过生产关系变革,生产力得到了发展,1949年松江县粮食亩产为161.5千克,提高到297千克;农民生活也得到了改善,1949年松江农民人均年收入37.7元,1956年增加到84元。同时依靠集体力量,统筹安排,综合治理松江水系,全面浚治乡村淤浅河道;修筑加高江泖圩堤,提高了抗击洪灾能力;合理布局灌溉系统,灌溉能力得到提高,全县农田水利设施建设取得一定的成果。

对私营工商业的社会主义改造　解放后,松江县按照国家政策,对私营工业实行"利用、限制、改造"。1953年起,通过委托加工、计划订货、统购包销、委托经销代销等形式,逐步将私营工业企业的生产纳入国家计划轨道。1955年,松江电厂作为公私合营试点单位,成为松江县第一家完成对私营工业的社会主义改造的企业。1956年1月,对私营工业的社会主义改造工作在松江全面展开,至2月底,全县私营企业按归口工业部门实行了全行业公私合营,建立了22家公私合营工业企业。

松江县对个体手工业的社会主义改造坚持自愿、互利原则,引导个体手工业者走合作化道路。1951年12月,松江县长溇织袜生产合作社和城西铁业生产小组率先成立,入社(组)人员117人。

1954年,全县建立生产合作社5个,生产合作小组21个,入社(组)人员1580人,占从业人员的18.1％。1956年1月,松江县人民政府批准全县个体手工业实行全行业合作化。手工业户按自愿结合,独立核算,自负盈亏,大型工具折价入股,小型工具自备自用、给予补贴等原则,组建了56个生产合作社、25个生产(供销)合作小组,入社(组)人员6929人,占从业人员的86％。同时,将碾米、草织、轧花、制烛、印染、豆腐、饴糖、茶食、饼干、渔业、食盐等行业3132人分别归口到粮食、供销、商业、农林等部门。1956年,松江县对个体手工业的社会主义改造基本完成,当时全县尚存单干手工业户127户,共148人。

1954年,松江县开始进行对私营商业社会主义改造。当年8月,中共松江县委成立"对私改造领导小组",下设办公室,配备专职对私改造干部12人,进行对私改造的试点工作和思想教育工作,并通过对私营企业的换证登记和商业普查,掌握私营企业各行业户数、人数、工资福利、资金、经营状况等情况。1955年12月,中共松江县委召开为期6天的对私改造会议,组织干部学习文件,明确对私改造的做法,各区区长、各科局各专业公司负责人和有关人员近300人参加。对私营商业社会主义改造工作在松江县轰轰烈烈展开。

1956年1月,松江县的商业业主纷纷以行业联名或单独向松江县政府提出申请,表示愿意接受社会主义改造。经松江县对私改造领导小组批准,松江县商业行业实行全行业公私合营,宣告对私营商业社会主义改造基本完成。对私改造前,松江县共有私营商业企业4324户,从业人员6836人。对私改造后,过渡为国营商店有32户66人;实行公私合营的有498户1598人,组建成49个公私合营企业;参加共负盈亏的合作商店有1644户2506人,组建成174个合作商店;参加自负盈亏的合作小组有1802户

2 216 人;继续个体经营的有 360 户 383 人。对私营工商业实行社会主义改造后,对公私合营企业采取按资本额向资本家发放定息。1966 年 9 月,国家停止支付资本家的定息,公私合营企业转变为国营企业,公私合营企业名称取消。

第二节 在探索中前行

一、农业走过弯路开始发展

抓水利、抓机械排灌,促进农业发展　20 世纪 50 年代前,松江的经济一直以农业为主,至解放前,松江的水稻品种已有 215 个,其中香粳稻、薄稻等名种享誉古今。松江农民有丰富的水稻栽培经验,但由于生产工具、栽培方法等一直沿袭旧法,缺乏革新;封建土地制度严重束缚农村生产力的发展,直至解放时,松江的农业生产仍然处于较低的水平,粮食亩产长期维持在 150 千克上下。从 50 年代起,中共松江县委和县人民政府把兴修水利、发展农业放在重要地位。以治水改土为中心,发展稻麦两熟。在推动农业发展中,抓住种田能手陈永康这一典型,大力推广他的水稻高产栽培经验。1958 年,在“大跃进”中,高指标、瞎指挥、浮夸风和“共产风”盛行,经济工作出现了严重失误,在农业生产中盲目提出“亩产万斤粮”等口号,在“一大二公”的思想指导下,实行人民公社核算制,取消生产队为基本核算单位,一切生产资料公有化,无偿平调生产队和社员的财产。在分配上劳动无定额,干活不记工,实行供给制,极大地挫伤了农民群众的生产积极性,给农业生产和人民生活带来了严重困难。1958 年秋冬之间,党中央开始发现“大跃进”和人民公社化运动中出了不少混乱和偏差。党中央领导全党作了许多努力,纠正已经觉察到的"左"倾错误。1959 年,根据中共中央郑州会议精神,对人民公社作了调整,对无偿"平调"作了退赔。1959 年,松江县粮食亩产达到 320.5 千克,比 1949 年增加 159 千克。1960 年贯彻中央北戴河会议"大办农业,大办粮食"的方针,松江县农业生产在继续治水改土的同时,积极发展机械化,改良品种,提高复种指数。1963 年开始推行"麦、稻、稻"三熟制,当年粮食亩产达 351 千克。1964 年突破《全国农业发展纲要》的要求,达到 402 千克,棉花、油菜籽也因改良品种,改进田间管理,产量比解放初期大幅增加,平均亩产分别由 1950 年的 15 千克和 28 千克,提高到 1964 年的 54 千克和 67.5 千克。农业机械化从 50 年代中期起有了很大进展,1965 年全县已有拖拉机 111 台、手扶拖拉机 92 台、机引农具 195 台、机动脱粒机 2 252 台、排灌电机 651 台、农机总动力 22 300 千瓦。解放前因地势低洼少种低产的三麦,这时已占粮食总产的 15％。1969 年,全县粮食亩产 565.5 千克,皮棉亩产 71.5 千克,油菜籽亩产 108.5 千克,分别比 1959 年增加 245 千克、40.5 千克、52.5 千克。70 年代起,依靠扩大"三熟制"栽培面积,大幅度提高复种指数,农作物产量又有提高。1978 年,全县粮食亩产达到 800 千克、皮棉亩产 95 千克、油菜籽亩产 139.5 千克。松江县粮棉油单位面积产量在全国列入先进行列,松江一直是上海市郊主要商品粮基地,向国家提供商品粮和农业总产值在上海市各郊县中均处于领先地位。

中华人民共和国成立后的 50 年代至 70 年代,松江农业快速发展的重要原因:一是抓住了水利建设的重要环节。从 50 年代起,新开人民河、通波塘城中段、油墩港南段和新五建设河,疏浚骨干河道 30 余条(段),增强了低洼地区防洪抗灾能力。从 1956 年起,组织起来的五库农民,依靠集体力量,开始有计划地对㳦田进行治理,"推翻老水系,重建新水系"。60 年代,重点发展电力灌

图52　1958 年,松江城区通波塘延伸放宽工程开坝放水

图53　1978 年 10 月,昆冈人民公社汤村庙松江县首座水利建设枢纽工程华田泾节制闸通水典礼

图54　农业机械

溉,联圩建闸,减轻内涝威胁。70 年代,开始实施青松大控制水利工程,同时进行低洼圩区治渍工程配套。松江全部实现电力灌溉,农田基本实现格子化,河、路、桥、沟、渠、闸、涵实现配套。二是优先发展排灌机械,着手建立机电排灌体系。50 年代末,全县三分之一的农田实现机电排灌,同时,耕耙和植保机械有所发展。到 60 年代中期,脱粒、植保、耕作机械已有了很大的进展。到 70 年代末,全县基本实现农田耕翻、植保、脱粒、灌溉机械化。

劳动模范陈永康带动农业发展　　在新中国农业发展史上,在松江水稻生产发生巨变的过程中,涌现出了杰出农民科学家陈永康。陈永康是松江县华阳桥乡长岸村人。从小就跟父亲陈富根学种田,学会种田后,他就特别注意培育稻种,几十年如一日,坚持不断地进行选种、育种工作,并取得丰硕的成果。经他用"穗选对比"和"一穗选"方法选育的晚粳"老来青",在解放前就名闻遐迩。1951 年,他培育的晚稻良种"老来青"平均亩产 500 多千克,其中最高一亩亩产达 716.5 千克,在群众性评选水稻良种活动,"老来青"顺理成章地被推选到县上,陈永康评为县选种模范。1952 年被中央人民政府农业部评为农业爱国丰产模范。《解放日报》等作了详

图 55　陈永康与"老来青"

尽宣传,"老来青"的名声也传播至大江南北。1954 年陈永康被评为全国劳动模范。

　　陈永康的高产消息传开后,引起各方关注。华东区、苏南行署等农业部门组织专家总结他的经验。令教授、专家更为震惊的是,陈永康不但知道怎样才能种好水稻,而且知道其中的道理。凡是专家们提出的问题,他没有答不出来的。比如,过去认为,水稻施过促花肥后就不能再施肥,否则要影响结实。陈永康则不然,认为施肥不能呆板,施过促花肥后,在长穗过程中,如果地力仍显不足,叶色过黄,直到 8 月中下旬仍可补肥,他称之为"吊穗肥"。他的这套经验对促进穗大粒多,增加结实率,提高产量具有重要意义。他

提出的单季晚稻施肥要做到"前轻、中重、后补足""瞻前顾后看当时""前期够、后期扣,留有余地"的理论具有普遍意义。

　　1952 年,陈永康积极响应党中央的号召,组建"陈永康互助组"。是年,陈永康到北京参加国庆观礼。1954 年成立联民初级农业生产合作社,陈永康任主任。1958 年,陈永康根据晚稻"小暑发棵,大暑长粗,立秋长穗"的生育规律和稻叶色变化相联系的原理,创造性地提出了"看天、看地、看苗",灵活运用肥水管理技术,促使叶色出现有节奏的"三黑三黄"的理论。他的灵活运用肥水手段,促控调节水稻生长的基础理论被载入《中国水稻栽培学》等专业论著。是年年底,陈永康调江苏省农科院工作。1961 年,陈永康作为农业部专家小组成员,赴埃及开罗参加世界农业展览会中国馆开幕式。1964 年 8 月,在有 40 多个国家和地区的科学家参加的北京科学讨论会上,陈永康宣读与人合作的学术论文。

　　60 年代起,陈永康主要从事农业技术指导工作。在江苏、上海设点带面,种"样板田"。他的试验田、示范田多次确定为全国水稻会议现场。从 50 年代起,除上海、江苏外,他还多次到广东、福建、湖南、安徽、辽宁等地传授经验。当地有句民谣:"看戏要看梅兰芳,种田要学陈永康"。鉴于陈永康的卓越成就和高尚的精神品格,1965 年 10 月,中共江苏省委、省人民委员会发出"关于在农业科学技术战线开展学习陈永康活动的通知"。是年,陈永康获得国务院科学奖。1966 年建国 17 周年庆典,他代表全国农民在天安门上讲话。1978 年,他在全国科学大会上获奖。

　　根治水患,万亩泖田变良田　　五库泖田,原是古代三泖之一的大泖。1949 年万亩泖田内分布有 186 只圩区,有大小河道 228 条,圩岸大多单薄。因地势低洼,经常积水成灾。为了改变面貌,1956 年起,新五人民公社组织数千民工开始对泖田进行治理,当年对 5 千米长的送子庵港进行疏浚,第二年又对西林塘港进行根治。

图 56　1979 年春新五人民公社泖田疏浚后放水（开坝）现场

1958 年 1 月，又将泖田中 9 千米长的河道挖深到低于泖田 1 米。同年 12 月起，又组织民工在泖河田中南北向新开一条建设河，长 5.5 千米，宽 26 米，深 2.7 米，成为泖田排水主干道；在泖田中开挖了深、宽各 1 米的渠道 430 条，形成了以建设河为中心的排灌网；后又在泖田中开挖渠道 3 万余米，基本实现了机电灌溉。此后水患灾害有了减少，但泖田因地下水位高水患不断的根本问题还是未能解决，根据历年治水经验，为彻底改造万亩泖田，必须进行"推翻老水系，重建新水系"的大规模农田基本建设。据此，当地政府组织开展了规模空前的万亩泖田改造工程。工程可概括为"平、开、围、排、灌"。平，即将泖田中原来的 228 条河道、186 只圩区，以及所有的圩堤、渠道、田埂、坟头、洼潭，全部推倒填平，将万亩泖田整平。开，即开挖新河。在泖田中从南到北与建设河平行新开 5 条 3 千米长、13 米宽、2.5 米深的河道作为内河；从东到西根据原有水闸设置，新开 3 条两三千米长、13 米宽的河道，两头通外河；

根据电力排灌机房的布局,再开 8 条 0.5 千米长、13 米宽的引水河,供灌溉、排涝用。围,即建圩围田。在泖田四周外河边上,筑宽 4 米、高 4.3 米的圩堤,称外圩,用以挡潮;在内河边上,筑宽 4 米、高 3.8 米的圩堤,称内圩,用以挡水,并供拖拉机行驶。排,即建设配套排涝工程。新建 38 套水闸和 19 台电动排涝泵,计 905 千瓦。从南到北每隔 80 米开 1 条东西向的排水深沟,沟深 1 米,与内河相通,专作排水用。灌,即建设配套灌溉系统。兴建 23 座电力灌溉水泵站,计 451 千瓦。在南北向的河道间筑 1 条总渠,总渠两侧按东西向每隔 80 米筑 1 条支渠。总渠与支渠交接处建闸门;支渠通向每一块农田,形成排、灌分开的系统。这项大规模的农田基本建设完成以后,将使泖田中的河道从 228 条减少到 17 条,架桥、造闸的工程量将比"老水系"时减少 90%,能增加耕田面积 200 多亩,有利于农业机械化、耕地园林化、用水科学化。

1966 年 12 月 12 日,新五人民公社 6 000 余名男女民工分赴开河工地。经过 5 个月的奋战,共花 30 余万个劳动日,到 1967 年 5 月上旬,终于在建设河西的 8 000 亩泖田中,新开成 9 条河道,沿河筑起拖拉机路;新挖 280 余条排灌渠道,修成 2 300 余块大小各 3 亩、南北为埭的格子化农田。第一期工程开掘河渠总长 100 千米,完成工程总土方 60 万立方米。在以后的两年时间内,泖田人民再接再厉,如期完成了工程的各项计划。万亩泖田建成了土地平整、排灌设施完备、路桥配套、整齐划一的格子化农田。泖田人民改天换地的事迹曾被《人民日报》《解放日报》等广为宣传,曾以大型展览会的形式在北京和上海展览。泖田巨变,吸引了国内外大批参观者,泖田改造经验在国内外广为传播。泖田人民自力更生,艰苦奋斗,彻底改变万亩泖田面貌的辉煌业绩,为后人留下了坚实的物质基础和宝贵的精神财富。

二、工业在曲折中前进

中华人民共和国成立后,国家对私营工业实行"利用、限制、改造"政策,引导个体手工业者走合作化道路。1952年,全县工业总产值3 213万元。1956年,社会主义改造基本完成后,全县工业实现全行业公私合营,手工业实现全行业合作化。松江的县属工业稳定发展,有工业、手工业企业119家,其中公私合营企业22家、手工业合作社(组)83家、国营及其他企业14家,工业总产值4 793万元。1958年"大跃进",县属工业系统一哄而起,工业企业一下子增加到164家,有职工8 548人。60年代初,经过调整,县属工业系统停办、归并了一批企业,部分企业下放为镇办企业或转为市属厂。至1965年时,松江县属工业有农机、化学、木材加工、水泥制品、橡胶制品、机电、电子、钩绣工艺、印刷、服装、鞋帽等10多个行业、142家企业,全县县属工业总产值降至2 945万元。"文化大革命"中,县属工业变化不大,长期维持在"八厂一社"的局面,即县属工业有印刷厂、电器厂、农机厂等8家主要工厂和县手工业联社。1978年,松江县属工业企业有63家,职工总数10 692人,工业总产值15 724万元。

松江乡镇工业起步于20世纪50年代初,当时有织袜、缝纫、碾米等数家小企业。"大跃进"期间,全县各公社、镇盲目发展工业,短期内办起201家工厂,其中社办厂125家、镇办厂76家,有务工社员12 262人、镇办厂职工5 301人。因产销渠道不畅,资金技术缺乏,到1962年,几乎全部下马停办。1970年,国家提出建立三级农机修理网,乡镇工业因此兴起。是年,松江全县共有乡镇企业667家,产值1 723万元。经过数年的发展,以农机维修为基础的乡镇企业不断壮大,形成了机械、纺织、化工、服装、建材、食品等行业,至 1978 年,全县有公社(镇)、大队企业 421 家,其中公社办 90 家、镇办 15 家、大队办 316 家,工业产值增至 114 572 万元,比 1970 年增加 5.65 倍。

部、市属工业方面,从 1960 年起,按照将松江城建成以轻工业为主的综合性卫星城的规划,一大批中央部属、市属工业企业迁到松江,其中有有色金属冶炼厂,如上海第二冶炼厂(九〇一)、上海有色金属研究所、上海新江机器厂(六〇一)在横潦泾工业区;上海炼锌厂、上海第四机床厂、上海压铸机厂、上海塑料十四厂、上海恒温控制厂分厂在沈泾塘西;上海照相机总厂、上海仪表机床厂、上海消防器材总厂、上海针织十厂等在通波塘以东;还有几家如上海实验电炉厂、上海立新电器厂、上海缝纫机四分厂、上海松江纸浆厂等在中山中路南北。这些工厂分属冶金、铸造、机床等工业门类,技术上有一定水准,对松江县工业发展起了一定的促进作用。

三、商业初步发展

1949 年,松江县共有坐商 4 126 户、行商 471 户、摊贩 2 293 户,合计 6 890 户,凡 59 个行业,从业人员 15 131 人。松江城区是全县的商业中心,有私商 2 481 户、从业人员 7 245 人。解放初期,为稳定市场物价,保障工农业生产和人民生活的需要,松江在发展国营商业、供销社商业的同时,按国家政策,于 1956 年基本完成对私营商业的社会主义改造。全县有 32 户私商直接过渡为国营企业;大部分实现了全行业公私合营,组建成 49 个合营企业;还建立了 174 个合作商店,以及许多合作小组。一部分小商小贩、服务行业继续从事个体经营。此后几十年中,商业管理体制进行了多次改革。随着工农业生产的发展和城乡居民生活水平的提高,松江县商业购销两旺,营业额大幅度增加。许多高档商品逐步普及到工农家庭。

生产资料供应。解放前松江县内没有专营农业生产资料的商店,解放后为加快发展农业生产,供销社设置专营农业生产资料的经营网点,供应肥料、农药、药械、小农具、耕畜等。到50年代后期,农资供应网覆盖全县各公社。在"大办农业、大办粮食"的口号下,农资供应成为供销社的经营重点。到1978年,县内有农资供应网点68个,从业人员400多人,农资零售额4 535万元,为1951年83万元的54.6倍。以钢材、木材、水泥为主要内容的物资供应,实行以计划供应为主,以计划外自筹为辅。物资销售总量逐年激增,1962年销售总量229万元,1978年增至2 996万元。

生活资料供应。解放初期,松江县生活资料供应市场仍由私营商业占主导地位。这一时期县国营商业利用庙会,通过举办物资交流会等形式繁荣市场。1956年,市场供应物资充沛,除粮、棉、油制品实行统购统销,需凭票证供应外,其他所有商品都敞开供应。1958年下半年起,市场供应商品日益短缺。1959年开始的"三年困难时期",生活资料供应紧张,猪肉常年缺货,居民连吃蔬菜也非常困难,日用工业品同样奇缺,几乎所有的商品都凭票证定量供应。1962年下半年起,供应形势走出低谷,至1964年,大部分商品退出凭票证供应范围。"文化大革命"期间,由于商品流通渠道不畅、生产水平下降等原因,生活资料供应一度紧张。但从解放以来整体发展看,松江生活资料零售总额还是有较大的增长,1951年全县生活资料供应总额172万元,1978年增长到8 833万元。

第三节 改革开放经济腾飞

一、中共十一届三中全会后经济高速发展

农村经济体制改革促进农业全面发展 中共十一届三中全会

以来,松江县改革开放同全国一样也先从农村启动。1980 年起,农村改革初始从"小段包工、定额计酬"发展为"定额包工、联产计酬",从部分作物联产到组、联产到劳,发展为全部作物统一经营、包干分配,很快松江在全县推行家庭联产承包责任制。1981 年末,全县 2 613 个生产队中有 90%相继建立不同形式的生产责任制。1982 年,松江逐步形成了以调整产业结构为中心的农村经济改革的新思路,改革种植业耕作制度,农林牧副渔全面发展,提高农业经济效益和农民收入水平的改革举措,引导农村经济改革逐步向纵深发展。1984 年,全县除 7 个专业蔬菜生产队以外,全部实行统一经营、包干分配的家庭联产承包责任制。同年,松江县委、县政府适时提出:土地要逐步向种田能手集中,发展粮食专业大户。1985 年,全县承包 1 公顷以上粮田的有 135 户,承包经营土地 426.5 公顷,占粮田面积 1.6%,户均 2.91 公顷。1988 年,全县承包 0.66 公顷以上粮田的 3 297 户(联户、村办农场、合作农场),承包粮田面积 3 740 公顷,占粮田面积 14.76%,户均 1.13 公顷。粮田适度规模的经营已显示出其优越性。粮食专业承包大户的产量比一般农户高 5%~10%,劳均提供商品粮比一般农户高出数倍,收入比务工劳动力一般高 1 倍左右。农民自留地开始出现经济作物的种植,大大小小的农副产品集贸市场开始兴起,食用菌生产迅速扩大,农村经济渐趋活跃。

80 年代中期,积极推进养殖业规模化生产经营。1985 年,中外合资建成多形式、多成分、多元化的松江大江公司,以"农工一体化连贯作业"模式,实行饲料生产、良种繁育、肉鸡饲养、宰杀加工、内外销售连贯作业。此后,松江肉鸡、蛋鸡饲养量逐年激增,一时大江鸡成为上海市民主要食用鸡。1990 年至 1996 年,大江公司连续被评为全国外商投资"创利、创汇"双优企业;1990 年至 1996 年间,先后被评为"全国十大外商投资高营业额企业""上海市十大外商投资高创汇企业"。1996年营业收入达25.25亿元,年创利润1.68亿元,从而成为中国农牧企业走向现代化的龙头和样板。其时全县还开挖了近万亩精养鱼塘。1987年,全县林牧副渔的产值超过了种植业产值;1988年,畜牧业产值超过种植业产值;1991年产值达到59 037万元,占上海市全郊区畜牧业总产值的20.2%。在畜牧业中,以肉禽生产为重点,1991年肉禽上市2 930.66万只,全县人均达到58.6只,产值占全县畜牧业产值的55.4%、农业总产值的32.6%,为全国县级肉禽上市量之冠。

1990年后,松江逐步形成了走农业产业化道路,以科技兴农,加快新一轮"菜篮子""米袋子"工程建设,促进松江农业从传统农业向现代化农业加速发展。同时把稳定发展农业生产与实施科教兴农战略,发展适度规模经营,发展"三高"农业、农业综合开发和培育新的增长点紧密结合起来,加大农业经济结构调整力度,以适应社会主义市场经济体制的建立,全县集中精力发展高产、优质、高效农业,农业科技成果通过规模经营这个载体,成为第一生产力,提高了农业现代化水平,增强了农业综合生产能力,加快了农产品的升级换代,增强了农村经济实力。

1996年,在深化农村改革中,松江县农业主管部门提出"耕地向适度规模经营集中",当年规模经营面积757.93公顷,占全县商品粮田的75.8%,其中县级农场12个、经营土地272.13公顷,镇级农场82个、经营土地2 264.8公顷,村级农场170个、经营土地2 218.2公顷,1公顷以上承包大户1 012户、经营土地2 824.4公顷。集体合作农场已成为全县推广应用新农艺、新技术的基地,农业形象工程窗口,发展农业产业化的基础。1997年底,全县已建有264个县、镇、村农场和1 010个专业大户,承包经营粮田11.37万亩,占全县15万亩商品粮田的80%;已建有镇村蔬菜园艺场32个,专业大户115个,承包经营面积0.94万亩,占全县商品菜田面积的 70.3％；全县 1.5 万亩淡水精养鱼塘，由 75 个 100 亩以上的专业场和 127 个专业户承包经营。松江禽类出栏总量居全国县级单位第一，规模化生产已成为商品生产的主体，为产业化经营奠定了基础。

20 世纪 90 年代后期，松江充分利用黄浦江南"三净"的独特资源优势，建立上海市级现代农业园区、国家级农业标准化生产基地——上海松江现代农业园区五库示范区。园区通过不断地整合调整，逐步形成农业科技示范中心和农业科技产业园区、现代村镇建设示范区、有机农业区、设施农业示范区、名优瓜果示范区、花卉园艺示范区布局，形成了以高档花卉、出口蔬菜、名优瓜果、特种水产为主的强势产业。

进入 21 世纪后，在松江农业改革不断深化中，着力建设"粮食亩产优质示范、有机蔬菜研发示范、浦南盆花生产流通"三个基地，构筑"食用农产品安全监管、现代农业服务、农业生产——生态循环"三个体系。农业种植结构不断调整。各类经济作物播种面积大幅上升，2007 年达 36.2 万亩次，占农作物面积 61.8％。粮食生产着力推进 6.7 万亩设施粮田和 500 亩超高产水稻示范基地建设。在探索农业组织化建设中，建立粮食、蔬菜、花卉等农民专业合作社 88 家。

为了进一步推进规模经营，由土地二轮延包引起的经营方式困境成为孕育家庭农场发展的重大机遇。2006 年，松江区开始探索土地流转。当年，松江区政府制定《关于进一步规范土地流转，促进土地规模经营的意见》，以引导和鼓励农民规范流转土地。2007 年，中共上海市委书记习近平在松江调研时明确指出：松江要推动规模经营，做好土地流转文章，在发展家庭经营上先行先试。根据 2007 年中央 1 号文件提出的"培育现代农业经营主体"的要求，松江区委、区政府出台政策支持发展家庭农场，采取土地

图 57　家庭农场

流转费补贴，家庭农场产前、产中、产后的服务规范，当年建立100～150 亩适度规模的家庭农场 20 多家。此后松江区不断总结经验，引导家庭农场规范化发展。从 2007 年的粮食规模经营面积30 亩以上 151 684 亩，占 92.9％，提高到 2008 年的 100 亩以上156 837 亩，占 94.8％。其中 100～200 亩及以上的家庭农场 558户。至 2010 年底，松江全区有 960 户"家庭农场"经营粮田 0.79 万公顷，占全区水稻种植面积的 73％，基本解决了粮食稳定增产、种植农民增收等难题。至 2018 年末，全区家庭农场 906 户，经营面积 13.8 万亩、占粮食生产面积的 95％，户均经营面积 152 亩，承包期 5 年及以上的占总数的 83.7％；家庭农场成员平均年龄 48 岁。全部家庭农场中，种养结合家庭农场 91 户、机农一体家庭农场 672户，机农一体服务覆盖率为 90.4％，2018 年，全区家庭农场水稻平均亩产 585 千克，户均年收入 13.8 万元。十多年来，家庭农场取得生产发展、农民增收、生态改善、耕地保护的良好成效，被写入中央1 号文件，家庭农场模式成为推进乡村振兴、实现产业兴旺的典型现代农业模式。松江家庭农场发展在探索实践中不断走向成熟：一是生产方式上，使传统的兼业小农转变为规模集约的现代化农业生产；二是农业生产上，耕地得到有效保护，实现了绿色生态新发展。种养结合生态养殖、"三三制"生态轮作、秸秆还田、耕地质量险等生态循环措施广泛推行，农业生态环境得到明显改善；三是农民收入上，通过扩大规模经营，提高劳动生产率，实现农民增收；四是农村土地制度上，所有权、承包权、经营权三权得到充分体现，三者之间复杂的利益关系得到有效平衡，人的积极性和土地的使用效率得以充分发挥；五是有力促进了农业产业化发展。

2020年，松江区实现农业总产值19.74亿元，其中，种植业产值7.53亿元；林业产值3.81亿元；畜牧业产值4.64亿元；渔业产值0.64亿元；农林牧渔服务业产值3.13亿元。

改革开放中工业跨越式发展　首先是20世纪70年代末开始，乡镇工业发展加快。1978年，乡镇企业产值11 457万元，占全县工业产值的42.15％。1985年，在松江已形成近4 000家工业企业，全县实现年产值7.2亿元。这一时期面对喜人形势，建设者没有沾沾自喜，而是站高望远，看到了隐伏的制约松江工业发展的问题。那就是当时发展中的企业大多属于劳动密集型，产品档次低、技术含量少，最关键的是多数企业都是加工型，拿不出像样的产品，难以参与市场竞争。为此，1987年松江县委、县政府作出深化改革的决策：在进一步完善层次结构的同时，合理调整行业结构，建立城乡一体、协调发展的乡镇工业格局。紧接着实施四项措施：首先是改革经济体制、广泛推行承包经营制、厂长负责制、厂长任期目标制和承包终期审计制等"四制"为内容的新经营机制。其次是走国集联营、工农联合之路，重点发展机械、纺织、化工三大支柱产业。至1991年，这些行业企业占了全县乡镇企业总数的63％，工业产值占全县工业总产值的三分之二。第三是充分发挥地方资源优势,积极开发农副产品加工业。第四是加大招商引资力度,加快发展"三资"企业。1984 年松江创办第一家中外合资企业——上海益联棉纺织厂,开了市郊年创办中外合资企业的先河。1988 年全县工业企业增加到 1 399 家,其中乡镇工业 1 118 家。工业产值由 1978 年 2.27 亿元 1988 年提高到 23.15 亿元。其间,工业产权制度改革不断深入,1987 年首先在松江县属工业企业中初试;1992 年又在松江县乡镇工业企业中进行产权制度改革。到 1991 年底,全县累计批准"三资"企业 16 家,投资总额 2 800 万元。四项措施犹如四个轮子,将松江工业推上了迅速发展的快车道。

1992 年初邓小平南方谈话后,松江建立了上海市郊第一家市级工业区,大力开展招商引资,一批国际著名的跨国公司落户区内。松江工业经济进入了一个新的发展时期。全县利用外资呈现城乡并举、上下联动、蓬勃发展的态势。以仪电、纺织服装、机械、食品、生物医药为主的产业群体初具规模。至 1997 年,松江县累计兴办三资企业 1 043 家,三资企业实现产值 128 亿元,完成出口交货值 76 亿元。其时有 5 000 万元产值以上的工业骨干企业 91 家。其间,松江乡镇工业在工农联营企业起步以后,逐步建立起企业自己的品牌和名牌。上海交大昂立生物制品有限公司、上海先格电子公司、上海汽车地毯总厂等一批企业成为全县创利大户和市郊"明星企业"。1997 年,松江县累计开发新产品 50 项,其中产值超亿元的骨干企业 39 家,海欣集团公司年产值达 15.96 亿元,成为松江工业经济的主要增长点。

进入 21 世纪以来,松江工业更快速地发展。先后建成了松江出口加工区 A 区、B 区,同时建起 9 个区级工业园区和 13 个镇局级工业园区。松江坚持把电子信息制造业作为"一业特强"的亮点来培育,经过多年发展,至 2007 年,电子信息业、现代装备、生物医药、精细化工、新材料五大主导产业实现工业总产值 2 586.79 亿元,占全区工业总产值的 73.2%。高新技术产业快速发展。全区共有高新技术企业 272 家,实现工业总产值 2 133.01 亿元,占全区工业总产值 60.3%。2008 年,全区实现工业增加值 489.21 亿元,全区实现工业总产值 3 671.31 亿元,其中松江全区规模以上工业产值 3 485.80 亿元。特别是 2016 年展开 G60 科创走廊建设,更加速了松江工业能级提升,从制造到创造产生了一大飞跃。作为 G60 科创走廊建设起始之笔——临港松江科技城建设更是引人注目。这是上海市首个"区区合作,品牌联动"示范基地,在机制创新、产业升级、城市更新、服务集成、国有资产和集体资产共同增值保值、土地集约利用等方面取得了良好的成绩;先后获得国家知识产权试点园区、上海市工业互联网产业基地、上海市 3D 打印产业基地、上海市产业园区转型升级试点园区、上海市"创业孵化示范基地"等多项荣誉。2020 年临港科技城建起的拉斐尔云廊,占地 800 多公顷,建筑面积 86 万平方米,由 26 幢 5A 级办公楼组成。整个楼群的屋顶由太阳能光伏面板整体覆盖,呈总长 1.5 千米、总面积约 10 万平方米的"云廊",堪称世界之最的城市产业长廊。临港松江科技城将围绕"打造具有全球影响力的卓越科技园区"这一企业愿景,以"一座科技城、十家龙头、百家高新、千亿产出"来统领新一轮发展布局,着力推动以科技创新、产业创新为核心的全面创新,努力上海科技发展的新高地、城市建设的新亮点、产城融合的新标杆。G60 科创走廊建设大力推进了松江工业发展,2020 年全区实现工业增加值 793.90 亿元。全区完成工业总产值 4 476.90 亿元,其中规模以上工业产值 4 072.65 亿元。全年实现工业销售产值 4 480.03 亿元。三大优势产业全年实现工业总产值 3 170.64 亿元,占全区规上的比重为 77.9%。其中,电子信息业实现产值 1 755.59 亿元,现代装备业实现产值 1 138.34 亿元,都市型工业实现产值 276.71 亿元。战略性新兴产业(制造业部分),2020 年实现工业总产值 1 180.21 亿元,比上年增长 11.4％,占全区规模以上工业产值的比重提升至 29％。其中,六大新兴产业实现工业总产值 876.05 亿元,比上年增长 19.8％。部分产业取得较快增长,如新材料比上年增长 32.0％,生物比上年增长 27.7％。

商业大布局大发展 从 80 年代初改革开放以来,松江商业管理体制进行多次改革。随着工农业生产的发展,人民生产、生活需求不断增长,商业也快速发展,社会商品零售总额 1978 年为 17 590 万元,1988 年达 71 754 万元。集市贸易,80 年代起个体户逐年增加,1980 年发证 118 户,1985 年增至 3 205 户,其中城镇 678 户,农村 2 527 户,营业额 341.45 万元。1988 年个体户数达 3 969 户。21 世纪初以来,松江商业迎来了大发展。2000 年 9 月,松江最大的商业大楼松江商城开门迎客,商城总投资 5 000 万元,总建筑面积 1.5 万平方米,营业面积 1 万平方米,商品有 80 多个大类、3 万多个品种,设施先进,有自动电梯、中央空调、大屏幕电子显示屏等,是松江商业战线的龙头企业。是年 12 月,烟草大楼、良友商厦、供销商厦中山路分店相继营业。松江良好的经济环境,吸引了市区大店、名店纷至沓来。市百一店、新锦江、杏花楼等著名公司纷纷到松江县城落户,国际品牌肯德基以及上海百佳、锦江、星地、农工商、大润发、沃尔玛、家乐福等超市也加入了松江市场,给松江商业增添了新的活力。全区商业营业总面积逾 12 万平方米,人均占有营业面积跃居上海全市区县首位。

2019 年,松江区构建以"城市级商业中心、地区级商业中心、社区级(镇区)商业中心、特色商业街"为核心的"1＋3"商业网点布局体系,即 1 个城市级商业中心(新城核心区商业中心,由新松江路—人民路区域、环中山路—人民路区域、国际生态商务区三个商业区域组成)、3 个地区级商业中心〔老城商业中心、九亭商业中心、南部新城商业中心(远期)〕、N 个社区级商业中心。截至年底,全区规模以上商贸企业有 434 家。

近年新型的商业综合体不断形成。2019 年,松江区共有 13 个 3 万平方米以上的商业综合体,其中万达广场和开元地中海商业广场年销售均超过 10 亿元。9 月,位于沪亭北路 99 弄的上海九亭金地广场开业,项目占地 8.2 万平方米,包括 6 万平方米购物中心与 2.2 万平方米室外商业街区,商场集聚了喜茶、戴森、海马体照相馆等知名品牌,弥补区域夜间消费空白。2020 年初步建成的松江新城国际生态商务区,以"生态、低碳、时尚"为主题,集商务办公、酒店会展、产业服务、生活居住等功能于一体的服务型、创新型、文化型城市经济发展区。区域商业及办公建筑面积约 180 万平方米、住宅建筑面积约 168 万平方米,可容纳人口约 4 万人。是松江新城的一个升级版,产城融合的示范区,更将成为松江新城的核心区、新地标,已被列入上海市服务创新发展示范区。另有万科印象城(广富林街道)、中惠金钻广场(小昆山镇)、宝绿佘山(泗泾镇)等项目推进中。位于北松公路的汽车 4S 店阳光廊初具规模,保时捷、宝马、奔驰、奥迪等品牌集聚,年销售额近 30 亿元。为进一步提振全区消费信心、恢复消费常态,提升消费对经济增长的拉动作用,全区开展了"五五购物节"9 大板块 23 项重点活动。5 月至 6 月期间,全区重点监测的 12 个商圈在"五五购物节"的带动下共实现销售 6.3 亿元。通过开展汽车生活节,全区 21 家品牌汽车 4S 店 5 月份售出新车 2 627 台,同比增长 15.3%;销售额 5.87 亿元,同比增长 36.3%,汽车销售实现逆势大幅上涨。2020 年全区实现批发零售业增加值 166.13 亿元,实现住宿餐饮业增加值 16.76 亿元。全年实现商品销售总额 2 665.45 亿元,比上年增长 1.4%,其中,限额以上商业通过公共互联网络实现商品销售额 140.46 亿元。全年实现社会消费品零售总额 604.73 亿元。

旅游业快速发展 20 世纪 80 年代初,佘山风景区初步开发,恢复举行天主教"圣母朝圣月"活动;以历史文物宋代方塔、明代照壁为主体的上海方塔公园建成开放;醉白池公园修缮一新、重新开放等吸引了较多游客,松江旅游业逐步兴起。1992年7月24日,松江佘山风景管理处成立。1995年6月13日,国家批准建立"上海佘山国家旅游度假区",同年11月建立了市级管理机构。这一时期,佘山地区的旅游景区(点)有封神榜、西游记迷宫、海底奇观、欧罗巴世界乐园、佘山锦江水上漂流世界、太空探秘,加上县城内的唐宋元明清大量文物古迹对外开放,1995年,游客人数达322万人次,创下了历史最高纪录。1999年8月,在山林环绕间开挖了面积为456亩的月湖,环境大改善,吸引了更多游人。

　　进入21世纪,松江区新的一批旅游景区(点)开张迎客:2001年,上海影视乐园对外开放。2003年,松江华亭老街开街迎客。2004年,天马赛车场对外营业。同年10月18日,佘山国际高尔夫俱乐部建成。2005年,月湖雕塑公园对外开放。2009年,佘山欢乐谷建成开放。2011年,上海辰山植物园建成开放。这一时期,松江旅游节庆活动也十分红火,自1994年举办第一届"松江——上海之根文化旅游节"(此后共举办5届)。1999年举办了上海旅

图58　2001年松江建县1250周年文艺晚会

游节、上海国际艺术节松江区活动。2000 年后,先后举办了佘山国际沙雕节、连续十年举办佘山兰笋文化节、每年举办佘山元旦登高活动、花车巡游、月湖狂欢节等。2018 年,乐游松江 2018 年秋季寻根松江旅游节。2019 年先后举办"秋季寻根"2019 年松江秋季旅游节、广富林灯会、松江首届番茄采摘文化节。2020 年,举行"秋季寻根,根深叶茂"上海旅游节松江区活动。

图 59　开元名都大酒店

在旅游活动不断展开的同时,松江宾馆业迅速发展,开元名都大酒店、上海世茂佘山艾美酒店、东方佘山索菲特酒店、上海佘山世茂洲际酒店(深坑酒店)等五星级酒店陆续开张。经济型旅馆大量落户松江,总数超过 400 家。另外松江还十分注重旅游土特产、纪念品开发。2000 年 6 月举办了首届旅游土特产、纪念品展示会,形成了土特产品 20 余种、纪念品 30 余种、名特优农副产品 20 余种的旅游购物的基础市场。2001

图 60　世茂佘山艾美酒店

年举办了"名厨、名菜、名点"的首届美食节。2006 年进行了十大农家菜评选。2007 年举办了美食节，评出了 20 道名菜和 10 道名点。

近年，松江区全域旅游空间布局和功能不断完善，完成嘉松公路——林荫新路慢行系统建设。建成启用松江南站、佘山站旅游咨询服务点。出台乡村民宿发展实施办法，发出首张乡村民宿备案登记证明。发布 6 条"建筑可阅读"主题线路和 3 条书香旅游线路。世锦赛——汇丰高尔夫冠军赛、辰山草地广播音乐节等活动影响力不断提升，成功举办 2019"G60"上海佘山国际半程马拉松。全域旅游美誉度持续提升。成功创建第四批全国旅游标准化示范单位。广富林文化遗址、醉白池公园获批国家 4A 级旅游景区，浦江之首、深坑秘境获批国家 3A 级旅游景区。广富林考古遗址展示馆对外开放，世茂精灵之城主题乐园正式开园，"云间粮仓"文创园成为网红打卡地，举办辰山草地音乐节。完善浦南地区乡村旅游公共服务网点布局。发布全景全域地图、工业旅游线路，推进泗泾下塘、仓城、府城历史文化风貌区保护修缮建设，实现 22 处文物老宅"建筑可阅读"。旅游产业发展中，科

图 61　云间粮仓

技影都集聚度逐步提高。华策长三角国际影视中心、上海影视乐园二期开工建设，吴浦影视基地项目建设完成，新引进影视企业 1 273 家。

2020 年松江全区实现旅游收入 106.06 亿元，接待游客 1 121.38 万人次。旅游饭店全年住宿接待 140.57 万人次，平均客房出租率 43.5%。至年末，全区共有旅行社 74 家，全年组团人数 10.89 万人次。

新城区建设 2005 年松江被评为国际花园城市,2012 年松江被评为全国绿化模范城市,这些殊荣获得的关键是松江抓住抓好了新城区建设。松江新城区建设是 20 世纪后期开始的松江新一轮经济发展的显著标志。1997 年建设面积 12.2 平方千米的松江新城示范区建设启动。20 多千米的市政道路;一大批高质量的居住小区,近百万平方米绿化带先后落地。总投资近 60 亿元、占地 8 000 多亩的松江大学城于 2000 年 7 月 29 日破土动工。正当松江新城示范区的建设如火如荼时,在上海市总体发展规划中作出"十五"期间在郊区重点建设"一城九镇"的决定,确定"一城"为松江新城。此举有力促进了松江新城建设。此后确定了新城规划建设面积为 60 平方千米,居住人口 100 万。松江新城区总体规划由中外著名设计公司担纲主持,荟萃了中外专家的真知灼见,兼容了中西建筑文化的设计精华,重点突出了人和自然和谐相融的时代旋律。经过 20 多年建设,一座极具特色的新城跃然在世人面前。

图 62　松江新城一角

图 63　松江新城

　　这里历史文化底蕴深厚。距今 5 000 多年的广富林古文化遗址，位于松江新城北部广富林街道，该处沈泾江东面数平方千米曾是原始人类生活区域，经考古发现这里有原始社会的崧泽文化、良渚文化、广富林文化及春秋汉唐各朝代的古文化遗址与遗迹。2013 年 5 月，广富林古文化遗址被国务院公布为全国重点文物保护单位。该遗址的远古文明在科学考古中得到初步证实。早在四五千年前的新石器时代晚期，当地就已经普遍种植水稻，已具有先

图 64　广富林遗址公园

进的农业生产方式。另外,这里的纺织历史也很久远,遗址还出土有新石器时代晚期的陶纺轮。广富林遗址公园 2018 年建成开放。公园内以传承历史文化,保护古镇原始生态肌理为目标,结合现代城市建设理念,建成一个"水下博物馆"。整个展览空间设置在水下,一座座仿佛金字塔般的屋顶漂浮在富林湖中,与周围环境融合,勾勒出美丽的画卷。展厅以"时空之旅"为理念,结合现代视听技术,设计广富林考古记忆、上海成陆演变、先民活动到来、城邑特征形成、松江县府兴盛,全景式地展示了松江文明史卷。

图 65　广富林遗址公园鸟瞰

这里是人居典范之城。新城建设初始就抓住重要的绿化环节,城中央建起了东西长 3.1 千米、宽 300 米,南北长 1.5 千米、宽 250 米的绿色大"十"字走廊。其边缘营造了一个占地 500 余亩的湖泊。纵横交织的河流则构成了松江新城的血脉。其间拥有高品位的中央公园、规模宏大的市民广场、幽静舒适的思贤公园,众多的商业设施、文化体育设施、教育卫生设施、居民小区等无不相融于绿化丛中。松江新城的住宅建设以欧陆风貌为主,兼有多元文化传承的各类住宅小区。这类住宅小区总的特点是:造型美观、功能齐全,有大幅绿地包围。特别出彩之笔是 2006 年建成的泰晤士小镇。这是松江新城欧式建筑中的典范。在方圆 1 平方千米的土地上,英国阿特金斯公司在设计中完美展现了伦敦的乡村风貌。这里既有湖泊、岛屿、草坪、绿地等传统的英格兰住宅环境。建筑面积为 8 万平方米的 300 幢单体、联体和排体别墅或临于湖畔,或建于土坡,或藏于秀林,错落有致,别有天地,沈泾塘一江清流贯穿小镇,镇区内还辟有 350 亩人工湖泊,湖中有岛,岛建灯塔,风车和哥特式建筑风格的教堂,绿地覆盖率高达 60%;这个积聚英国泰晤士地区民居风格的河畔小镇,还建有学校、图书馆、超市、露天剧场等公用设施,是一幅展示欧陆历史文脉和乡镇风情画意的建筑画卷,在亲水、亲绿的自然环境中,在浓浓西洋艺术与民俗文化的艺术氛围中,令人如入诗中,如入画中。值得注意

图66　泰晤士小镇

的是,这个以莎士比亚的故乡小镇为原型,融入了英国各历史时期建筑特色的小镇,其住宅以低密度的英式围合公寓、联排住宅和别墅为主。配套建筑具有英伦特色的商业街市,苏格兰威士忌酒专卖廊、英超联赛纪念品专卖店、英国品牌瓷器展示、蜡像馆,还有不少画廊、设计工作室、琉璃工厂……一切都体现了高品质和高品位。

图 67　泰晤士小镇一景

这里是商业化的城市。随着上海市区到松江新城的轨道交通9 号线建成通车,两大轻轨站商圈的建成开放,逐步形成了新城的商业网络,以新城区 300 米宽中央绿化带为轴线,南北两侧各建一条步行街,四排商务楼盘沿东西延伸,烘托出新城区的商业中心。有位于新松江路上的开元地中海商业广场、五星级开元名都大酒店、乐购大卖场。另外建成的有总建筑面积 13.18 万平方米的东明商业广场、总建筑面积 6.4 万平方米的嘉和休闲广场、总建筑面积8.8 万平方米的松江商业广场,总建筑面积 7.5 万平方米的兰桥商业街,总建筑面积 31.79 万平方米的松江万达广场,总建筑面积

15.5万平方米的松江万科印象城。这些商业广场和街区,规模巨大、设施齐全,以全新的理念和服务带动着新城市民走进新的消费市场。

这里是书苑式的城市。2006年在新城中央建起了占地530余公顷的松江大学城,只用绿化带或河流来划分边界,容纳了上海外国语大学、东华大学、华东政法大学、上海对外贸易学院、上海立信会计学院、上海工程技术大学、上海视觉艺术学院7所大学。校园内绿树成荫,宛如一座座美丽的园林。大学园区划为教学区和生活区两大区域,并辟有教学内容、教学设施、生活设施等资源共享区。松江大学城以环境园林化、布局科学化、设施现代化、管理智能化而声名远播。这7所大学学科特色鲜明,综合教学力量较强。设有外语、国际经贸、财经会计、法律法学、经济管理、纺织服装、艺术设计、电子电器、机械工程、化学化工、传媒影视、空间与工业设计等42个院系,近1 000个专业,学科分为8个大类,55个小类,学生规模为8万人,教职员工约7 000人。更令人称奇的是,7座大学的建筑物风格鲜明各具特色。具有异域风情的上海外国语大学,巧妙地运用了古今中外一些建筑典范为蓝本的上海工程技术大学,以古朴典雅庄重的建筑为主体的华东政法大学,以艺术化超想象构思的建起的复旦上海视觉艺术学院。在突破时空的理念驱使下,在跨越国界的艺术描绘下,大学城以多样化个性化建设构图呈现出一幅百花齐放的绚丽画卷。在诗一般的大学城内,总投资约4亿元的资源共享区也值得大书一笔,建有体育场、体育馆、游泳馆、公交枢纽站、影剧院和学术交流中心等。另外,一条2.5千米的学生步行街是大学城的“南京路”,餐厅、剧院、邮局、书店、商铺、修理部、体育、娱乐等设施遍布其间。大学城8万师生真正实行了教学资源一起享,生活、消费“一卡通”,后勤服务一体化。

图 68　上海外国语大学

图 69　东华大学

图 70　华东政法大学

图 71　上海对外贸易学院

图 72　上海立信会计学院

图 73　上海工程技术大学

图 74　上海视觉艺术学院

　　工业区建设　历史上曾创造"衣被天下"奇迹的松江,在改革开放中又一次自觉地冲向浪潮的前沿。在"洗脚上田,穿鞋进厂"的乡镇工业方兴未艾之时,1992 年 5 月 22 日,松江抓住浦东开发开放机遇,以土地为资本,组建成立松江经济技术开发区(又称东部工业区)。开发区首期开发 2.55 平方千米。1992 年 7 月正式启动,以 3 000 万元作为启动资金,利用松江城的基础设施,实行"联网合体,滚动开发"。

　　一流的工业区首先要有一流的基础设施。工业区内的道路、给水、排水、排污、通讯、供电、燃气等基础设施首先展开。按照工业区紧连老城区的实际情况,制定了"依托城区、滚动开发"的方针。松江工业区紧邻上海市区,距虹桥国际机场 20 千米,距吴淞港 47 千米,境内数条高等级公路四通八达。得天独厚的地理位置已赋予松江工业区重要的区位优势,这也激励着松江工业区高起点抓基础设施建设。一期工程 2.56 平方千米,建起 7.5 千米长的优质道路,主干道荣乐东路宽达 40 米,与老城区相连通;建设两座大型排污泵站,铺设全部排污管道;设置 2 450 门国际国内程控电话;建设 35 千伏专用变电站,为工业区的建设准备充足电力;给水排水排污等设施全面配套;还有投入大量资金进行绿化环境建设。二期工程投入近 9 亿元进行市政基础设施建设,很快在 7.51 平方千米的土地上实现了"七通一平"。松江工业区始终坚持高标准、严要求,坚持基础设施先行的指导思想。方圆20逾平方千米的工业区,基础设施完全具备了吸纳国际著名企业投资的能力。区内60千米长的棋盘式道路连接成网,主干道宽达40米;24万KVA的电力供应、2万多门程控电话、15万吨污水日处理能力、日供气量2 000立方米的燃气……这些一流的基础设施为独具区位优势的松江东部工业区创造了投资优势。

1993年5月20日,松江东部工业区内第一家企业——上海东洋电装有限公司奠基。开发区成立一年便落实投资40多项,引进外资近2亿美元。松江人建工业区的梦想总算成真。1994年2月起,工业区开发第二期3.2平方千米。1994年5月,市政府批准松江工业区为上海历史上市郊首家市级工业区。当年方圆逾20.56平方千米的上海第一个市级工业区,就这样出现在上海第一产粮大县的松江。就在市政府批复下达的一个星期后,松江工业区举行区内14家海内外著名企业联合开工典礼,副市长沙麟出席并代表市政府宣布松江工业区为市郊首家市级工业区。开工典礼揭开了松江工业区外资企业大批入驻成片发展的序幕。在那些日子里,松江工业区时常可看到这样的情景:要求到区内投资办企业的外商在招商处排成了队。松江工业区进入了外资成片发展的第一个黄金时期。1993—1998年,县委、县政府、工业区共组织招商考察12次,参加人员130人次,涉及18个国家和中国香港、中国台湾地区,通过沟通合作和投资意向,共促成8个大型项目在工业区落户。此后不断加大招商引资,在落户企业中,列入美国财富杂志全球500强的国际著名企业有31家,如美国的福特汽车、3M、道康宁、惠好、百事食品,法国的法马通、阿尔卡特,瑞士的雀巢,瑞典的SCA,英国的ICI,日本的日立、美能达、富士通、味之素、三井等。松江工业区经过初期几年的建设,成为市郊规模最大、发

图 75　松江工业区鸟瞰

展最快、在全国有一定影响的工业开发区。

　　2000 年 4 月 27 日，经国务院批准建立上海松江出口加工区 A 区，规划面积 2.98 平方千米，位于松江工业区的中部三期区域内。2002 年，工业区编制《松江出口加工区》手册，手册内容设地理位置、园区规划、投资环境、投资方式、投资程序、政策解读和产业导向等，向社会和投资商发布、推荐。2003 年 3 月 14 日，经国务院批准建立上海松江出口加工区 B 区，规划面积 2.98 平方千米，位于松江城区西侧。出口加工区 A、B 区实行全封闭管理，区内海关、

图 76　松江工业区出口加工 A 区

图 77　松江工业区出口加工区 B 区

商检、银行、外贸、运输、报关一应俱全。落户企业可在区内办理一切注册登记和出口手续,货物进出口的通关物流时间只需 4 个小时,达到先进国家水平。2007 年 4 月,松江出口加工区被列为首批全国出口加工区功能拓展试点单位,形成以加工贸易功能为主,以保税物流、研发、检测、维修等业务为辅的特殊监管区。至 2011 年,落户松江出口加工区企业 117 家,在投资企业中,有国际著名跨国公司 65 家,电子信息加工产业、芯片制造、新型建材、精细化工、食品加工、生物医药和轻工机械为出口加工区的主要支柱产业。2000—2011 年,出口加工区工业产值累计 14 410 亿元,完成进出口额 2 797 亿美元,连续 8 年蝉联全国出口加工区进出口总额第一,出口创汇 2 797 亿美元,创税收 29 482 万元,占全国出口加工区总和的 30%,位列全国各出口加工区之首。2011 年,松江工业区出口加工区共批准外资企业 675 家,总投资 102 亿美元,注册资本 45.4 亿美元,合同外资 43.1 亿美元,其中世界 500 强企业 40 多家。民营企业 425 家,其中工业 113 家、商业 155 家、服务业 157 家。2011 年 12 月,民营企业注册资金 421 173 万元,销售收入 971 993 万元,缴纳税金 35 568 万元。工业区的发展有效地扩大劳动就业,创造了

30 余万人的就业岗位,推动了和谐社会建设和区域共同发展。

2013 年 3 月 2 日,经国务院同意,松江工业区升格为国家级经济技术开发区,实行现行国家级经济技术开发区的政策。2019 年,松江综合保税区挂牌。经济技术开发区不断发展。2020 年,经济技术开发区全年实现规模以上工业总产值 2 716.21 亿元,占全区工业产值的 60.7%;引进合同外资 5.46 亿美元,占全区合同外资的 49.2%;实现工业固定资产投资 102.00 亿元,占全区工业投资总额的 50.9%。

度假区建设　以佘山为首的松郡九峰是上海历史文化的发源地,是上海唯一的群峰山林。九峰早在唐朝就有很多名人来此游览,时隔千年后,1993 年经林业部批准建设佘山国家级森林公园。此后佘山风景区被定位着力建设休闲度假区、旅游娱乐区、森林观赏区、田园风光区,1995 年 6 月 13 日,国务院以国函(1995)60 号文同意在上海松江佘山建立国家旅游度假区(简称"度假区")。度假区以东西走向的沈砖公路为主轴线,东以方松公路为界,西至规划中的 5120 国道,南以旗天公路(洞泾旗天村至天马山)为界,北达泗陈公路及佘山镇的罗山村和天马镇的三界址村、九曲村南界。主轴线两侧由东向西排列着小昆山、北竿山、横山、天马山、钟贾山、辰山、西佘山、东佘山、凤凰山等 12 座山峰。度假区规划控制面积 64.08 平方千米,用地面积 45.99 平方千米,核心区面积 11.74 平方千米。1995 年 8 月 19 日,徐匡迪市长在松江县佘山山麓兰笋山庄主持召开市长办公会议,专题研究度假区开发建设工作。市政府成立由龚学平副市长任组长的市旅游业发展领导小组,同时成立度假区管理委员会和度假区开发有限公司。

度假区开发之初除努力做好基础设施外,还着重优化生态环境建设,在培育 400 万平方米山林绿化的同时,在山麓周边,河岸、道路两旁陆续辟地添绿逾 450 万平方米。其间,相继建成开放佘

图 78　上海佘山国家旅游度假区

图 79　1995 年,上海佘山国家旅游度假区挂牌

山国家森林公园东佘山园、西佘山园、天马山园、小昆山园、森林百鸟苑、生态蝴蝶园等景点,以及佘山森林宾馆、兰笋山庄、天马乡村俱乐部、佘山高尔夫球场等数十处度假休闲设施。1999 年在东西佘山、凤凰山、薛山环抱处,开挖了占地 456 亩的人工湖。由台湾金宝山公司投入数亿元建设的月湖雕塑公园,先后建成了具有特色的春、夏、秋、冬四景。同时在园区建造了数十座由国内外大师设计制造的雕塑作品。其他重点项目,如投入数亿元的上海佘山

图 80　佘山月湖

国际高尔夫俱乐部开业后,先后两次接待世界顶级高尔夫赛事。投资 10 多亿元,建筑面积达 7.6 万平方米,按五星级标准建造的世茂国际会议中心·艾美酒店等建成开业。

图 81　辰山植物园

进入 21 世纪,度假区又先后建成一大批重点项目。一是上海辰山植物园。由上海市政府与中国科学院及国家林业局中国林业科学研究院合作共建。总投资达 17 亿元,规划用地 202 万平方米,凭借九峰拥有低等植物 104 种、高等植物 788 种,植物繁茂、种类众多的生态基础,遍引国际国内植物,使之成为世界上同纬度的"植物王国"2011 年建成开放。二是欢乐谷。由深圳华侨城投资

图 82　欢乐谷

40亿元兴建,这家占地千亩的主题公园,集全球最先进的游乐设施于一体,充分展示"动感世界",2009年建成开放。三是深坑酒店(上海佘山世茂洲际酒店)。世界上海拔最低的五星级酒店。位于佘山脚下的天马山深坑内,由世茂集团投资建设,海拔负88米,于采石坑内建成的自然生态酒店,依附深坑崖壁而建,是世界首个建造在废石坑内的五星级酒店,2019年建成开业。四是在佘山下建成"亚洲第一"全可动射电望远镜,一座口径达65

图83 佘山深坑酒店开工建设

图84 射电望远镜调试运行中

米、全天线可转动的射电天文望远镜将落户中科院上海天文台佘山基地。

第四节 G60科创走廊建设

一、从"1.0版"到"3.0版"的跨越

2016年,面对转型发展的艰巨任务,把握长三角一体化和上海全球科创中心建设两大国家战略的重大机遇,松江结合地区实际,对标国际类似区域成功案例,率先提出沿G60高速公路建设G60上海松江科创走廊。科创走廊全长40千米,构建以松江新城

为核心的"一廊九区"以及产业集聚、重点突出、相辅相成的产业功能布局。一廊：G60上海松江科创走廊，由东起临港松江科技城，西至西部科技园区，北沿沪松公路、泗陈公路、嘉松公路、辰花公路一线，南至申嘉湖高速一线，区域总面积约296平方千米，形成产城融合的科创走廊。九区为：临港松江科技城板块、松江新城总部研发功能区、国家级松江经济技术开发区、国家级松江出口加工区、松江电子商务和现代物流园区、洞泾机器人产业基地、松江新城国际生态商务区、松江大学城双创集聚区、松江西部科技园区。紧紧围绕G60上海松江科创走廊的空间形态、产业业态及城市生态等资源特色禀赋，着力构建九大产业功能板块，板块区域面积101.64平方千米。由此全面落实供给侧结构性改革，大力推进转型升级，使G60高速公路两侧实现"脱胎换骨"的变化，带动整个区域由"松江制造"向"松江创造"突破性发展。5月24日，G60上海松江科创走廊建设推进大会召开，确立了"五区六地"战略定位。分别为技术创新策源区、重大科技成果转化承载区、产城深度融合示范区、先进制造业集聚区、开放型经济提升发展区以及质量标准新高地、双创活跃新高地、产融结合新高地、先进制造新高地、科创环境新高地、人才聚集新高地。到2020年，基本形成G60上海松江科创走廊框架体系，成为创新要素集聚、创新平台完善、创新企业汇聚、创新人才云集、创新文化活跃、创新能力较强、创新服务便捷、创新氛围浓厚，在长三角具有重要影响力的创新创业示范走廊，形成高质量、可持续、有活力的先进制造业发展新格局。紧接着松江出台了60条产业政策，设立20亿元专项资金。至此G60上海松江科创走廊进入了1.0时代，迈出了坚定扎实的第一步。

2017年3月，浙江省政府批准嘉兴市设立浙江省全面接轨上海示范区。与此同时，松江区依托上海核心城市功能积极辐射嘉

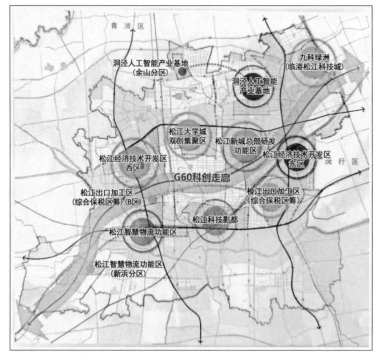

图 85　1.0 版 G60 松江科创走廊"一廊九区"示意图

兴、杭州,推动沪嘉杭区域合作。2017 年 7 月 12 日,松江区与杭州、嘉兴签订《沪嘉杭 G60 科创走廊建设战略合作协议》,标志着 G60 科创走廊建设进入 2.0 时代的正式开启。2.0 版全称为"沪嘉杭 G60 科创走廊",由松江区向浙江省延伸拓展,涉及的区域范围为松江、嘉兴和杭州三地市,探索创新链、产业链、价值链区域协同机制,围绕创新协同、产业融合、互联互通、机制完善等方面开展深入合作,在建立要素对接常态化合作机制、推动产业链梯度布局、打造科创平台载体等方面取得显著成效。

　　2018 年,以沪苏湖合高铁建设为契机,松江把握面向长三角一体化的先发示范优势,提出高铁时代的 G60 科创走廊建设步入

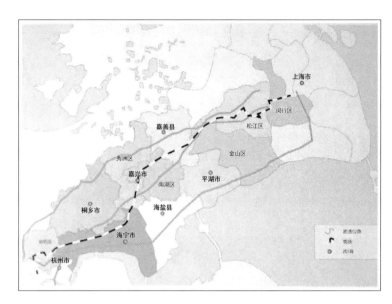

图86 2.0版沪嘉杭G60科创走廊以沪嘉杭高速公路为主轴,由"双核一区"
构成,"双核"指上海和杭州,"一区"即中间地带的嘉兴

3.0版时代。6月1日,九地市共同签署《共建G60科创走廊战略合作协议》。形成"一廊一核多城"的空间布局:"一廊",即G60科创走廊;"一核",即全球科创中心——上海,松江背靠上海科技创新资源优势,成为向东承接上海全球科创中心和先进制造功能、向西辐射江浙皖腹地的枢纽和要冲;"多城",包括嘉兴、杭州、金华、苏州、湖州、宣城、芜湖、合肥等城市,覆盖面积约7.62万平方千米,区域常住人口约4 900万,GDP总量约4.86万亿元,分别占长三角三省一市总量的21.2%、22.3%、24.9%。3.0版从城市战略上升为长三角区域战略,在长三角层面统筹规划、共同推进,将有更高的定位和更大的使命担当。根据签署的协议,九城市共同聚焦规划对接、战略协同、专题合作、市场统一、机制完善五个着力点。3.0版总体定位紧紧抓住"把长三角建设成为全国贯彻新发展理念的引领示范区,成为全球资源配置的亚太门户,成为具有全球竞争

力的世界级城市群"的历史机遇,更好发挥沪嘉杭高速和沪苏湖宣高铁两大交通干线优势,充分用好三省一市优势资源和区域一体化机制支撑,践行新发展理念,按照利益共享、责任共担的原则,聚焦"中国制造 2025"战略,率先打响上海"四大品牌",科创驱动"中国制造"迈向"中国创造",形成区域协同创新框架体系,发挥 G60 科创走廊在长三角更高质量一体化发展中的示范作用,使 G60 科创走廊成为长三角打造全国贯彻落实新发展理念引领示范区的重要引擎。3.0 版除了 G60 高速公路沿线的松江、嘉兴、杭州、金华,还增加沪苏湖高铁沿线的苏州、湖州,以及在湖州融入商合杭高铁而增加的合肥、芜湖、宣城。依托沪苏湖高铁,把现有的松江南站、沪昆高速、沪杭城际铁路统统拧成"麻花",形成 9 站 23 线,建设与

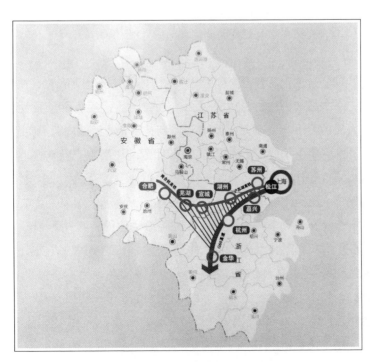

图 87　3.0 版 G60 科创走廊总体空间布局规划图

虹桥枢纽功能互补的松江枢纽。所以3.0版主要是高铁时代的同城效应、科创驱动G60发展的重要一招。3.0版功能定位为"五区六地"，分别为建设长三角产业技术创新策源区、重大科技成果转化承载区、世界级先进制造业产业集群集聚区和产城深度融合发展示范区。发展目标则是构筑质量标准新高地、双创活跃新高地、产融结合新高地、先进制造新高地、人才聚集新高地和科创环境新高地。九城市联席会议通过了《G60科创走廊工作制度》和《G60科创走廊总体发展规划3.0版》，发布《G60科创走廊松江宣言》。会上举行了工业互联网、新一代信息技术及新能源类，智能制造、高端装备及服务业类，产业园区类等G60科创走麻重大合作项目签约。

二、从制造迈向创造的奇迹

G60科创走廊建设高新技术不断增强，科技创新活力竞相迸发。增强科技创新策源功能，发布支持"卡脖子"工程和颠覆性技术发展的若干意见，出台加快推进高新技术企业发展的若干政策。G60脑智科创基地稳步建设，生物节律紊乱体细胞克隆猴模型重大成果在松江发布。上海陕煤高新技术研究院有限公司落户，上海第一人民医院临床研究院、眼部疾病国家临床医学研究中心成立。上海交通大学医学院松江研究院启动建设。23个科研项目荣获上海市科学技术奖，同比增长53.3%，"上海65米射电望远镜系统研制"项目获市科技进步特等奖。企业创新活力不断释放，全年高新技术企业总量达到1080家，同比增长40.3%。企业研发经费加计扣除51.6亿元，同比增长79.8%，5家企业成为国家工信部第一批专精特新"小巨人"企业，数量与浦东新区并列全市第一。新增市级专精特新企业117家，数量位居全市第二，新增市级企业

松江简史
SONGJIANG JIANSHI

■ G60科创走廊3.0版特征

1. 区位价值 优

- ◆ G60科创走廊是三省一市空间距离最近、最易联动和一体化发展的区域
- ◆ 沿G60高速、辐射沪苏湖合高铁沿线的科创走廊，内外交通便捷通畅高效，已形成"2小时通勤圈"

2. 重点载体能量 大

 涉及到的重点园区载体40多个

区域拥有全国乃至世界范围知名的：

张江高科技园区、苏州工业园区、杭州国家自主创新示范区、合芜蚌国家自主创新示范区、合肥综合性国家科学中心、临港松江科技城等。

3. 产业发展基础 好

上海	产业实力雄厚
松江	先进制造业优势凸显
嘉兴	"互联网+"、电子信息双星闪耀
杭州	信息经济成为主引擎
金华	制造+市场联动发展
苏州	战略性新兴产业新高地
湖州	现代产业体系逐步成型
宣城	打造要素汇聚的现代产业之城
芜湖	长江经济带产业创新中心
合肥	构建以科技创新为引领的现代产业新体系

4. 科技创新能力 强

G60科创走廊科创资源密集，为科创能力最领先的地区之一，特别是松江、苏州、合肥和杭州科技创新能力全国领先，从研究与试验发展（R&D）投入来看，已达到或达到发达国家水平。

四地R&D投入占GDP比例

松江	3.84%
苏州	2.82%
合肥	3.18%
杭州	3.2%

0.0% 1.0% 2.0% 3.0% 4.0%

■ G60科创走廊发展历程

1.0版：G60上海松江科创走廊

"四个强劲"显著成效

- ○ 创新驱动发展强劲
- ○ 产业结构调整强劲
- ○ 先进制造业投资强劲
- ○ 辐射带动力强劲

2.0版：沪嘉杭G60科创走廊

- ● 沪嘉杭三地在建立要素对接常态化合作机制、推动产业链布局、打造科创平台载体等方面取得显著成效。

- ● 松江地方财政收入：

2016年： ▲33.2%
增幅位列全市第一

2017年： ▲21.2%
增幅位列全市前茅

- ● 2017年新增高新技术企业118家

建立了G60赛迪研究院、G60长三角研究院、上海低碳技术研究院、上海股交中心G60分中心等科创功能平台为依托的沪嘉杭区域协同创新载体。

3.0版："一廊一核多城"总体空间布局

- ● 从城市战略上升为长三角区域战略，在长三角层面统筹规划、共同推进，将在长三角更高质量一体化发展中作出新的更大作为。

到 2020 年

- ◆ 实现掌握一批重点领域关键核心技术
- ◆ 优势领域竞争力进一步增强
- ◆ 产品质量有较大提升
- ◆ 制造业数字化、网络化、智能化取得明显进展

到 2025 年

- ◆ 形成一批具有较强国际竞争力的跨国公司和产业集群
- ◆ 重点领域在全球产业分工和价值链中的地位明显提升
- ◆ 创新能力大幅提升
- ◆ 重点领域发展取得重大突破
- ◆ 整体竞争力明显增强
- ◆ 优势行业形成全球创新引领能力

- ● 最终构筑优势产业突出、产业高度集聚、布局分工合理、基础设施完善、生态环境优美的世界级先进制造业产业集群高地，成为科创驱动中国制造迈向中国创造高质量发展的示范走廊。

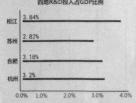

图88　G60科创走廊3.0版

技术中心5家。成功创建国家知识产权试点城区,专利申请1.5万件,同比增长29%。深入开展质量提升行动,38家企业主导或参与63项国家标准、行业标准的制修订。大学城双创集聚区加快建设,东华大学国家科技园松江分园挂牌成立。

G60科创走廊建设质量不断提升,先进制造业能级强劲提升。以"上海制造"引领的产业集群竞争力不断增强,恒大新能源汽车全球研究总院、新能源汽车整车、新能源汽车轮载电机、海尔卡萨帝等一批重大产业项目落户,复宏汉霖、修正药业、吴海生科、顺络电子等项目启动建设,G60科创云廊、海尔智谷、超硅半导体等项目有序推进。先进制造业项目开工80项,竣工投产87项。工业固定资产投资保持强劲增长势头,实现投资161亿元,同比增长20.3%,总量连续三年保持全市第二位。技术改造类项目占工业固定资产投资项目总数60%以上。战略性新兴产业增速快于面上工业增速,新能源、生物医药行业产值分别增长37.8%、12.1%,推进智慧安防产业集群建设,与中国电子科技集团合作,共建信息技术创新平台和产业基地。正式启用国家商用密码检测(上海)中心。工业互联网生态体系逐步形成,海尔卡奥斯国家级工业互联网创新应用体验中心落户。2019年外贸实现出口总额近2 000亿元。

三、取得"四个强劲"的显著成效

G60科创走廊建设已走过5年,迈步坚实有力,经济效益显著。2016年是G60科创走廊建设第一年,松江地方财政收入比2015年增长33.2%,增幅名列全市第一,一些核心指标大翻转,这是在关停3 000家企业的情况下取得的,很多科技成果在这一年也开始崭露头角,涌现出来,呈井喷之势。2017年,地方财政收入又增长了22.2%。近年G60科创走廊吸引了一大批百亿级项目落户,其中包括海尔智谷、上海超硅、正泰启迪智电港、清华启迪、修正药业、国能新能源汽车等。2019年,松江全力加速引进腾讯长三角人工智能超算中心等重大项目,致力打造"最强工业大脑",形成"超算生态"。腾讯及其生态合作伙伴发挥各自资源优势引入优质AI企业,全面发力云计算、智慧城市等领域,AI产业生态的发展势必将进一步稳固松江人工智能的前沿地位,辐射九城市产业升级和上下游联合招商。投资1 000万元以上项目(工地)已开1 236个。G60科创走廊九城市逾600个项目签约或集中开工,总投资达7 260亿元,涵盖高端装备、新一代信息技术、人工智能、生物医药、新能源、新材料等战略性新兴产业。2016年以来,围绕G60科创走廊建设,松江全区总投资超过2 000亿元。2020年,松江实现财政总收入达507.95亿元,其中,地方财政收入220.62亿元。经过五年建设,G60科创走廊建设取得"四个强劲"的显著成效:创新驱动发展强劲,先进制造业增幅位居全市第一,专利申请和专利授权量均居全市前列;产业结构调整强劲,加快淘汰、关闭落后产能和企业,切实推进建设用地减量化;先进制造业投资强劲,战略性新兴产业龙头企业相继落户,先进制造业总投资和工业固定资产投资高速增长;辐射带动力强劲,成为开放共享的长三角区域性协同创新战略平台,打造"中国制造2025"高质量发展的创新走廊。

2020年有媒体报道,对长三角G60科创走廊的定位称为三朵"云":第一朵云是创新主体如云。"十三五"期间,松江小微科技型企业成倍地增长,截至2020年11月,松江区各类市场主体已超20万户,相较于2015年年末的12万余户,增长了54.47%,长三角G60科创走廊的9座城市创新主体都是呈现两位数增长。第二朵云是基金如云,也就是产融结合。2020年G60科创走廊九城市上市科创板企业数量占到全国的1/5,而松江上市企业总量包括挂

第七章 当代松江:阔步迈向伟大的复兴

图 89　松江临港科技城拉斐尔云廊

牌企业已经有 347 家,居上海各区第二位。第三朵云是互联网云。现在是工业互联网云支撑在线的、同步的、适时的要素创新与协同创新。有云才有雨,才有生态,才能滋润万物生长,才能有我们中小微企业、科创企业的未来。

G60 科创走廊建设成效卓越,引起中央政府高度重视,2019年 5 月 30 日,中共中央、国务院印发《长江三角洲区域一体化发展规划纲要》并于 12 月 1 日正式对全国公开发布,明确:"建立 G60科创走廊等一批跨区域合作平台","依托交通大通道,以市场化、法治化方式加强合作,持续有序推进 G60 科创走廊建设,打造科技和制度创新双轮驱动、产业和城市一体化发展的先行先试走廊",标志着 G60 科创走廊从秉持新发展理念的基层实践上升为国家战略的重要组成部分。2020 年列入了国家"十四五"规划,标志着 G60 科创走廊从秉持新发展理念的基层实践已真正上升为国家战略的重要组成部分。在国家"十四五"规划纲要中明确提出"要瞄准国际先进科创能力和产业体系,加快建设长三角 G60 科创走廊。""提高长三角地区配置全球资源能力和辐射带动全国发展能力。"这标志着长三角 G60 科创走廊"十四五"发展历史方位和战略空间有了新的拓展,迈入了引领阶段。

第五节　城乡建设日新月异

一、城乡道路建设

城区道路　中华人民共和国成立后,中山路以桥为界,划分为中山东路、中山中路、中山西路。1951 年,北内路拓宽至 10 米,成为县城内北出干道。1960 年,松汇路拓宽至 7 米。1957—1964 年,城区主要道路先后改建为沥青路面。1960 年在镇外围辟建乐都路和玉树路两条工业区线。1977—1984 年,新建方塔路、谷阳路、人民北路、茸城路、迎宾路;改建中山东路、中山中路东段、中山西路、人民南路、永丰路等。1985 年松江镇干道和支路 13 条,总长12.877 千米。1996 年,完成中山中路谷阳路至人民路段改造,将道路拓宽至 36 米。至 2012 年松江新城共建有城市道路 133 条,道路总长 236.1 千米。2010 年 10 月建成过境松江的上海虹桥至杭州的铁路客运专线(俗称"高速铁路"),设松江南站。2012 年 12月,东起浦东新区杨高中路、西南至松江南站的上海轨道交通 9 号线建成通车。

国道　(1) G320(沪瑞)公路:其中松江境内段东起松江区与闵行区交界处,西至叶榭建设河桥。路长 15.52 千米,宽 13～32 米不等。其中闵行区汇桥至车墩段(又称北松公路,1932 年建成);车墩至叶榭镇建设河桥段(又称车亭公路,1974—1976 年建成),全长 15.52 千米。(2) G60(沪昆高速)公路:其中闵行区莘庄至松江城区段,长 18.07 千米,1985 年 5 月 23 日开工,1990 年 12 月建成。(3) G1501(上海绕城高速)公路:其中松江境内段北起松江区佘山镇与青浦区交界处,路长 22.7 千米,2006 年 12 月建成。(4) G50(沪渝高速)公路:其中松江区境内段东起九亭镇,西至佘山镇,路长 2 330 米,2006 年 12 月建成。(5) G15(沈海高速)公路:其中松江区境内段北起青浦区,南至叶榭镇境内毛家汇公路,路长 28.76 千米。2007 年 2 月建成。

省道 (1) S12431 沪松卫线:其中松江境内段含沪松公路松江区域段和松卫北路松江区域段,2013 年 1 月全线建成通车。(2) S22631 新车公路:其中南起车墩镇境内 320 国道,北至 G60(沪昆高速)公路新桥出口,路长 4 725 米,1989 年建成。(3) S22431 嘉松线:其中松江境内段称嘉松南路,北起松江与青浦交界处,南至松江区南期昌路,路长 10 220 米,1998 年 12 月建成。(4) S32431 东新线:其中松江段,东起浦东新区大团镇,西经松江区新浜镇,路长 65 940 米。1999 年 9 月建成。(5) S32(申嘉湖高速)公路:其中松江区境内段东起松江区与闵行交界处,西至松江区与青浦交界处,2009 年 12 月建成。

二、老城区改造

中山中路前期改造 1993 年,松江城区以中山中路(东至谷阳路西至人民路,全长 720 米)改造为中心,先后拆迁居民 503 户,商店 123 家,共拆除房屋 4.1 万平方米,其中商业用房 1.2 万平方米。改造前道路仅宽 10 多米,改造后的中山中路车行道宽 20 米,为白色混凝土路面。马路二侧建起一大批现代化商场,市百一店松江店、松江商城、新纪元商厦、杏花楼、金叶食品总汇等八大商场以及农业银行松江支行、中国银行松江支行纷纷入驻中山中路。

有大型综合商场、书店、酒楼、快餐中心、鞋帽专卖、金银珠宝专卖店、钟表、照相、食品总汇、理发美容等55个网点。

图90　改造后的中山中路

庙前街与长桥街改造　位于中山中路与松汇路之间南北向的庙前街，以始建于宋代的东岳庙而得名，旧时这里连街都是酒店、茶楼、书场等。后由于长期失于修缮改造，街市破旧。庙前街改造工程始于2000年6月，当年底基本建成。该街南北长约150米，东西宽约130米，总面积15 000平方米，门店共162个，是松江第一条仿照明清建筑风格的步行街。其建筑分上、下两街组成，白墙、青瓦、栗色梁柱相互映衬，庭院、回廊、秀桥、马头墙巧妙组合，亭台、假山、细瀑、绿树点缀其间，街内的特色小吃香气扑鼻，庙前街已成为一条"美食文化特色街"。位于庙前街西的长桥街改造工程，动迁范围包括长桥街两侧，拆迁面积17 090平方米，拆迁后建造商业门面面积7 600平方米。长桥街改造后与庙前街连为一体。

图 91　庙前商业街区

现为明清建筑风格的集美食、小商品为特色的商业休闲步行街。

华亭老街改造　华亭老街即是中山西路(部分)改造项目。华亭老街东起人民路,西至西林路,总长 606 米,一期改造面积 5.11 万平方米,总投资 3.4 亿元。工程实施前共搬迁居民 1 600 多户,门店 208 家,拆迁面积 4.85 万平方米。华亭老街自古以来是松江经济、文化、商业资源较为集中的地区,有市级文物保护单位松江清真寺、西林禅寺、西林塔,有区级文物保护单位瞿氏宅、王冶山宅、袁昶宅。整个工程建造具有明清风格的商业用房近 6 万平方米,这些建筑分布在老街南北两侧,层高以三层为主,二层为辅,高

图 92 华亭老街

低错落明显。街面铺设花岗岩石板。街内建造1个公园,5个广场,10个喷水池,绿化率占总面积的35%。

岳庙区域改造 岳庙区域改造始于2002年下半年,东起妙严寺,西至莫家弄,南邻中山中路,北至太平街。该地区除了拆除区文化局下属的原松江剧场、凯乐宫、图书馆外,还拆除了不少民居。岳庙区改造中,重建了东岳殿、三清殿、四御殿、杨爷殿及钟鼓楼,这些建筑均属道教建筑。同时还兴建1.7万平方米的古色古香的江南民居式商街,辅以约3 000平方米的庙前广场,它比老岳庙更靓丽气魄。东岳庙和商街的建成,形成与庙前街南北的局面,使这一区域的人气更加旺盛。

仓城历史文化风貌区建设 2009年,经上海市批准为仓城历史文化风貌区。仓城地名来源是元明时期松江府的最大的漕粮仓储和漕运北京的始发地,当时仓城筑有4门,周边米业兴旺,市河西两岸宅第商铺鳞次栉比。也是松江府最繁华的市井热闹中心。历史的仓城见证了松江城市的演变发展,根据第三次全国文物普查显示,这里还存有明清民国时期古建筑128处,其中区级文物保护单位8处,文物登记单位14处,不可移动文物保护单位81处,

图 93　仓城历史文化风貌区

其中葆素堂具有明代厅堂建筑的鲜明特色;颐园齐集了江南园林各项要素,具有浓郁的人文特色;以杜氏雕花楼、费晔宅、葆素堂、杜氏宗祠和赵氏宅为代表的有特色的历史建筑,是一个较完整的具有传统风貌和地方特色、有较高的历史、文化价值的区域。2007年7月,上海市城市规划设计研究院、松江区规划管理局和松江区文化广播电视管理局联合编制完成《松江仓城历史文化风貌区规划方案》。仓城历史文化风貌区将建设为一路(中山西路)、一河(市河)、一点(水次仓关帝庙)、一单元(大仓桥北侧)、一区间(风貌区 A 区)。拟复建娄县牌楼、古粮仓景观、祭江亭、沿河廊棚、云间龙舟等明清建筑,移建盐铁塘上的 5 座元明石桥,复原明清风貌。突出五大功能:原住民和居住功能、文化历史展示功能、文化景观游览功能、会务住宿休闲功能和商务购物旅游功能。"两带":市河水上观光游览休闲带和中山西路商业旅游带。"四区":大仓桥传统文化游览区、年丰人寿桥传统商业文化游览区、颐园古典园林游赏区和游客接待服务区。

三、新农村、新社区建设

新农村　中华人民共和国成立以来,党和政府在重视发展农村经济的同时,十分注重农村生产环境、生活环境落后面貌的改善。通过河道整治、道路建设、村宅建设等,不断改善农村的生活环境;通过环境卫生、用水卫生、建立基层卫生医疗设施等,努力提高农村健康水平;通过提高农民生活水平,组织农民开展文化体育活动,丰富农民的精神生活。特别还在为老服务方面不断加强,各镇先后建起设施众多的能短期住养、日间照料的为老服务中心,不少村建起了全方位服务的老人幸福村。

21世纪以来,松江加快新农村建设,明确提出以"生产发展、生活宽裕、乡风文明、村容整洁、管理民主"建设新时期新农村的总体要求,扎实推进社会主义新农村建设。走在新农村建设前列的松江浦南农村,认真制定新农村建设规划,努力打造生态、美丽、特色的宜居乡村。按"农业强、农村美、农民富"为总目标与总要求,以绿色与科技为引领,使松江农业供给保障能力更强,品质更优。十多年来,农村努力营造生活、生态、文化资源,推进一二三产业融合发展,促进乡村旅游,造村与造景相结合,使农村生态环境得到有效改善,真正成为观花、观叶、观景的绿色生态景观带。

2007年,新浜镇新农村建设中不断推进自然村落综合整治。村级综合文体中心和标准化村卫生室建设、农村危桥改造、"万河整治"达到阶段性目标,农村环境进一步改善。教育经费三倾斜政策得到落实,农村教师队伍保持稳定。全区农村合作医疗投保率达到100%。

2008年,叶榭镇等新农村建设中,一是拓展"小超市"。政府部门积极扶持各村建立"小超市",做到统一配送、统一形象、统一

图94　新浜镇新农村建设

售价、统一营销、统一管理。二是丰富"小戏台"。政府部门切实抓好镇内的戏曲小品、歌曲舞蹈和文艺创作三支沙龙队伍建设，不定期的邀请各类专业文艺团队助兴表演。三是优化"小药箱"。强化村级卫生室、乡村医生、药品、设备等在内的村级的卫生服务体系。四是强化"小学校"。在每个村的村民活动室都挂牌建立了一所村民学校，努力使"小学校"成为保障政策上情下达的宣传阵地；提高全职农民生产经营能力的实训基地。倡导健康生活方式的教育基地。五是完善"小窗口"。"小窗口"就是把镇社区事务受理服务中心的前台受理咨询功能延伸到村，为村民提供就业援助、矛盾调解、信息咨询、安全保障等方面的综合性服务。六是落实"小交通"。调整优化公交路线，实现"村村通公交"。

作为上海市新农村建设试点的泖港镇黄桥村，为新农村建设树起了样板。2007年以来，黄桥村加快推进社会主义新农村建设，展现农村田园风光和江南水乡风韵，呈现水清岸绿、村容整洁、鸟语花香、黛瓦白墙、环境舒适的新气象，营造生态、亮丽、美化的人居环境和温馨、和谐、美丽的家园。2017年11月,黄桥村获评第五届全国文明村镇。2019年11月,黄桥村被认定为"国家森林乡村"。完成新一轮农民相对集中居住签约2330户,黄桥村被列为示范村和宅基地改革"双试点"。

松江在2019年、2020年连续两年乡村振兴群众满意度测评指标位居全市第一。全市农民相对集中居住现场会在松江召开,形成可复制可推广的乡村振兴示范村建设模式。制定统筹浦南浦北均衡发展的实施意见,强化支持浦南绿色发展实践区建设。完成农民相对集中居住签约1303户,4个乡村振兴示范村项目完成结构封顶。农村人居环境明显改善,泖港镇被农业部列为中国美丽乡村建设十大模式之一、全国"一村一品"示范村镇。新浜镇胡家埭村荣获2020年中国美丽休闲乡村,"四好农村路"建设走在全市前列。深化国家农业绿色发展先行区建设,绿色食品认证率达47.5%,位居全市第一。年度粮食安全责任制考核获评全市第一。

新农村建设中2009年起,为进一步调整农村经济关系,松江区开展以镇级农村集体经济组织产权制度改革为重点、镇村同步的,以"明晰产权、规范管理、发展壮大、农民得益"为主要目标的农村集体产权制度改革。至2013年12月,率先在上海市全面完成镇、村两级农村集体产权制度改革,成立14个镇级联合社和107个村级合作社;各地区完成改革时,全区农村集体总资产328.21亿元,其中净资产123.06亿元,界定持有镇级联合社或村级合作社份额的社员57.01万人。农村集体经济不断发展壮大,建立健全农民分红长效机制。2020年14个涉农街镇农民分红3.48亿元,同比增长4.5%。农民集体收益2.56亿元。农村综合帮扶"造血项目"实现收益2286.63万元,惠及生活困难农户1681户。

新社区 松江历史悠久,既有传统的历史文化脉络,也有海派文化在此交汇。松江人民坚持以倡导和谐理念，培育和谐精神，建设和谐社区文化来促进人文环境的和谐。21世纪初以来，建设新社区引起各方面关心，居民社区各类人文活动逐步加强。在各居民社区建起了体育活动场地、文化活动室、图书阅览室。建立老年协会、残疾人协会及各类老年人活动小组。各居委会积极组织开展日常文娱活动和有关节庆纪念性活动。社区各级组织在积极组织开展各类活动的同时，十分重视创建"安全社区"活动。积极开展科技创安，构建了"实时图像监控系统"，松江连续十多年被评为全国社会治安综合治理先进集体。在各居民社区建立的医疗卫生中心、物业管理中心等，使社区居民生活更为方便。

方松社区建设中，大力倡导公民基本道德规范，积极开展道德实践活动，从大处着眼，小处着手，改变社区内乱扔垃圾、不文明养狗等陋习；从互动关爱做起，为社区群众搭建互动、互助平台，增进社区邻里感情；从荣辱观建起，建立正确的制度导向、利益导向、教育导向、舆论导向机制，形成知荣辱、讲正气、促和谐的社会新风尚，全面塑造与一流新城相适应的市民形象。

岳阳社区建设中，积极整合文化资源创设文化品牌，精心打造岳阳论坛、岳阳讲坛、岳阳艺坛。以文化论坛的方式，问计于基层，求教于群众。组织社区各界人士开设关于地区发展的专题研讨会，为提高社区居民的思想道德素质和科学文化水平，专门开设各类专题讲座，聘请专家学者进行辅导，成立了社区志愿者讲师团，到各基层巡讲。组织开展了以家庭、邻里、楼组等组合的各类特色的文化活动。运用创编楼组学习园地、自编小品小戏、漫画等居民喜闻乐见的文艺形式寓教于乐。在居民中因地制宜地开展戏剧沙龙展演、现场送楹联、书评影评等各类丰富多彩的文化活动。充分发挥社区文化活动中图书馆、社区教育学校、岳阳休闲广场等30多个功能馆的作用，与家庭文化指导室、东方讲坛等项目联动，提高了文化资源的有效利用率。充分发挥社区文化服务中心作用，承接街道"社区文化艺术节""茸城之夏""小区周周演"等大型的文化活动项目。

永丰社区建设中，坚持以"五千市民进课堂"为目标，按照《永丰街道社区教育三年发展规划》的要求，各类教育培训活动继续有效推进，"万户职工学电脑"活动等政府实事项目培训完成计划任务，使企业职工充分享受到了政府补贴培训的优惠政策。不断加大对公共事业的投入。投资906万元先后改造建成了社区文化活动中心、智障人士阳光之家、人口生育文化小区、社区事务受理中心和市民文化广场。

九亭社区建设中，以创建平安社区为平台，构建社会治安防控体系，在22个居委会都建立了平安工作站、警务室，积极营造稳定和谐的社会环境。一方面政府投入大量资金，在全镇主要街道安装电子实时监控设施，在小区安装了技防系统，组建了260多人的镇级联防中队；另一方面进一步完善来沪人员的综合信息登记，实行联网跟踪管理服务。

第六节　社会事业全面发展

一、教育事业发展

中华人民共和国成立后，人民政府接管了公立学校，保留了私立学校。学生中工农子女开始增多，农村普遍办学，先后普及初等教育，实施九年制义务教育，基本上扫除了青壮年文盲。在教育改革方面先学习老解放区、学苏联等，取得了一些成功经验，逐步探索一条符合实际、推进社会进步的教育发展新路子。全县中小学

图 95　松江二中校园

生入学人数成倍增长。1956 年,全县在校小学生 51 088 人,学龄儿童入学率从 1948 年的 31.62% 上升到 71.9%。教育质量不断提高。1965 年,松江有中等学校 15 所、小学 602 所。松江二中、中山中心小学等 4 所中、小学校相继被列为上海市重点学校。"文化大革命"期间,教育事业遭受严重破坏。70 年代后期进入改革开放新时期,松江教育改革逐步深入。1985 年教育分级管理后,"县、乡(镇)两级政府把基本普及九年义务教育,基本扫除青壮年文盲"作为教育工作的重点,至 1993 年,松江县"两基"通过验收,达到国家标准,成为全国首批通过"两基"达标验收县市之一。松江县被评为全国扫盲先进县。80 年代中期,松江在切实推进九年义务制教育的过程中,加强了艺术和技术等特色教育,积极推行"首席教师"制度,全面完成薄弱学校改造工程,顺利推进加强实践建设工程,加大职业教育力度。同时全县开展农村教育综合改革,形成以实施"燎原计划"为共同任务的"经科教"结合,普、职、成"三教统筹"的大教育格局;努力拓展以服务当地经济社会发展为主要任务的成人教育、职业教育的功能,使教育紧密联系经济建设的实际,为当地经济、社会发展培养大量适用人才;发挥优质教育资源的作用,先后组建松江二中、松江职业、松江成人、中山小学教育集团。开办了多所全日制十年制学校。21世纪以来,在松江新城建起了上海外国语大学等7所高校,以及由有关高校在松江建起的华师大附属实验小学、上师大附属实验小学等一批质量较高的学校,对提升松江教育水平产生一定影响。

2020年,全区共有各级各类学校460所,中、小、幼、职、特五类教育在校学生16.33万人,比上年增长4.1%。全区各类学校教职工2.05万,其中专任教师1.34万。全区依法批准设立的社会培训机构187所,民办幼儿园81所,民办托儿所和早教机构15所,民办中学7所,民办小学17所。

二、文化事业发展

群众文化活动　中华人民共和国成立后,松江文化事业发展较快,各级文化机构相继建立,文化设施逐步完善。文化馆、图书馆、工人俱乐部、少年宫、影剧场、书店、广播站、专业剧团等为满足人民群众日益增长的文化需求发挥积极作用。乡镇都设立文化

图96　群众文化

站、广播站、电影放映队等,积极开展群众文化活动。1953 年起,每逢春节或国庆节,都举行全县群众文艺创作节目会演或交流演出。一批剧作在省、市级文艺会演中获奖,新五乡被誉为"小戏之乡"。解放初出现的具有浓郁乡情和时代生活气息的农民画,经过 1958 年的群众壁画和历次群众美展等活动,以农民画为主体的群众性美术创作活动蓬勃开展,全县形成 100 多人的业余美术作者队伍。书法、摄影、音乐、舞蹈等群众业余创作活动也取得丰硕成果。

从 90 年代中期起,松江城乡人民十分喜爱的广场文艺和形式多样的节庆活动等逐渐兴盛起来。1995 年 10 月 12 日,松江群众演员 300 多人在上海外滩广场作迎第三届全国农运会松江专场表演,演出水族舞、龙狮舞等松江民间歌舞。1996 年 5 月 18 日,县文化局在佘山欧罗巴广场举办 '96 上海艺术节开幕式暨沪昌杯松江广场文艺专场演出。1997 年,为迎接香港回归,全县掀起广场文艺活动热潮,连续在体育馆广场举办 5 场松江人民迎香港回归广场文艺演出,每场广场文艺观众有近万人。1994 年起,松江镇在每年暑期举办"云间之夏""茸城之夏"广场文化活动,演出现场成

图 97　新浜镇南杨村社戏

为市民夏季纳凉的好去处。1998 年 5 月 31 日,松江百名群众演员在上海外滩广场作 '98 上海国际艺术节(精文杯)广场文化展演松江专场演出。

2004 年起,松江区大力开展"万部图书、千场电影、百场文艺下农村、进社区、到工地"等文化下乡活动。连续十多年,每年在全区放映电影 1 500 多场、广场演出近千场、送图书到基层数以万计,受益群众数百万人次。2005 年区文广局获国家广电总局"全国农村电影工作组织奖",松江影剧管理站荣获"全国农村电影工作先进集体"称号。从 2006 年起每年 6 月 11 日举行"文化遗产日"进校园、进社区、下农村等活动。2010—2020 年,每年连续举办上海佘山兰笋文化节。2012 年以成功创建"中国书法城"为契机大兴群众书法活动。2018 年 10 月 26 日—11 月 5 日,"祖帖故里,云间墨韵——上海松江书法晋京展"在国家级艺术殿堂中国美术馆举办。展览以 139 件古今书法篆刻精品为脉络,配以图文并茂的松江书法图史文献墙,展示松江书法文化发展的历史与演变轨迹。2018 年,广富林文化遗址公园(一期)建成试运行。2018 年 12 月 25 日,董其昌书画艺术博物馆在松江醉白池公园建成开放。2020 年成功举办"徐霞客与松江"系列活动、第二届上海市篆刻艺术展。

文学、戏剧创作 中华人民共和国成立后,松江县群众性的业余文学创作开始发展起来,小说、散文、诗歌等文学作品,在省、市一级报刊上发表的有数百篇。中学教师褚同庆利用业余时间,历时 40 余年,创作了 170 回《水浒新传》,1985 年由广州花城出版社出版。2010 年沈敖大创作《徐阶大传》由北岳文艺出版社出版。两部小说在社会上都产生了很大反响。

戏剧创作方面,解放后,文牧等人创作和改编的《罗汉钱》《芦荡火种》等沪剧在社会上产生较大影响。自 1953 年开始,每逢春

节或国庆节,都举行全县群众文艺创作节目会演,或交流演出。至
1985 年,共举办 32 次,节目以戏剧为主。1949 年 10 月,新五乡青
年文娱组(新五文工团前身)建立,1950 年为配合土地改革运动,
将连环画《瞎月工伸冤记》改编为话剧。1952 年又编演中型沪剧
《血海深仇》,反映本乡农民解放前悲惨遭遇,在群众中引起强烈反
响。1958 年以后,松江县业余小戏创作逐渐繁荣,涌现出一批有
影响的作者。40 多年来,徐林祥先后创作 100 多个戏剧、曲艺作
品,他与人合作创作的以拥军为题材的沪剧小戏《绣只背包送亲
人》,曾获 1956 年松江专区青年业余文艺会演优秀创作奖;《一只
红烧鸡》《篱笆边上》《新嫂嫂》等沪剧小戏,先后在市群众文艺会演
中获奖。1980 年,他执笔的独幕沪剧《摇篮曲》,获得全国部分省、
市、自治区农民业余艺术调演优秀节目奖。陆军创作的沪剧《定心
丸》,获 1981 年国庆上海市业余戏剧创作剧目交流演出的优秀创
作奖、上海首届戏剧节剧本创作奖和演出奖;1985 年创作的沪剧
《瓜园里的年轻人》,在上海市 1985 年 10 月业余创作剧展中演出,
获创作奖与演出奖。后移植改编为越剧《瓜园曲》,由上海越剧院
红楼剧团参加上海第三届戏剧节演出,获创作奖、演出奖。

图 98　徐林祥编剧的《摇篮曲》

图99　陆军编剧的《瓜园里的年轻人》

20世纪90年代以来，有着深厚文化底蕴的戏剧之乡新浜镇更是声名鹊起。出生于新浜的著名戏剧家陆军，他创作的近40部大型戏剧与数十部小戏不少都带有新浜的印记。此外，新浜镇剧作家欧粤的《捣浆糊》、张林琪的《灶边井》、姚水君的《"糯米团"设宴》，还有计岳良、黄天杰、顾程峰、钱惠琪、郁跃峰等人的作品，以及优秀沪剧演员钮秋珍、陆海云等都名声斐然，展现出新浜戏剧的艺术实力。在新浜，几乎每个村都有自己的戏台，小到不满十人的"螺蛳壳道场"，大到可容纳500人的大舞台。2020年8月，大型原创儿童音乐剧《公鸡下蛋》在新浜首演，同年11月获第34届田汉戏剧奖剧目奖。该剧由人文松江创作研究院、新浜镇、上海校园戏剧文本孵化中心三方共同出品，不仅编剧来自新浜本土创作者俞月娥，演出班底也是当地话剧社松江柒加青年剧社的骨干。

图100　俞月娥编剧的《公鸡下蛋》剧照

图 101　人文松江创作研究院　　　图 102　陆军、袁香荷编剧的
　　　　　　　　　　　　　　　　　　　　　《护士日记》剧照

　　另外,近年人文松江创作研究院组织创作的国内首部抗疫题材大型原创话剧《护士日记》、大型历史话剧《董其昌》成功公演,社会影响广泛。

　　民间文学艺术发掘整理　松江民间文学,经过代代相传,遗存不少故事、传说和歌谣。1984 年 8 月上海民间文艺研究会组织采风队到松江,仅半月就采集到民歌、民谣 140 首,民间故事传说 49 篇,其中有长篇叙事诗、田山歌、地方传说等。从分布范围看,松江城区及华阳桥、五里塘、仓桥、塔汇等地,流传民间故事传说较多;新浜、古松等地流传长篇叙事诗较多;佘山天马、昆冈等地流传民歌、民谣居多;新五、泖港一带流传短山歌较多;张泽、叶榭等地还流传以"打田发"等民间小调演唱各种"花名"。

　　中国四大民间传说故事之一的《孟姜女》,在松江民间长期流传。相传孟姜女为华亭人氏,新桥镇还流传着 600 行的《孟姜女》叙事山歌。流传在新浜镇的长篇叙事诗《姚小二官》,长达 1 800 行,反映多才多艺的林二姐对自由恋爱和婚姻的强烈向往。古松镇则有《朱三二姐》,也长达 1 800 行,表现刘二姐为争取婚姻自由和长工朱三相依为命的故事。民间传说故事,还有反映人民怀念松江历史上杰出人物的《夏完淳的故事》《郭友松的故事》,赞美松江九峰三泖的《天马山传说》《小昆山传说》等山歌民歌多数反映劳动人民反对封建,争取婚姻自由的心声,如新桥镇的《传情》(100余行),泗泾镇的《小姑娘落庵》(30行)。亦有反映家庭伦理道德观念的,如新五乡的《十房媳妇》等。

松江民间音乐、舞蹈源远流长。历史上,民间器乐活动遍及松江城乡、颇为活跃。中华人民共和国成立前,松江地区共有"小青班"114个(班社),"打唱班"45个(堂、班)。流传在松江的民间器乐曲目有123首,其中丝竹乐曲49首,吹打乐曲39首,道教器乐曲35首。清光绪年间流传于泗泾地区的民间器乐曲《十锦细锣鼓》,融打击乐与丝竹乐为一体,抒情欢快,堪称上品。明代出现了《盾牌马灯》等一批民间舞蹈。松江共出现过内容丰富、形式多样的各种民间舞蹈节目37个。民间音乐舞蹈主要有小青班、打唱班、田山歌、皮影戏、串马灯、提花篮、龙灯、踏高跷、打田发、甩火球、花篮马灯、盾牌马灯、鱼跃龙门、对虾嬉水、蟹逗田螺、串五方、大刀舞、舞狮、剑舞、拳船、月锁、飞叉、蚌舞、手狮、茶担、打莲湘、荡湖船(旱船)、草龙。

图 103　皮影戏

图 104　花篮马灯舞

非物质文化遗产保护　截至2019年底,松江区有国家级非物质文化遗产3项、市级非物质文化遗产10项(含国家级)、区级非物质文化遗产29项(含国家级、市级),松江区有国家级非物质文化遗产项目代表性传承人2名、市级非物质文化遗产项目代表性传承人18名(含国家级)、区级非物质文化遗产项目代表性传承人

69名(含国家级、市级)。

　　松江区三项国家级非物质文化遗产简介如下：（1）顾绣，俗称"画绣"，由明嘉靖三十八年（1559年）松江府进士顾名世家族的女性眷属创造、发展和推广。顾绣因具有把松江画派画理风格融入刺绣技艺、画绣结合的艺术特点，成为有别于日用工艺的纯观赏艺术品，流传长江三角洲民间，影响江、浙、湘、蜀，远及南部中国，闻名海内外。（2）龙舞（舞草龙），相传源自唐代。传说唐贞元六年（790年），叶榭境内遭受特大旱灾，百姓用稻草扎龙祈天降雨，"八仙"中的韩湘子相传为叶榭埝泾村人，途经家乡见状，便吹箫召来东海"青龙"，随即下起大雨，久旱禾苗喜逢甘霖。百姓为报韩湘子

图105　顾绣制作场景

图106　顾绣作品

图107　顾绣社团

"吹箫召龙"之恩,以后每年乡民就用金黄色的丰收稻草扎成草龙,以龙舞祈求风调雨顺。从此,草龙求雨成为叶榭民间的一种习俗。

(3) 泗泾锣鼓艺术《十锦细锣鼓》,是流传于松江民间的一个古老的器乐曲音乐种类,其代表作《十锦细锣鼓》为松江泗泾镇民间演出团体"阳春堂"(始建于 1787 年)吹打班保留曲目,至今已传至第七代,有 200 多年历史。《十锦细锣鼓》的演奏具有南昆软、精的艺术特色,因而"文"而不"武","雅"而不"闹","柔和"而不"粗犷",具有节拍鲜明、节奏感强的艺术特点,集中表现为"细腻",因此明显区别于一般锣鼓经。

图 108　草龙舞　　　　　　　　　　图 109　十锦细锣鼓

地方史志编纂　　1981 年开始编纂的《松江县志》,1991 年由上海人民出版社出版,1993 年获全国地方志优秀成果奖一等奖(最高奖项),后又获上海市地方志优秀成果特等奖。2000 年开始编纂的《松江县续志》,2007 年由方志出版社出版发行,获上海市地方志优秀成果三等奖。2011 年完成了 40 余部松江街镇志、专业志编纂出版。完成了南宋绍熙《云间志》、明正德《松江府志》等 20 余部松江府县旧志编校,由上海古籍出版社出版。

在地方历史文献方面,20 世纪 90 年代起先后编辑出版《南吴旧话录》《五茸志逸》《云间据目抄》《陆机文集　陆云文集》《董其昌史料》《赵孟頫书法》等 30 余部书籍。

　　文博事业　博物馆建设方面,1958 年开始筹备建立松江县博物馆(1981 年正式建馆)。馆内基本陈列为"流沙沉宝",分为"浦江晨曦""史河波光""艺海丹青"三个部分,通过展示历年松江出土以及与松江有关的文物,同时利用多媒体、景观复原、灯箱等辅助陈列方式,直观反映松江古代发展的历史成就,宣传松江历史文化。此后相继举办"松江古代历史与民俗陈列""封氏捐献窖藏文物陈列""西林塔文物珍品展""古代文人砚展""流沙沉宝"等展出。此外,在东侧碑廊陈列明清松江府告示史料碑刻,西侧碑廊陈列南宋、明、清艺术碑刻。西碑廊东首有碑亭一座,陈列明正统四年(1439 年)《急就章》碑。

图 110　松江博物馆

　　近十多年来,松江博物馆事业有很多新发展,先后建起了上海地震科普馆、上海中国留学生博物馆、董其昌书画艺术博物馆、上海立信会计金融学院中国会计博物馆、上海天文博物馆、上海国际酒文化博物馆、敦本博物馆,固定陈列有传播地震科普知识,领略台站百年风采、"天下归心"中国近代留学历史展、董其昌书画艺术博物馆基本陈列、国内外会计发展、百年天文台和望远镜发展史等。

　　考古与文物保护方面,中华人民共和国成立后国家重视文物保护工作。1956 年,文化部布置全国各地进行文物普查。经普查松江县有唐陀罗尼经幢等 4 处,被列为江苏省级文物保护单位。1957 年,由江苏省博物馆筹备处协同松江专区进行普查,又有 2 处被列为省级文物保护单位。1959 年,由上海市文物保管委员会(以下简称市文管会)派员会同松江县文化科调查古文化遗址 5 处,古墓葬 4 处,古塔 5 座,清真寺 1 处,明、清厅堂 3 处,古园林 2 处,砖刻照壁 1 处,牌坊、古桥、古井、古树等 7 处,其中部分是初次发现。1961 年,由市文管会组成 10 余人的复查工作组,调查鉴别文物古迹 50 余处。80 年代后文物普查工作又进行了多次,确定了一大批国家级、市级和区级文物保护单位。2020 年,松江区现存文物古迹被公布为全国重点文物保护单位的有唐陀罗尼经幢、兴圣教寺塔(俗称方塔)、广富林古文化遗址、佘山天文台,被公布为上海市级文物保护单位的有汤庙村古文化遗址、平原村古文化遗址、护珠塔、李塔、清真寺、松江方塔园(砖雕照壁、望仙桥、兰瑞堂、陈化成祠)、天妃宫、陈子龙墓、夏允彝夏完淳父子墓、佘山天主教堂、颐园、圆应塔、秀道者塔、醉白池、大仓桥、辰山古文化遗址、中泾圣母领报堂。

图 111　护珠塔(修缮前)　　　　　图 112　护珠塔(修缮后)

图 113　砖刻照壁

全国重点文物保护单位简介：（1）唐陀罗尼经幢。位于中山街道中山东路中山小学内。1988 年 2 月公布为全国重点文物保护单位。建于唐大中十三年（859 年），是上海现存最古老的地面建筑。用大青石雕刻叠砌而成现存 21 级，高 9.3 米，幢身 8 面，刻有《佛顶尊胜陀罗尼经并序》及建幢题记。经幢题记中有"立于通衢"等语，可见立幢之地，原为通衢大道。20 世纪 50 年代前经幢因无人管理，幢身残损剥蚀，各级均显倾斜。1963 年上海市文管会组织修复。经幢雕刻技术洗练圆熟，如海水纹、山龙束腰、四天王像、菩萨石窟、雄狮莲座等，都表现得简洁明快。经幢顶部一级，周身刻着 16 个佛像，郡主在二女官扶持下前去礼佛、人物动感和面部表情自然生动，显示了盛唐的艺术风格。（2）兴圣教寺塔。位于中山街道中山东路 235 号方塔园内，1996 年 10 月 12 日公布为全国重点文物保护单位。建于北宋熙宁至元祐年间（1068—1094），为兴圣教寺建筑。因塔身方形，俗称方塔。砖木结构，楼阁

图 114　宋代兴圣教寺塔

式,9层,高42.65米。至清代曾多次进行修茸,被誉为江南造型最
美的塔。1974年上海市文管会重修方塔,1977年竣工。此次修缮
以"不改变原状"为原则,凡宋代原构件以及元、明、清代修补件,未
损坏的全部保留。经过修复后的方塔,造型美观,做工精巧。尤其
是斗拱、壶门上的月梁及砖身上的撩檐枋等,十分古朴秀美,其中
斗拱至今保存宋代原物60%以上。底层有地宫,为离地面1.5米
以下砖室,内有铜佛像等遗物。(3)广富林古文化遗址。位于方
松街道广富林遗址公园内,1977年12月7日公布为上海市级保护
单位。2013年5月公布为全国重点文物保护单位。1959年,上海
市文管会组织考古,在广富林村新开的施家浜河道两岸发现古文
化遗址,1961年组织试掘。此后至2011年,上海市文管会组织对
广富林遗址进行六次考古发掘,发现大量原始社会的古墓、石器、
陶器、玉器等遗物。据考证,遗址包含新石器时代晚期崧泽文化、

良渚文化、广富林文化和春秋战国时代的吴越文化，最早距今约5 500年。其中1999年发现4 000年前从黄河流域来此居住的移民遗物。2006年6月，经"环太湖地区新石器时代末期文化暨广富林遗存学术研讨会"科学论证，被命名为"广富林文化"。(4) 佘山天文台。位于佘山镇西佘山顶。2013年5月公布为全国重点文物保护单位。建于清光绪二十六年(1900年)。19世纪末，耶稣会神甫蔡尚质筹集10万法郎，在巴黎为徐家汇天文观象台购置双筒望远镜一架(口径0.4米，焦距7米)及铁制拱顶。因徐家汇地质条件不佳，遂在佘山新建观测台。1950年12月，隶属中国科学院紫金山天文台。1962年改为中国科学院上海天文台佘山工作站，从事地磁、地震、授时、人造卫星观测等科研工作。天文台最早的主建筑观测台为西式钢筋混凝土建筑，房高两屋，平面呈十字形，十字交叉处为天文望远镜圆球顶建筑。

图115　佘山天文台中百年前的望远镜

三、医疗卫生事业发展

中华人民共和国成立后，各级医疗卫生机构相继建立。50年代初建立松江专区医院(1958年与松江县人民医院合并)、县人民医院、血吸虫病防治站、妇幼保健所、结核病防治所等单位，其间还建立枫泾、天昆、城东、漕泾、亭林、泗泾、叶榭7个区卫生所和56

个联合诊所。1955 年起逐步配备培训大队一级卫生保健员，1958 年起，由各区的联合诊所合并建立乡（镇）医院（1959 年改称公社卫生院）。1965 年，培训大队半农半医人员（即赤脚医生），各大队均建立卫生室，全县形成县、公社（镇）、大队三级医疗网络。人民群众就医得到保证。在医疗普及的同时，县级医院的医疗设备不断更新换代，医技水平有了较大提高。

图 116　1957 年，松江城东南街村民注射防疫针

　　1968 年，松江全县各公社均实行农村合作医疗制度。同时，广泛开展爱国卫生运动，贯彻预防为主方针，加强卫生防疫工作，做好预防接种工作。妇幼保健、肺结核病防治、精神病防治、职业病防治、学校卫生保健等作为常规卫生工作，不断得到加强。人民的卫生水平不断得到提高。1974 年后又陆续建立了县精神病防治院、县泗泾医院、县中医门诊部等。

　　20 世纪 80 年代初，卫生改革中大力推进公共卫生建设，完成一大批公共卫生基础设施的建设，以及卫生院的标准化、社区卫生服务中心创建工作。完善卫生应急和疾病预防控制体系。积极改善农民就医环境，农民社会医疗保障率达 100％。还建立了以镇为单位的合作医疗补助保障线、区合作医疗大病统筹保障线和合作医疗困难群众大病救助保障线等。不断提高饮食卫生水平，1982 年后，全县各集镇基本上实现自来水化。由于加强了对传染病的管理和治疗，霍乱、天花等病较早已消灭，各种传染病发病率显著下降。1984年彻底消灭曾遍及全县的血吸虫病。1985年时全县有县级医疗卫生单位12家,县乡两级医疗单位共有病床1 495张,医务人员1 764人。全县各村均设卫生室,共有乡村医生和卫生保健员936人,各工厂、学校还有80个医务室,245名医务人员。医疗水平不断提高,县中心医院等单位已拥有较先进的设备,从解放初能做一般下腹部手术,发展到能做颅脑、胸腔等部位手术。同时贯彻预防为主的方针,广泛开展爱国卫生运动,加强卫生防疫工作,做好预防接种工作、不断提高饮食卫生水平。1986年,经上海市考核验收,达到基本消灭疟疾、血丝虫病的指标。人民健康水平和人口平均期望寿命不断提高。1986—1998年,市、县、乡镇和单位共投入5 000多万元对卫生基础设施进行改造,全县的乡镇卫生院进行危房改造或新建、扩建,县级医疗卫生单位都进行扩建。同时,各医疗卫生单位购置或更新B超、彩超、自动化验仪器、原子分析仪、CT等大型先进医疗设备,医疗卫生的设施和条件得到较大改善。

2005年,松江区人民政府下发《关于印发改善松江区农民就医问题十大措施的通知》。明确了投保合作医疗的农村居民在村卫生室就诊免收挂号费、诊疗费;农村合作医疗"大病"保险报销由原2万元封顶到5万元封顶;以各镇、街道、园区为单位建立合作医疗"大病"互助基金等农民就医问题的十大措施。由此进一步加强和完善农村合作医疗工作,解决农民"看病难、看病贵"的问题,进一步提高农民的医疗保障水平。建立健全了镇村两级预防保健网络,基本完成全区各镇、街道(园区)标准化社区服务中心创建工作。2006年,上海市第一人民医院南院在松江建立,进一步提升了松江医疗水平。其后,区内二三级医院与基层社区医疗机构建立了有效互联互通工作关系,数百名专家进社区,大力提升基层服务水平。2019年,上海全市考评中,松江区医疗服务综合评分861

分,高出全市平均分11.6分。"全面深化公立医院改革,创建分级诊疗图,提升区域健康水平"再获"上海医改十大创新举措"。2020年,全区共有公立医疗卫生机构30家,专业卫生技术人员5 971人,床位数4 078张。全区户籍人口平均期望寿命84.2岁,其中,男性81.67岁,女性86.84岁。

四、体育事业发展

中华人民共和国成立后,松江广泛开展群众性的体育活动,培训体育教师,扩建运动场地,添置器材设备,开办青少年业余体育学校,举办各种体育运动会,开展田径、体操、游泳、射击、球类等多项竞赛。群众性体育活动得以蓬勃发展,人民体质得以增强,体育水平不断提高,田径成绩先后打破江苏省、上海市及全国的多项纪录,松江输送的运动员曾在第三届全国运动会和亚洲城市田径赛中夺得金牌。1989年,松江县开展争创全国体育先进县,1990年达标。农村体育以争创市先进乡镇为抓手,积极参与百万农民健身活动;职工体育以推广第七套广播体操为主,推动各机关、企事业单位广泛开展小型多样群众体育活动;学校体育继续贯彻《国家体育锻炼标准》,加强课余训练活动。1994年起,为申办全国第三届农运会,县筹资8 400多万元,建设松江体育中心,改建和扩建田径场,新建体育馆。

1995年起,贯彻《全民健身计划纲要》,县各职能部门和21个乡镇成立全民健身领导小组,广泛开展全民健身活动。各镇、街道成立体育指导站,有体育指导员509人。到90年代,全县24所中学的71.41%学生和28所小学72.5%的学生达到国家体育锻炼标准。群众体育运动由普及引向提高,向国家输送一大批人才。

改革开放以来,建成了市郊设施最先进的综合性体育场馆,各种适合居民锻炼的体育设施进入社区,全民健身运动蓬勃发展,不断承办高水准体育的国内外体育赛事。1986—1998 年,松江县共举办、参加和承办全国第三届农运会、全国第八届运动会、2007 年世界特奥运动会等各类赛事 300 多场次。承办市级以上各类比赛 23 次(其中市级 11 次、全国性 8 次、国际性 4 次),20 多万人次参加。

2020 年,松江区共有体育场地总面积 490 万平方米,位列上海各区第三,全区累计拥有益智健身苑点 1 001 个,市民健身步道 86 条,市民球场 76 处,市民健身房 16 个。人均体育场地面积 2.77 平方米。全年,区属各场馆累计接待市民健身锻炼近 58 万人次。全区共有实体网点数 137 家,社会渠道网点 86 家。

五、人民收入与消费

收入 中华人民共和国成立后农民收入。1949—1952 年,农户年均收入由 151.8 元增至 240.4 元,年人均收入由 37.7 元增至 59.7 元,年劳均收入由 80 元增至 124.4 元。1956 年人均收入 84 元。1961 年人均收入 98 元,1965 年增至 119 元。"文化大革命"期间,因集体积累留得过多,农民收入增长不快,1976 年人均分配只有 155 元,十年中平均每年只递增 1.5%,同时限制社员家庭副业,减少了农民家庭收入。1978 年农民人均年收入为 920 元。1998 年,农民人均年收入 5 242 元。进入 21 世纪,农民收入有了较快增加,特别是 2007 年推行粮食家庭农场,种粮农户年均收入达 10 万元以上。近年农村集体经济发展壮大,2020 年松江区 14 个涉农街镇农民分红 3.48 亿元,同比增长 4.5%,5 幅农村集体经营性建设用地入市,农民集体收益 2.56 亿元,农户收入又有较大提升。农村综合帮扶"造血项目"实现收益 2 286.63 万元,惠及生活困难农户 1 681 户。

中华人民共和国成立后职工收入。1949年，松江县职工年人均工资331元，1956年451元，1963年530元，1977年521元。1986年、1987年，全县城镇职工人均年工资分别为1 404元、1 519元。1998年，职工人均年工资1.45万元，比1986年增加10倍多。2020年，松江区居民人均可支配收入59 515元，比上年增长4.7％，增速超过上海全市平均增速0.7个百分点，排名全市第二。其中，工资性收入44 740元，比上年增长4.4％；经营性收入1 749元，比上年下降9.3％；财产性收入6 926元，比上年下降3.4％；转移性收入6 100元。

消费 1949年，松江农村人均消费支出为49.52元，1956年为52.55元，1963年为146.37元，1978年为201元。1956年农民生活的消费结构顺序是："吃"占64.77％，"穿"占14.01％，"烧"占9.9％，"用"占7.5％，"住"占3.82％。1978年"吃"占65.19％，"穿"占15.92％，"用"占12.43％，"烧"占6.46％，"住"（无）。是年，松江每百户农民各种耐用消费品拥有量为：自行车10辆、缝纫机40台、收音机40台、钟表170只（其中手表130只）。

1978年，松江城镇居民消费结构的顺序依次为：吃、住、烧、穿、用。人均消费"吃"190.44元，"穿"32.28元，"用"40.92元，"烧"11.04元，其他5.28元。1986年、1987年，全县城镇职工人均年工资分别为1 404元、1 519元，城镇年人均消费支出分别为900元、1 072元，农村分别为831元、903元。1987年，城镇每百户居民拥有自行车223辆、缝纫机86架、手表433只、电扇231台、洗衣机76台、电冰箱33台、彩电33台、黑白电视机55台、收录机56台、照相机20架。

1998年，城镇人均居住面积12.38平方米，农村人均居住面积41.12平方米。全县拥有病床2 587张，年末居民储蓄余额46.98亿元。农村居民家庭每百户拥有自行车243辆、电视机166台（其中彩电 80 台)、洗衣机 54 台、电冰箱 75 台、录像机(VCD)16 台、摩托车 97 辆、电话机 83 门。

2012 年,松江区城镇居民人均消费支出 18 634 元。其中,服务性消费支出 4 346 元,增长 12.3％。农村居民人均生活消费支出 10 871 元。其中,服务性消费支出 3 179 元,增长 13.1％。2012 年末全区居民储蓄存款余额 676.87 亿元,比年初增长 20.4％,当年新增 114.66 亿元。至 2020 年,城乡居民家庭耐用消费品拥有量不断增加。住房、汽车等高档消费大幅提升,节假日旅游等消费大量增加。

六、社会服务与保障事业

建立松江区企业服务中心　2004 年 4 月,区政府成立松江区企业服务中心,全区 36 家单位派员入驻企业服务中心办公。区企业服务中心职责:负责松江区内、外资项目审批的全过程协调、管理、督办和服务,组织开展全区重大投资项目的联合会审和协调推进;全面落实《上海市企业注册登记并联审批办法》,受理企业工商营业执照及前置审批、核发有关批准文件和执照;办理涉及生产性、经营性基本建设项目从立项、选址、工程施工、竣工验收等阶段需审批、核发的有关批准文件及证照;办理企业在生产经营过程中涉及的生产许可证、照、件等的审查与发放;代理收取各工作部门和行业服务部门在办理各类批准证、照、件中所发生的有关规费及服务性收费;负责内、外资项目的咨询、释疑、投资信息的收集及发布;办理需"中心"内各工作部门和行业服务部门审批、服务、咨询的其他事项等。

建立松江区市民服务中心　12 月 17 日,区政府成立市民服务中心。进驻中心的与市民生活密切相关的行政部门有司法、公安、信息、人事、劳动、卫生、文化、人口与计划生育、民政婚姻登记等10个政府部门和岳阳等街道所有为民服务的7个条线单位,包括社会救助、民政、社保、社区服务、计划生育、开业指导、司法信访等,还开通了移动、电信、联通、自来水、电力、燃气6家公用事业单位的收费服务项目,设有43个办事窗口,共计135项行政审批服务项目和21项社会公用事业服务事项。中心利用电子政务平台,建成一体化信息网络系统,组成完整的服务体系,提供现场、电话、网络三种服务方式,无论市民在哪里,都可及时高效办理相关事务。

"镇保"制度改革 《上海市小城城镇社会保险暂行办法》自2003年10月实施后,2004年松江区政府按照社会保障、土地处置和户籍转性三联动原则,集资10亿元,在全市率先全面推进小城镇社会保险工作(简称"镇保")。当年松江区完成"镇保"人数11.65万,参保人数占全市20%,居全市第一。2004年参加"镇保"人群主要是1987年以来在工业和城市化进程中离土的农民。至2007年12月底,松江全区参加"镇保"的单位近3 000户,参保人数约3.2万;参加镇保居民有16万,其中征地人员一次性缴纳15年社会保险费的有13.3万。2007年,"镇保"的月养老金为508元。松江区还成立了区"镇保"后续工作办公室,重点负责参加"镇保"农民土地退包、撤村撤队建社区、集体资产清理处置等工作。实行"镇保"后,撤销整建制实施"镇保"的村民委员会,农村城市化进程明显加快。

推进农民增收减负工作 2004年实现农民零负担的基础上,2005年又制定出台《松江区确保农民收入持续增长的政策意见》,重点推进非农就业和纯农户减量化,加大对农业的政策扶持、完善农村社会保障和为农服务体系。积极实施"零纯农户"方案,全区5 114户纯农户家庭已全部实现"一户一岗",每户至少有一人从事非农就业。在医疗、就业、社会救助等方面，进一步加强社会保障。针对农民看病难、看病贵及因大病致贫、返贫的状况，积极改善农民就医环境。进一步加大政策扶持力度，促进非正规就业劳动组织发展，鼓励创业带动就业，加大职业培训力度，加强农村富余劳动力、"双困人员"、纯农户家庭人员的就业和再就业培训，提高就业技能，减少结构性失业。2006年，松江区委、区政府决定取消义务工积累、共同费和水利工程供水费三项收费项目。这标志松江全区农民实现了"零负担"。

养老服务　扎实推进养老服务重点工程、实事项目。2013年松江区共有养老机构21家，养老机构床位数4 560张。到2020年松江区养老机构床位数为8 030张，医疗机构老年护理床位数为1 369张，总床位数为9 399张。2020年完成新建社区综合为老服务中心1家、新建老年人日间服务中心4家、新建社区老年人助餐场所23家、规范化老年活动室建设96家、新建老年人示范睦邻点17个、新建幸福老人家13个。实施老年助餐可追溯系统建设，养老机构服务质量日常监测得分排名全市第二。

结束语

史学大家吕思勉曾说："一个民族，亦当向前迈进，何必回顾已往的事呢？然而要前进，必先了解现状，而要了解现状，则非追溯到既往不可。"从6 000年前松郡九峰地区展示出的原始社会时期勤劳先民的生产生活的一幅幅画卷；到唐代建立华亭县开辟新城、初显经济文化一幕幕的发展；到元代建立松江府，明代"衣被天下""赋税甲天下"，文学艺术领先全国，一展东南望郡雄风；到当代松江经济、文化各项事业走在全国的前头，新城区、工业区、度假区、

G60 科创走廊等建设超常发展,引领时代新风,阔步迈向伟大的复兴。至此,虽已走笔六千年,却探不完松江这深厚的历史深渊;虽已录下万千事,却记不完松江这神奇的土地和无穷的人事。松江历史悠久,从自然地理、建置沿革、人文历史各方面,都证明这里无疑是上海历史文化的发源地;松江历史遗存丰富多彩,唐宋元明清,从古看到今,代代存名迹,件件为代表,证明了上海之所以评为历史文化名城,主要缘在松江。

六千年松江史,是一部艰难的创业史,是一部辉煌的成就史,是一部可歌可泣的人民英雄史。阅读历史思绪万千,历史奇迹令人感动,拓荒先人使人敬佩。过去已载入历史,未来尚有待创造,新蓝图振奋人心,新征程前景壮阔。当下,松江人民已描绘出更为灿烂的未来发展的现代化宏伟蓝图,新时代松江人民已跨上新的征程,正在谱写更加壮丽的篇章。

大 事 年 表

新石器时代

距今 6 000～4 000 年前的新石器时代,今松江境内九峰一带已有原始人类居住区汤村庙、广富林、姚家圈等古文化遗址,主要文化类型为崧泽文化、良渚文化、广富林文化。

春秋战国

春秋时地属吴。战国初吴亡属越。战国中期后属楚。

秦

秦始皇二十五年(前 222 年)

秦平定楚江南地,置会稽郡,所辖娄县,今松江北境属之;长水县(秦始皇三十七年改名由拳县)东境,今松江西境属之;海盐县,今松江南境属之。

东 汉

建安二十四年(219 年)

孙权封陆逊为华亭侯,华亭始见于史志。

西 晋

太康元年(280 年)

吴亡,陆机、陆云退隐乡里,读书十年,慨吴之亡陆机作《辨亡论》,又作《文赋》。

太安二年(303 年)

八月,陆机、陆云被成都王司马颖杀害。

唐

武德元年(618 年)后

唐初建瀚海塘,西南抵海盐界,东北抵松江,长 150 里。

天宝五载(746 年)

吴淞江口岸的青龙镇(在今青浦区白鹤镇),由于地理位置重要,从军事据点转变成贸易港口。

天宝十载(751 年)

割昆山南境、嘉兴东境、海盐北境置华亭县。

大中十三年(859 年)

建陀罗尼经幢于县治通衢。

广明元年(880 年)

农民起义军首领王腾占据华亭反唐。

乾宁四年(897 年)

吴越王钱镠遣部将顾全武攻占华亭。

北 宋

嘉祐八年(1063 年)

建济民仓,有廒 18,容谷 12 万石。

元祐年间(1086—1094)

卫公佐、卫公望献地捐资,兴建华亭县学。

南 宋

绍熙四年(1193 年)

杨潜等编纂的《云间志》问世。

德祐元年(1275 年)

元军南下,华亭县被元军占领。

元

世祖至元十四年(1277 年)

十月,升华亭县为华亭府(隶嘉兴路)。

至元二十九年(1292 年),分华亭县东北境置上海县。

元贞年间(1295—1297)

女纺织技术革新家松江黄道婆,少年时到吉阳军(治今海南省三亚市崖州区)学习纺织技术,返回松江后,在当地传授技术,促进了松江棉纺织业发展。

顺帝至元年间(1335—1340)

陶宗仪避兵乱,挈家隐居泗泾南村,作《南村辍耕录》。

至正十六年(1356 年)

二月,张士诚所部"红巾军"占领松江。

至正年间(1341—1368)

始建松江清真寺。

明

洪武三年(1370 年)

定松江府于秋粮内加征军用布 30 万匹。

洪武二十四年(1391 年)

定华亭县输纳秋粮 73.69 万余石。

永乐元年(1403 年)

夏原吉奉诏到松江治水,疏浚吴淞江、黄浦、华亭运盐河等。

嘉靖二十一年(1542 年)

割华亭、上海两县北境,建青浦县。

嘉靖三十五年（1556 年）

夏，总兵俞大猷等率军民剿倭寇，连战得捷，九月，县境内倭患始平。

嘉靖年间（1522—1566）

于水次仓建仓城。

隆庆三年（1569 年）

华亭县清丈田亩，分作上、中、下三乡田，都以"一条鞭"税法征银。

隆庆四年（1570 年）

应天巡抚海瑞巡视华亭县，抑制豪强，迫使宰相徐阶退出多占田亩。

万历二十六年（1598 年）

重修松江府城，高、厚各加 5 尺。

万历年间（1573—1620）

松江董其昌等提出山水画"南北宗论"，为中国绘画史上第一次提出画派理论。

松江露香园顾绣开始出名，后世称为群绣之首。

天启年间（1621—1627）

建永丰桥（俗称大仓桥），五孔石桥，横跨古浦塘。

崇祯二年（1629 年）

夏允彝、杜麟徵、周立勋、徐孚远、彭宾、陈子龙创立文学团体——幾社。

崇祯十一年（1638 年）

九月，陈子龙、徐孚远、宋徵璧等合编《皇明经世文编》504 卷。

崇祯十二年（1639 年）

徐光启所著《农政全书》手稿，由陈子龙整理补充，编订出版。

清

顺治元年(1644 年)

邑绅顾大申改建明代旧园,名醉白池。

顺治二年(1645 年)

闰六月十日,陈子龙、夏允彝等在松江发起抗清起义。

八月初三日,清兵破松江府城。守东门的义军领袖、中书舍人李待问殉节。

顺治十三年(1656 年)

分华亭县枫泾、胥浦二乡及集贤、华亭、修竹、新江四乡部分土地建娄县。

康熙四十四年(1705 年)

三月,康熙帝南巡,舟行抵松江。

康熙四十六年(1707 年)

三月,康熙帝南巡,再度抵松江。

康熙五十二年(1713 年)

王鸿绪在家乡松江完成 310 卷《明史稿》修订。

雍正二年(1724 年)

割华亭县云间、白沙二乡之半建奉贤县,割华亭县枫泾、集贤、仙山、修竹四乡部分土地及娄县胥浦一乡建金山县。

咸丰十年(1860 年)

五月十三日,太平军攻克松江府城。清政府命华尔率"洋枪队"反扑,五月二十八日太平军退出松江。

光绪元年(1875 年)

始设"民信局",代客递送信件包裹。

光绪二十五年(1899 年)

法国天主教耶稣会在西佘山建造天文观象台。

光绪二十九年(1903 年)

三月,上海邮政总局松江支局在县城建立。

六月,就云间书院原址创建松江府中学堂。

光绪三十四年(1908 年)

三月,马相伯在泗泾开办汇源米厂,松江县始有机器碾米。

宣统元年(1909 年)

正月,创办松江府立农业学堂。

四月,松江至嘉兴段铁路通车(九月十二日,沪杭铁路全线通车)。

宣统三年(1911 年)

11 月 6 日,松江宣布独立,成立松江军政分府,通告松江光复。

中华民国

民国元年(1912 年)

1 月 1 日,中华民国成立。撤销松江府,华亭、娄两县合并为华亭县,设民政长。下辖 3 市、21 乡,市、乡都设董事。

1 月 5 日,全县各界庆祝共和,各机关、学校、商店悬挂五色国旗,晚上举行"提灯会"游行。

3 月,创设松江银行,发行兑换券(面值 1 元、5 元、10 元),在松江县流通使用。

6 月,松江电话股份有限公司成立,专营市内电话业务。

12 月 26 日,孙中山莅临松江视察。

民国 2 年(1913 年)

7 月,松江府中学堂改为江苏省立第三中学。

7 月 18 日,钮永建响应上海讨袁军总司令部号召,在松江组织敢死队进攻江南制造局。

民国 8 年(1919 年)

3 月,松江公共体育场建成,占地 25.56 亩。

5 月 9 日,纪念"国耻日",松江县中、小学生举白旗游行,响应北京五四学生运动,省三中学生赵富基啮指血书"毋忘国耻"。

民国 9 年(1920 年)

8 月,侯绍裘主编的《问题》周刊创刊。

冬,湘宗医院开业,为松江县第一家私人医院。

民国 11 年(1922 年)

夏,景贤女中联合松江图书馆等单位,举办暑期学术演讲会,邀请沈雁冰、邵力子、施存统、杨贤江等进步人士和著名学者到松江县讲学。

民国 12 年(1923 年)

5 月 1 日,侯绍裘主编的《松江评论》创刊。

5 月 9 日,全县各界沉痛纪念"五九"国耻,纷纷组织游行、演讲。

7 月,中共上海地方兼区执行委员会委员长邓中夏几次到松江县,与侯绍裘等联系,开展革命活动。

秋,侯绍裘加入中国共产党,为松江县第一位中国共产党党员。

冬,中共中央局秘书罗章龙和中国社会主义青年团中央负责人恽代英到松江县,与侯绍裘一起开展建党、建团工作。

民国 13 年(1924 年)

5 月,侯绍裘陪同中共中央执行委员毛泽东、罗章龙等到松江县指导建党、建团工作。

民国 14 年(1925 年)

1 月 3 日,浙(孙传芳占据)沪(张宗昌占据)战争爆发,孙传芳部卢香亭师进占松江县。

4 月,松江电报局附设交通部松江长途电话分局开业。

6月2日,县城各校停课游行,声援上海五卅运动。

民国 23 年(1934 年)

10月,明锠铁工厂开业。

11月13日,《申报》总经理、邑人史量才,在沪杭公路海宁翁家埠被国民党特务暗杀。

民国 24 年(1935 年)

10月1日,松江至泗泾公路建成通车。

民国 26 年(1937 年)

8月,八一三事变发生,日军飞机连续轰炸松江县城,城中一片废墟,百姓死伤众多。

11月8日,国民党第67军军长吴克仁率部在松江阻击日本侵略军,在战斗中英勇牺牲。

10月,中共昆(山)嘉(定)青(浦)中心县委与中共浦东工委合并为淞沪中心县委,开辟淀山湖和松江天昆区的武装斗争。

民国 30 年(1941 年)

中共路南特委在松江地区先后建立三个跨地区的县级组织:中共淀山湖工作委员会、中共浦南工作委员会、淀山湖工委交通联络站和路南特委(淞沪中心县委扩建而成)联络点。

民国 31 年(1942 年)

明锠铁工厂制成三轮摩托救火车。

民国 34 年(1945 年)

6月,中共领导的松江第一个抗日民主政权——泗宝区公所在吉家巷成立。

10月10日,县城张灯结彩,庆祝抗战胜利。

民国 38 年(1949 年)

5月13日,松江解放。

5月14日,中共松江工委所属干部队进驻松江城。

5月16日,宣布成立中国人民解放军松江市军事管制委员会。随即出告示,宣布军管。

同日,宣布成立中共松江地方委员会、苏南行政区松江专员公署。

同日,宣布建立松江市(隶松江专区),随即成立中共松江市委员会、松江市人民政府,设于城区,辖岳阳、永丰、中山、华阳桥四镇。

同日,宣布成立中国人民解放军苏南军区松江军分区司令部。

同日,松江市军管会派出工作人员,分头接管国民党政府各机关、学校、医院等单位。同日,松江专区第一家国营企业——建中贸易公司成立。

5月17日,宣布成立中共松江县委员会、松江县人民政府,设于泗泾镇,辖6个乡镇联合办事处和泗泾镇,代管七宝镇。

5月24日,中国人民银行松江支行开业。

中华人民共和国

1949 年

10月1日,松江县各界人民热烈庆祝中华人民共和国成立。

10月13日,中共中央主席毛泽东致电各中央局书记,转发松江县召开各界人民代表会议的经验。

11月,松江市撤销。全县设10个区,建立区、乡、镇人民政府。

同月,开展减租减息运动。

1950 年

1月上旬,松江县废除保甲制,成立城镇居民和村民基层组织。

3月1日,县长陆恂如兼任松江海塘工务所所长,组织4万余人整修海塘。

5月11日,撤销建中贸易公司,成立中国粮食、百货、土产三个松江分公司。

1951年

1月,继续开展土地改革、镇压反革命、抗美援朝三大运动。

3月,松江全县土地改革工作胜利结束。

5月4—6日,举行松江县第一届人民体育运动大会。

5月17日,城东区长娄乡中心村农民首先建立互助组。

11月,全县各界人民为抗美援朝,捐献"松江小队"战斗机3架。

12月10日,城东区长娄织袜生产合作社成立,为松江县第一个手工业生产合作社。

是年,长娄乡长岸村农民陈永康创造单季晚稻亩产716.5千克高产纪录,被评为全国水稻丰产模范。

1952年

年底,松江县农户组织农业生产互助组6 298个。

1953年

6月,县、区成立选举委员会,开始第一次普选。

11月,实行粮食统购统销。

1954年

陈永康被评为全国劳动模范。

1955年

5月21日,中共中央书记处书记、国务院副总理陈云到松江县视察工作。

5月,松江县手工业生产合作社联合社成立。

6月6日,全国人民代表大会常务委员会副委员长宋庆龄到松江县视察工作。

8月,县委贯彻粮食"三定"(定产、定购、定销)到户的政策,三年不变。

10月1日,全县城镇居民实行粮食定量供应。

1956年

1月,松江县对私营商业社会主义改造基本完成。

2月,毛泽东主席乘专列途经松江,在火车上听取松江地委工作汇报。

4月1日,《松江县报》创刊。

5月15日,中国共产党松江县第一次代表大会召开。

6月,全县初级农业生产合作社普遍建成高级社,行政村制被高级社所取代。

1956年

社会主义改造基本完成后,全县工业实现全行业公私合营,手工业实现全行业合作化。

1957年

1月,县有线广播站建成,开始播音。

春,松江县基本完成对农业生产资料所有制的社会主义改造。

1959年

1月,松江县第二中学被列为上海市13所重点中学之一。

7月,佘山广富林村发现新石器时代晚期良渚型文化遗址。

1960年

按照将松江城建成以轻工业为主的综合性卫星城的规划,一大批中央部属、市属工业企业开始迁到松江。

1961年

2月,改造全县低洼田,大搞农田基本建设。

同年,政府对夏家父子墓予以重修,陈毅元帅还亲笔书写墓碑。

1962 年

1 月,松江自来水厂建成供水。

2 月,凤凰山南麓发现春秋青铜尊,考证为当时贵族遗物。

1964 年

1 月,农村开始普及电灯,并实行农田灌溉电力化。

1965 年

5 月 26 日,全面开展清政治、清经济、清思想、清组织的"大四清"运动。

1966 年

6 月 6 日,松江"文化大革命"运动开始。

1967 年

1 月 8 日,松江县 10 个造反派组织联合召开"彻底砸烂县委资产阶级反动路线大会"。

同月,各单位造反派开展夺权斗争。

12 月 28 日,松江县"支派""轰派"大规模武斗,万余农民进城参加。

1976 年

6 月,黄浦江大桥竣工通车。

10 月 18 日,松江县各界举行声讨"四人帮"万人大会。

1978 年

10 月,华田泾水利枢纽工程竣工。

同年,《陈永康水稻高产栽培技术总结》获全国科学大会奖。

1979 年

12 月,国务院授予新桥公社"全国先进集体"称号。

同月,在青松石巷内发现 6 块书法碑刻,经鉴定是刻于清代的元代赵文敏(孟𫖯)、明代董文敏(其昌)、清代张文敏(照)三人书写的"般若波罗蜜多心经"真迹碑。

1980 年

12 月,上海市文管会在汤村庙古文化遗址发现距今 5 000 年石犁。

同年,徐林祥执笔的独幕沪剧《摇篮曲》,获得全国部分省、市、自治区农民业余艺术调演优秀节目奖。

同年,全县基本完成扫盲任务。

1981 年

陆军创作的沪剧《定心丸》,获 1981 年国庆上海市业余戏剧创作剧目交流演出的优秀创作奖、上海首届戏剧节剧本创作奖和演出奖。

1983 年

2 月 11 日,上海市政府批准松江县城作为上海市卫星城镇的总体规划。

4 月,全县普及初等教育。

1984 年

松江创办上海市郊第一家中外合资企业——上海益联棉纺织厂。

1985 年

8 月 10 日,中外合资建成多形式、多成分、多元化的上海市大江有限公司。

同年,松江县褚同庆创作的长篇小说《水浒新传》由花城出版社出版发行。

1986 年

1 月 1 日,上海市郊县第一家电视台(筹)开始用第 10 频道对外播放。8 月 18 日松江电视台正式成立。

10 月 18 日,中共中央总书记胡耀邦到松江视察。

1987 年

3 月 6 日,松江县新浜、新五等 11 个乡遭受特大暴雨、冰雹和龙卷风的袭击,死亡 3 人。

1988 年

1 月 13 日,唐代陀罗尼经幢被列为全国重点文物保护单位。

1989 年

1 月 26 日,松江县被文化部社文局命名为"中国现代民间绘画画乡"。

9 月 19 日,董其昌国际学术研讨会在松江召开。

1990 年

12 月,G60(沪昆高速)公路闵行区莘庄至松江城区段建成通车。

1992 年

11 月,松江县被国家教委评为"全国扫盲先进县"。

1992 年

年初,松江建立了上海市郊第一家市级工业区。

1993 年

9 月 6 日,1991 年出版的《松江县志》,获全国新编地方志优秀成果一等奖。

同年,经林业部批准建立佘山国家级森林公园。

1994 年

9 月 25 日,'94 松江——上海之根文化旅游节在方塔园隆重开幕。

1995 年

6 月 13 日,国务院同意建立上海佘山国家旅游度假区。

1997 年

松江新城示范区建设启动。

1998 年

建立上海市级现代农业园区、国家级农业标准化生产基地——上海松江现代农业园区五厍示范区。

2000 年

年初,广富林遗址考古发掘中发现了距今约 4 000 年的新石器时代广富林文化。

4 月,国务院批准建立松江出口加工区 A 区。

2003 年

3 月,国务院批准建立松江出口加工区 B 区。

同年,松江区被评为全国首家"国家生态水利风景区"。

2004 年

松江区被评为全国园林绿化先进城区。

2005 年

4 月 23 日,松江区"百场文艺下农村、进社区、进工地"文艺演出举行首演式。

同年,位于佘山的上海地震科普馆创建为全国科普教育基地。

同年,松江区被评为国际花园城市。

同年,松江顾绣入选第一批国家级非物质文化遗产名录。

2006 年

6 月 16 日,"环太湖地区新石器时代末期暨广富林遗存学术研讨会"召开。会议认为,广富林遗存可以作为独立的考古学文化来看待,可命名为广富林文化。

10 月 18 日,泰晤士小镇建成开镇。

同年,松江大学城建成开学。

2007 年

12 月 19 日,松江区被国家文物局授予"全国文化遗产保护工作先进集体"称号。

12 月 29 日,东起徐汇区桂林路站,西南至松江新城站的上海轨道 9 号线(一期工程)建成通车。

同年,开始在农村建立粮食生产家庭农场。

2008 年

6 月 14 日,泗泾古乐《十锦细锣鼓》入选第二批国家级非物质文化遗产名录。

同日,叶榭草龙舞(草龙求雨仪式)入选第一批国家级非物质文化扩展项目。

2009 年

佘山欢乐谷建成开放。

2011 年

上海辰山植物园建成开放。

2012 年

"亚洲第一"全可动射电望远镜将落户佘山,一座口径达 65 米、全天线可转动的射电天文望远镜将落户中科院上海天文台佘山基地。

12 月,东起浦东新区杨高中路、西南至松江南站的上海轨道交通 9 号线(二期工程)建成通车。

同年,松江区被评为全国绿化模范城市。

2013 年

3 月,松江工业区升格为国家经济技术开发区。

5 月,广富林古文化遗址被公布为全国重点文物保护单位。

同月,佘山天文台被公布为全国重点文物保护单位。

2016 年

开展 G60 科创走廊建设。

2018 年

6 月 1 日,九地市共同签署《共建 G60 科创走廊战略合作协议》。G60 科创走廊建设步入 3.0 版时代。

2020 年

松江区被评为全国文明城区。

松江区松林有机大米获第十四届中国国际有机食品博览会金奖。

松江区成功获批国家先进制造业和现代服务业融合发展试点区。

建成松江新城国际生态商务区。

科技部等六部委联合印发《长三角 G60 科创走廊建设方案》,长三角 G60 科创走廊建设从国家战略进一步转化为国家方案、国家行动,列入了国家"十四五"发展规划。

松江区科技城建起占地 82 万平方米的拉斐尔云廊。

参 考 文 献

353

古人著作、资料

（晋）陆机著，金涛声点校：《陆机集》，中华书局 1982 年版。

（晋）陆云撰，黄葵点校：《陆云集》，中华书局 1988 年版。

（唐）李吉甫：《元和郡县图志》，中华书局 1983 年版。

（宋）范成大：《吴郡志》，江苏古籍出版社 1986 年版。

（宋）乐史：《太平寰宇记》，中华书局 2007 年版。

（宋）王存等：《元丰九域志》，中华书局 1984 年版。

（宋）杨潜：绍熙《云间志》，《上海府县旧志丛书·松江县卷》，上海古籍出版社 2011 年版。

（宋）朱长文：《吴郡图经续记》，江苏古籍出版社 1999 年版。

（宋）龚明之：《中吴纪闻》，《全宋笔记·第三编》第 7 册，大象出版社 2008 年版。

（宋）司马光：《资治通鉴》，中华书局 1956 年版。

（元）徐硕：至元《嘉禾志》，《宋元方志丛刊》，中华书局 1990 年版。

（元）马端临：《文献通考》，中华书局 1986 年版。

（元）脱脱等：《宋史》，中华书局 1977 年版。

（元）陈椿：《自题熬波图》，《上海掌故丛书》第 1 集，成文出版社有限公司 1983 年版。

陈高华等点校：《元典章》，天津古籍出版社、中华书局 2011 年版。

（元）任仁发：《水利集》，《四库全书存目丛书》史部第 221 册，齐鲁书社 1997 年版。

（元）陶宗仪：《南村诗集》，海王邨古籍丛刊《元人十种诗》本，中国书店 1990 年版。

（元）王逢：《梧溪集》，《景印文渊阁四库全书》第 1218 册，台湾商务印书馆 1986 年版。

（元）杨维桢：《东维子集》，《景印文渊阁四库全书》1221 册，台湾商务印书馆 1986 年版。

（元）陶宗仪：《南村辍耕录》，《元明史料笔记丛刊》，中华书局 1959 年版。

《明实录》，"中央研究院"历史语言研究所校印本，1962 年版。

（明）李东阳等撰，申时行等重修：《大明会典》，广陵书社 2007 年版。

（明）沈启：《吴江水考》，《四库全书存目丛书》史部第 221 册，齐鲁书社 1997 年版。

（明）宋濂等：《元史》，中华书局 1976 年版。

（明）谈迁：《国榷》，中华书局 1958 年版。

（明）王圻：《续文献通考》，《四库全书存目丛书》子部第 185 册，齐鲁书社 1997 年版。

（明）姚文灏：《浙西水利书》，农业出版社 1984 年版。

（明）沈锡：正德《华亭县志》，《上海府县旧志丛书·松江县卷》，上海古籍出版社 2011 年版。

（明）何三畏：《云间志略》，《上海府县旧志丛书·松江府卷》，上海古籍出版社 2011 年版。

（明）李绍文：《云间人物志》，《明清上海稀见文献五种》，人民文学出版社 2006 年版。

（明）黄章：正德《崇明县志》，《上海府县旧志丛书·崇明县卷》，上海古籍出版社 2011 年版。

（明）顾清：正德《松江府志》，《上海府县旧志丛书·松江府卷》，上海古籍出版社 2011 年版。

（明）陈继儒：崇祯《松江府志》，《上海府县旧志丛书·松江府卷》，上海古籍出版社 2011 年。

（明）陈继儒：《陈眉公先生全集》，明崇祯刻本。

（明）陈子龙：《陈子龙文集》，华东师范大学出版社 1988年版。

（明）陈子龙等：《明经世文编》，中华书局 1962 年版。

（明）董其昌：《容台文集》，《四库全书存目丛书》集部 117 册，齐鲁书社 1997 年版。

（明）徐光启著，王重民辑校：《徐光启集》，中华书局 1962年版。

（明）陈继儒：《见闻录》，《四库全书存目丛书》子部第 244 册，齐鲁书社 1997 年版。

（明）陈继儒：《小窗幽记》，上海古籍出版社 2000 年版。

（明）陈继儒：《偃曝谈余》，《丛书集成初编》第 2933 册，中华书局 1985 年版。

（明）董其昌：《画禅室随笔》，《艺林名著丛刊》，中国书店1983 年版。

（明）杜登春：《社事始末》，《中国野史集成》第 21 册，巴蜀书社 1993 年版。

（明）范濂：《云间据目抄》，1928 年铅印本。

（明）顾清：《傍秋亭杂记》，《涵芬楼秘笈》第 4 册，北京图书馆出版社 2000 年影印本。

（明）何良俊：《四友斋丛说》，中华书局 1997 年版。

（明）李绍文：《云间杂识》，上海县修志局 1936 年铅印本。

（明）陆树声：《陆氏家训》，《陆学士杂著》本，明万历刻本。

（清）徐松辑：《宋会要辑稿》，中华书局 1957 年版。

（清）陈梦雷辑：《古今图书集成》，鼎文书局 1977 年影印本。

（清）谷应泰：《明史纪事本末》，中华书局 1977 年版。

（清）顾炎武：《天下郡国利病书》，《顾炎武全集》第 13 册，上海古籍出版社 2011 年版。

（清）顾祖禹：《读史方舆纪要》，中华书局 2005 年版。

（清）陆锡熊：乾隆《娄县志》，《上海府县旧志丛书·松江县卷》，上海古籍出版社 2011 年版。

（清）王廷和：乾隆《华亭县志》，《上海府县旧志丛书·松江县卷》上海古籍出版社 2011 年版。

（清）周建鼎：康熙《松江府志》，《上海府县旧志丛书·松江府卷》，上海古籍出版社 2011 年版。

（清）孙星衍：嘉庆《松江府志》，《上海府县旧志丛书·松江府卷》，上海古籍出版社 2011 年版。

（清）张云望：光绪《娄县续志》，《上海府县旧志丛书·松江府卷》，上海古籍出版社 2011 年版。

（清）吴履震：《五茸志逸》，《中国方志丛书》华中地方第 157 册，成文出版社 1970 年版。

（清）吴伟业：《吴梅村全集》，上海古籍出版社 1990 年版。

（清）董含：《三冈识略》，辽宁教育出版社 2000 年版。

（清）李延昰：《南吴旧话录》，《瓜蒂庵藏明代掌故丛刊》，上海古籍出版社 1985 年版。

（清）叶梦珠：《阅世编》，中华书局 2007 年版。

（清）褚华：《木棉谱》，《续修四库全书》第 977 册，上海古籍出版社 1995 年版。

（清）姚廷遴：《历年记》，《清代日记汇抄》，上海人民出版社

1982 年版。

（清）曾羽王：《乙酉笔记》，《清代日记汇抄》，上海人民出版社
1982 年版。

（清）章鸣鹤：《谷水旧闻》，《明清松江稀见文献丛刊》第 1 辑，
上海古籍出版社 2015 年版。

（清）顾公燮：《消夏闲记摘钞》卷上，《涵芬楼秘笈》第 2 集，商
务印书馆 1917 年石印本。

近人著作、资料

熊月之主编，陈杰著：《上海通史·第 2 卷·史前时期至华亭
建县以前》，上海辞书出版社 2017 年版。

熊月之主编，张剑光著：《上海通史·第 3 卷·华亭建县至上
海建县(751—1291)》，上海辞书出版社 2017 年版。

熊月之主编，叶舟、秦蓁、高明、何立民著：《上海通史·第 4
卷·上海建县至明代(1292—1643)》，上海辞书出版社 2017 年版。

熊月之主编，王健、申浩、赵思渊著：《上海通史·第 5 卷·清
代前中期(1644—1843)》，上海辞书出版社 2017 年版。

夏征农主编：《辞海》，上海辞书出版社 1999 年版。

苏秉琦：《中国文明起源新探》，生活·读书·新知三联书店
2000 年版。

张忠民：《上海：从开发走向开放 1368—1842(修订版)》，上
海社会科学院出版社 2016 年版。

许涤新、吴承明主编：《中国资本主义发展史·第一卷：中国
资本主义的萌芽》，人民出版社 2003 年版。

金山县水利局编，陈积鸿主编：《金山县海塘志》，河海大学出
版社 1991 年版。

陈杰：《实证上海史——考古学视野下的古代上海》，上海辞

书出版社 2010 年版。

何惠明、王健民主编：《松江县志》，上海人民出版社 1991 年版。

何惠明主编：《松江县续志》，方志出版社 2007 年版。

顾炳权编著：《上海历代竹枝词》，上海书店出版社 2001 年版。

李伯重：《多角度看江南经济史（1250—1850）》，生活·读书·新知三联书店 2003 年版。

李伯重著，王湘云译：《江南农业的发展（1620—1850）》，上海古籍出版社 2007 年版。

李伯重：《中国的早期近代经济——1820 年代华亭-娄县地区 GDP 研究》，中华书局 2010 年版。

施蛰存：《云间语小录》，文汇出版社 2000 年版。

谭其骧：《长水集》，人民出版社 2009 年版。

徐蔚南：《顾绣考》，中华书局 1936 年版。

王辉：《青龙镇：上海最早的贸易港》，上海人民出版社 2015 年版。

林晓明主编：《松江文物志》，上海人民美术出版社 2001 年版。

朱丽霞：《清代松江府望族与文学研究》，上海古籍出版社 2006 年版。

陈燮君主编：《上海考古精粹》，上海人民美术出版社 2006 年版。

马承源主编：《上海文物博物馆志》，上海社会科学院出版社 1997 年版。

张汝皋主编：《松江历史文化概述》，上海古籍出版社 2009 年版。

郭绍虞：《中国文学批评史》，百花文艺出版社 1999 年版。

朱炎初主编：《金山县志》，上海人民出版社 1990 年版。

任向阳主编：《云间风物诗歌集》，上海文艺出版社 2009 年版。

谢湜：《高乡与低乡：11—16世纪江南区域历史地理研究》，生活·读书·新知三联书店 2015 年版。

何惠明、董华炎主编：《见证松江 60 年》，上海辞书出版社2009 年版。

何惠明、欧粤编著：《明清松江府》，上海辞书出版社 2010 年版。

周振鹤：《两宋时期上海市舶机构辨正》，《上海研究论丛》第 1辑，上海社会科学院出版社 1988 年版。

上海博物馆图书资料室编：《上海碑刻资料选辑》，上海人民出版社 1980 年版。

吴贵芳：《古代上海述略》，上海教育出版社 1980 年版。

黄宣佩、吴贵芳、杨嘉祐：《从考古发现谈上海成陆年代及港口发展》，《文物》1976 年第 11 期。

邹逸麟：《上海地区最早的对外贸易港——青龙镇》，《中华文史论丛》1980 年第 1 辑。

韩少华：《青龙镇首现唐代铸造作坊遗址　见证港口昔日兴盛》，《东方早报》2013 年 2 月 7 日。

孙维昌：《上海市松江县佘山汉墓清理》，《考古》1962 年第 5 期。

钟翀：《江南子城的形态变迁及其筑城史研究》，《史林》2014年第 4 期。

满志敏：《上海地区宋代海塘与岸线的几点考证》，《上海研究论丛》第 1 辑，上海社会科学院出版社 1988 年版。

张修桂：《上海地区成陆过程概述》，《复旦学报（社会科学版）》1997 年第 1 期。

范金民：《鼎革与变迁；明清之际江南士人行为方式的转向》，《清华大学学报（哲学社会科学版）》2010 年第 2 期。

黄敬斌：《郡邑之盛：明清松江城的空间形态与经济职能》，《史林》2016 年第 6 期。

后　记

2020年8月，人文松江创作研究院院长陆军教授找到我，邀请我加盟该院研究创作团队，承担《松江简史》撰写任务。谈话间，他把著述《松江简史》的指导思想、写作思路、所涉范围、具体要求，包括逻辑把握、学理依据等问题，都交代得简明扼要，透彻明了。面对这位令人尊敬的大学者的信任，笔者深感此事非同小可，但又难以推辞、不敢怠慢。任务接手后，甚感压力，写一部松江地方简史，并非易事。回顾自己几十年来从事松江地方史志研究与编纂，虽主编过《松江县志》《松江县续志》《松江图志》，撰写的松江地方资料数以百万计，但如今要写出统合古今、大事不漏、要事不缺的一部《松江简史》，因写作的角度不同、写法不同，故其难度还是不可小觑。首先是篇目设计：从冈身初露到原始社会，从春秋战国到清朝民国，从松江解放到改革开放。《松江简史》篇目怎样才能符合被称为"上海之根"的松江，怎样才能把松江几千年的历史分门别类、层次清楚地完整记录下来，怎样才能写出一部包罗万象的松江地方简史，怎样才能做到逻辑严密、头绪清晰，诸如此类，难题连连。笔者埋头伏案一月有余，大纲篇目数易其稿，还是不甚理想。有幸的是老朋友欧粤编审，以他深厚的学术修养，对我构想的简史篇目作了精当的调整、补充、修改，再加上松江另两位学者吴纪盛、杨坤一起出谋划策，提出很多修改意见，由此篇目得以确定。此后，笔者花了近一年时间写出了20余万字的《松江简史》初稿。2021年7月，人文松江创作研究院邀请沪上著名学者熊月之、王孝俭、张忠民、王圣良、山兆辉、任向阳、钱明光、程志强、徐侠等，在松江召开了《松江简史（初稿）》评议会，与会专家认为全书结构完整、脉络清晰、史料丰富、逻辑严密。同时对书稿提出了详细的修改意见。8月上旬，陆军、欧粤、吴纪盛又与笔者一起围绕如何修改定稿专门开了一次研讨会，由此确定了修改重点。此后笔者对全书作了一番较大的修改，还补充了导论、大事年表等。优秀青年学者常勇也对书稿作不少修改。2021年9月底，书稿送交上海辞书出版社。其间，摄影编辑俞月娥对全书的图片作了大量补充和认真的编辑；上海辞书出版社王圣良编审和陆琦杨编辑精心细致地做了高水准的编辑加工。特别要提及的是，本书写作过程中部分采用了上海辞书出版社出版的熊月之主编的新修《上海通史》，特别是通史中陈杰所著第2卷《史前时期至华亭建县以前》；张剑光所著第3卷《华亭建县至上海建县（751—1291）》；叶舟、秦蓁、高明、何立民所著第4卷《上海建县至明代（1292—1643）》；王健、申浩、赵思渊所著第5卷《清代前中期（1644—1843）》等书中的较多资料。在此，笔者对本书撰著过程中得到的各方面的支持与帮助，一并致以诚挚的谢意！

本书所用图片中，因部分图片年代久远，摄影者不明，请作者或知情者与出版社联系，以便寄奉薄酬和样书。

限于条件和水平，本书肯定会存在一些错误和不足之处，敬请读者批评指正。

何惠明

2021年12月